21 世纪高职高专规划教材·物流管理系列

物流成本管理

主　编　其日格夫　段春媚

副主编　沈岩峰　胡　进

参　编　延国华　刘　旭

刘慧敏　王　冬

中国人民大学出版社

·北京·

前　言

随着世界经济的快速发展和经济全球化趋势的不断增强，现代物流理论和技术已在发达国家得到了广泛的应用和发展，产生了良好的经济效益和社会效益。越来越多的人认识到只有解决好物流问题，才能顺利扩大再生产，推动经济持续向前发展；同时，越来越多的国家将物流发展视为衡量本国国民经济的重要指标。而物流成本作为现代物流学的核心内容之一，在物流管理中起着举足轻重的作用。我们研究物流成本管理就是要寻求降低物流成本和增强企业竞争优势的有效途径。

《物流成本管理》主要面向高等职业院校物流管理专业的学生和物流行业的从业人员，全书共分 11 个章节，在教材编写过程中力求理论与实践相结合，理论部分尽量简明扼要，突出实际操作能力，体现行业标准。同时穿插了比较典型的案例，每章后配有技能训练题，以满足读者知识的巩固。

本书由青岛职业技术学院的其日格夫、段春媚担任主编，负责大纲的制订、全书框架结构的设计、初稿的修改、统稿及定稿工作。由沈岩峰、胡进担任副主编。

本书各项目的编写分工如下：第一、十一章由其日格夫、段春媚编写；第二、三、四章由青岛职业技术学院的沈岩峰编写；第五章由山东外贸职业学院的刘旭和青岛港务局的王冬编写；第六章由山东外贸职业学院的刘旭编写；第七、八章由南京工业职业技术学院的胡进编写；第九、十章由山东外贸职业学院的刘慧敏编写。各部分的项目技能训练由青岛金宇物流有限公司经验丰富的财务管理人员延国华编写。

本书在编写过程中，参阅了大量同行专家的相关著作及教材，在此一并深表感谢。

物流成本管理的理论和方法，目前还在不断的探索发展中，加上编者水平所限书中难免有疏漏和差错之处，恳请读者批评指正。

编者

目　录

21 世纪高职高专规划教材·物流管理系列

Contents

项目一　物流成本管理概述

项目说明

物流成本管理作为物流管理的核心内容之一，其最终目的是在保证一定物流服务水平的前提下实现物流成本的降低。具体说，物流成本管理就是对物流成本进行计划、分析、核算、控制与优化，以达到降低物流成本的目的。因为物流成本管理在微观和宏观方面都有一定的社会经济效益，所以我们可以通过树立现代物流理念、采用物流标准化、建立成本考核制、实施效率化的配送、削减退货、加强信息系统的构建等手段来降低物流成本。

物流成本管理的范围包括物流成本预算、物流成本预测、物流成本决策、物流成本核算、物流成本控制、物流成本分析和物流成本绩效评价。采用的管理方法主要有比较管理法、优化管理法、责任划分管理法和排除管理法。企业可根据物流管理的实际需要，选择利用上述方法，达到降低物流成本的目的。

项目目标

√ 了解物流成本的构成、基本分类和几个重要理论、物流成本管理产生的社会经济效益、我国物流成本管理存在的问题；

√ 了解物流成本的影响因素、物流成本管理水平的衡量指标；

√ 掌握物流成本和物流成本管理的概念、降低物流成本的途径、物流成本管理的范围和方法。

项目案例

节省成本战略圆沃尔玛中国淘金梦

沃尔玛在进入中国短短的十几年间，已在中国发展了 46 家分店。2009 年沃尔玛还准备在中国内地新开 10～15 家分店。分析认为，沃尔玛的业务之所以能够迅速增长，发展到今天的这般规模，很大程度上与它强大的物流系统分不开。作为大卖场，沃尔玛是如何采用物流配送中心来节省成本的呢?

事实上，物流运输和配送系统是沃尔玛的核心业务。据资料显示，沃尔玛近年来每年在物流方面的投资都在1 000多亿美元以上，而且投资额正随着业务的增长在不断增长。

为做到在物流方面降低成本，沃尔玛建立了一个“无缝点对点”的物流系统，旨在为商店和顾客提供最快捷的服务。这种“无缝”指的是产品从工厂到商店的货架这一“链条”尽可能平滑，使整个供应链达到一种非常顺畅的链接，尽可能提供给顾客所需要的服务，同时也可以降低成本。

1. 供货商只需将货送到配送中心。沃尔玛降低配送成本的一个方法就是与供应商一起来分担。比如，供货商们既可以送货到沃尔玛的配送中心，也可以直接送到商店。但如果供货商采用沃尔玛的配送中心的配送方式，就可以节省很多钱，并且可以把省下来的这部分利润，让利于消费者。这些供货商也可以为沃尔玛分担一些建立配送中心的费用，这样沃尔玛可以从整个供应链中，将配送中心的成本费用节省下来。

2. 确保商品与发货单一致。沃尔玛的物流部门可进行全天候的运作。在此过程中，沃尔玛采用一些包括零售技术在内的最尖端技术。沃尔玛进行物流业务的指导原则，是把所有的物流过程集中到一个伞形结构之下。在供应链中，每一个供应者都是这个链中的一个环节，沃尔玛必须要使整个供应链成为一个非常平滑、顺畅的过程。这样，沃尔玛的运输、配送以及对于订单与购买的处理等所有过程，都是一个完整的网络中的一部分，这样就可以大大降低成本。如在沃尔玛的物流当中非常重要的一点是要确保商店所得到的产品与发货单上完全一致。因此沃尔玛必须有一套非常精确的系统，才可确保整个物流配送过程中不会出现任何差错。这样，商店把整个卡车当中的货品卸下来就可以了，而不用把每个产品检查一遍。因为他们相信过来的产品是没有任何失误的，这样就可以节省很多检验产品的时间。

3. 降低供货商成本。目前沃尔玛在中国的每一个商店都有补货系统。这套补货系统使得沃尔玛在任何一个时间点都可以知道现在商店中有多少货品、有多少货品正在运输过程当中、有多少是在配送中心等；同时它也使沃尔玛了解某种货品上周卖了多少、去年卖了多少，而且可以预测将来可以卖多少。因为沃尔玛所有的货品都有一个统一的产品代码，在中国叫 EAN 数码。沃尔玛可以对这些代码进行扫描和阅读。此外，沃尔玛还有一个非常好的系统——零售链接，可以让供货商们直接进入到这一系统，了解他们的产品卖得怎么样。根据沃尔玛每天销售的情况，他们可以对将来的销售情况进行预测，以决定他们的生产投入，这样有利于降低产品的成本。据了解，沃尔玛所有的系统都是基于 UNIX 系统的一个配送系统，并采用传送带、产品代码以及自动补货系统和激光识别系统，所有这些加在一起为沃尔玛节省了相当多的成本。

问题：

1. 沃尔玛的业务为什么迅速增长?
2. 沃尔玛是如何降低配送成本的?

任务一　了解物流成本

一、物流成本的概念

物流成本是指物流活动中所消耗的物化劳动和活劳动的货币表现。具体说，物流成本是产品在实物运动过程中，如包装、装卸搬运、运输、储存、流通加工等各个活动中所支出的人力、物力和财力的总和。

物流成本按其范围有广义和狭义之分。狭义的物流成本是指由于物品实体位移而产生的有关运输、包装、装卸等成本；广义的物流成本是指包括生产、流通、消费全过程的物品实体与价值变换而产生的全部成本。广义上的物流成本具体包括从生产企业内部原材料的采购、供应开始，经过生产制造过程中的半成品存放、搬运、装卸、成品包装及运送到流通领域，进入仓库验收、分类、储存、保管、配送、运输，最后到消费者手中的全过程所发生的所有成本。

对企业而言，物流成本在企业总成本构成中所占比重将会越来越大。这是由于当前人类对物流活动及对物流成本构成的研究还不够完善，物流方面的浪费无法得到有效控制。因此，物流成本管理尚未发展到科学管理阶段，进而也影响了现代企业的管理水平。根据国际货币基金组织的研究，物流成本平均约占全球国内生产总值的12%；而就企业而言，物流成本占销售额的比重为10%～30%。有资料显示，在目前我国工业企业中，直接劳动成本占总成本的比重不到10%，而物流费用占总成本的比重则占到40%左右。长期以来，企业成本控制的重点多是生产成本或其他运营成本，而物流成本控制长久以来一直则被忽视，这说明物流成本存在着较大的降低空间。因此，加强物流成本管理便成为降低企业成本、提高效益的有效途径。

二、与物流成本相关的学说

在物流成本管理发展过程中出现了很多理论学说，通过这些理论我们可以对物流成本管理有更深入的认识和更科学的理解。

(一)“黑暗大陆”学说

1962年世界著名的管理学权威德鲁克指出：“流通是经济领域里的黑暗大陆。”这里德鲁克所指的流通是泛指的流通。但是，由于物流活动在流通领域的模糊性尤其突出，是流通领域中人们认识最不清楚的领域，所以“黑暗大陆”学说现在主要针对物流而言。

“黑暗大陆”学说是对20世纪经济学界存在的愚昧认识的一种批驳和反对，指出在市场经济繁荣和发达的情况下，科学技术也好，经济发展也好，都没有止境。“黑暗大陆”学说也是对物流领域本身的恰当评价：这个领域未知的东西还很多，理论与实践都不成熟。

物流成本之所以被看作“黑暗大陆”，其重要原因是，在财务会计中把生产经营费用大致划分为生产成本、管理费用、营业费用和财务费用，然后再把营业费用按各种支付形态进行分类。这样，在利润表中所能看到的物流成本在整个销售额中只占极少的比重，物流的重要性自然不会被认识到，这就是物流被称为“黑暗大陆”的重要原因。

(二)“物流是第三利润源”学说

日本早稻田大学教授、权威物流成本研究学者西泽修先生1970年提出了“第三利润源”学说，该学说对物流潜力及效益进行了详细阐述。

从历史发展的角度来看，人类历史上曾经有过两个大量产生利润的领域。第一是资源领域，第二是人力领域。资源领域起初是廉价原材料，其后则是依靠科技进步，通过节约原材料消耗、原材料节约代用、原材料综合利用、原材料回收利用，乃至大量人工合成原材料资源而获取高额利润，人们习惯称为“第一利润源”；人力领域起初是利用廉价劳动力，其后则是依靠科技进步提高劳动生产率，降低人力资源消耗；或采用机械化、自动化来降低劳动耗用，从而降低成本；或通过提高劳动力的训练程度来提高劳动生产率，从而增加利润，这个领域被人们习惯称为“第二利润源”。在这两个利润源潜力越来越小、利润开发越来越困难情况下，物流领域的潜力逐渐被人们所重视，因而被称为“第三利润源”。

这三个利润源着重开发生产力的三个不同要素：第一个利润源挖掘对象是生产力中的劳动对象；第二个利润源挖掘对象是生产力中的劳动者；第三个利润源挖掘对象则是生产力中劳动工具的潜力，同时也注重劳动对象与劳动者的潜力，因而更具全面性。

（三）“物流成本冰山”学说

“物流成本冰山”理论由日本早稻田大学的西泽修教授提出，是指当人们读财务报表时，由于只注意到企业公布的财务统计数据中仅能反映一部分物流成本的物流费用。因此忽视了相当数量不可见的物流费用。

物流成本的冰山理论指出，物流成本正如浮在水面上的冰山，人们所能看见的向外支付的物流费用好比“冰山的一角”，而大量的是人们所看不到的“沉在水下”的企业内部消耗的物流费用，“水下”的物流内耗越深，露出“水面”的“冰山”就越小，从而将各种问题掩盖了起来。只有大力削减库存，才能使问题暴露并使之得到解决。

在现实工作中，要把隐藏在“水面下”的物流成本全部核算出来是不可能的，也没有必要。我们只需把“冰山浮出水面的一角”作为物流成本核算的对象即可。主要的核算范围包括运输成本、仓储成本、保管成本、搬运装卸成本、包装成本、流通加工成本、配送成本及信息管理成本等。

（四）“效益背反”学说

“效益背反”是物流领域中很普遍的现象，是这一领域中内部矛盾的反映和表现。“效益背反”又称为“二律背反”，指的是物流的若干功能要素之间存在着损益的矛盾，即某一功能要素的优化和利益发生的同时，必然会存在另一个或几个功能要素的利益损失，反之也如此。这是一种此涨彼消、此盈彼亏的现象，往往导致整个物流系统效率低下，最终会损害物流系统的功能要素的利益。

企业通过提高物流服务水平来提高市场竞争力，必然会对物流系统注入更大的投资，从而相应地提高了物流成本。高物流成本是高水平物流服务的保证，这是物流系统“效益背反性”的体现。然而现实中的企业很难既提高物流服务水平，同时又降低物流成本，除非有根本性的技术进步。要使经济效益提高，物流成本上升的幅度应低于经济效益的增长幅度，使物流成本所占的比例缩小，从而成为经济效益提高的源泉。例如包装问题，包装方面每少花一分钱，就必然转到收益上来，包装越省，利润则越高。但是，商品一旦进入流通之后，简单的包装可能会降低产品的防护效果，从而造成大量损失，使储存、装卸、运输功能要素的效益大减。

（五）“成本中心”学说

物流是企业成本的重要产生点，因而解决物流的问题并不是为了搞合理化、现代化，不是在于支持保障其他活动，而主要是通过物流管理和一系列物流活动来降低成本。所以，成本中心既是指主要成本的产生点，又是指降低成本的关注点。物流是“降低成本的宝库”等说法正是这种认识的形象表述。正是由于在物流领域存在着广阔的降低成本的空间，物流问题才引起越来越多企业经营管理者的重视。

三、物流成本的构成与分类

物流按其所处企业的领域不同划分，可分为流通企业物流和生产企业物流，相应的物流成本也可分为流通企业物流成本和生产企业物流成本。物流成本的构成及分类见表 1—1。

表 1—1　物流成本的构成及分类

企业领域	名称	内　容
流通企业物流成本	人工费用	如企业员工工资、奖金、津贴及福利费等
	营业费用	如运杂费、能源消耗费用、设施设备折旧费、保险费、办公费、差旅费以及经营过程中的合理消耗，如商品损耗等
	财务费用	如支付的贷款利息、手续费及资金的占用费等
	管理费用	如行政办公费、差旅费及税金等
	物流信息费	如硬件、软件费用及维护费等
生产企业物流成本	人工费用	是指企业从事物流工作的员工工资、奖金、津贴及福利费用
	采购费用	如运输费、保险费、合理损耗及采购人员的差旅费等
	仓库保管费	如仓库的维护保养费、搬运费
	营业费用	指在物流活动中的能源、材料消耗费，办公费、差旅费、保险费以及劳动保护费等
	物流设施、设备维护和折旧费、仓库的折旧费	
	产品销售费用	是指在产品销售过程中所发生的物流费用。如销售活动中的运输费、保险费、搬运费、装卸费、仓储费及配送费等
	物流信息费	如物流硬件费用、软件费用、维护费用等
	财务费用	如物流活动中的贷款利息、手续费及资金占用费等

对于流通和生产型企业在物流活动中发生的上述物流成本还可按一定的标准进行分类（见表 1—2），以便更正确地认识和分析物流成本的构成。

表 1—2　按一定标准的物流成本分类

标准	分类	名称	内　容
按物流流通环节分类	运输成本	人工费用	如工资、奖金、津贴、补贴、福利费用
		营运费用	如营运车辆的燃料费、轮胎费、折旧费、维修费、租赁费、车辆牌照检查费、车辆清理费、养路费、过路费、保险费、公路运输管理费等
		其他费用	如差旅费、事故损失、相关税金等
		营业费用	指在物流活动中的能源、材料消耗费，办公费、差旅费、保险费、劳动保护费等

续前表

标准	分类	名称	内容
按物流流通环节分类	流通加工成本	流通加工设备费	如购置设备支出的费用等
		流通加工材料费	投入到加工过程中的一些材料消耗的费用
		流通加工劳务费	如支付给从事加工活动的工人及有关人员的工资奖金等
		流通加工其他费用	如耗用的电力、燃料、油料以及管理费用等
	配送成本	配送运输费用	主要包括配送运输过程中发生的车辆费用和营运间接费用
		分拣费用	主要包括配送分拣过程中发生的分拣人工费用及分拣设备费用
		配装费用	主要包括配装环节发生的材料费用、人工费用
		流通加工费用	主要包括流通加工环节发生的设备使用费、折旧费、材料费及人工费用
	包装成本	材料费用	包装材料种类多，功能不同，差异也较大
		机械费用	设备折旧费、低值易耗品摊销、维修费等
		技术费用	如实施缓冲包装、防潮包装、防伪包装等技术的设计、实施所支出的费用
		辅助费用	包装标记、标志的设计费用、印刷费用、辅助材料费用、赠品费以及相关的能源消耗费用等
		人工费用	从事包装工作的工人与其他有关人员的工资、奖金、福利费等
	装卸与搬运成本	人工费用	如工人工资、福利费、奖金、津贴、补贴等
		营运费用	如固定资产折旧费、维修费、能源消耗费、材料费等
		装卸搬运合理损耗费用	装卸搬运中发生的货物破损、散失、损耗、混合等费用
		其他费用	如办公费、差旅费、保险费、相关税金等
	仓储成本	仓储持有成本	如仓储设备的折旧费、维修费、仓库职工工资、仓库的挑选整理费仓库商品的毁损和变质损失等
		缺货成本	由于库存供应中断而造成的损失
		在途库存持有成本	如库存的资金占用成本、保险费用、仓储风险成本等
按物流成本的形态分类		变动成本	如包装材料的消耗、工人的工资、能源消耗等
		固定成本	如设备折旧费、管理部门的办公费等
按物流成本是否具有可控性分类		可控成本	如包装材料是包装部门的可控成本
		不可控成本	如包装设备的折旧费是包装部门的不可控成本

四、影响物流企业成本的因素

为了对企业的物流成本实施有效的管理，应全面了解影响物流成本的因素，使管理活动有更强的针对性，从而达到事半功倍的效果。

(一) 产品

企业的产品是企业的物流对象，是影响物流成本的首要因素。不同企业的产品，在产品的种类、属性、重量、体积、价值和物理、化学性质方面都可能不同，这些对企业的物流活动如仓储、运输、物料搬运的成本问题均会产生不同的影响。

1. 产品的密度

因为产品的密度是由它的重量和体积决定的，而产品的运输成本、仓储成本一般以重量或体积作为计量单位来计算，所以产品密度对物流成本有直接的影响。随着产品密度的增加，即产品重量体积比增大，仓储和运输成本占销售价格的比重呈降低趋势。

2. 产品的价值

产品的价值不同，需要的物流成本也存在差异。虽然运输成本、仓储成本一般是按重量和体积计算的，但价值高的产品的物流成本都比一般产品相对要高。如在国际物流中计算海运费率的一条重要原则是：高价值的商品的运费率要高于低价值的商品。这是因为运输成本和仓储成本都含有保险费，保险费是按照产品价值的比率来计算的，而且存储成本包含的库存维持成本也是按产品价值的一定比率计算的，这些都增加了产品的物流成本。

3. 产品的可替代性

产品的可替代性对企业物流成本也会有影响。这是因为企业生产的产品可替代性越强，就意味着如果本企业的产品价格相对较高，或处于暂时缺货的状态，客户会越容易选择其他品牌的产品。因此可替代性强的产品竞争除了品牌竞争之外，更要重视服务的竞争。

4. 产品的风险性

产品的风险性是指产品本身存在的易燃性、易损性、易腐性和易于被盗等方面的特性。产品的风险性会对物流活动有特定的限制，从而引起物流成本的上升。如精密度高的产品，对保管和养护条件的要求较高，这无疑对物流的各个环节都提出很高的要求从而引起物流成本的增加；再如新鲜的水果和鲜花，需要冷藏储存和运输，通常需要使用费用高昂的航空运输。

(二) 物流环节

物流环节的多少、经历时间的长短将直接影响着物流成本的大小。有资料显示，在物料形成产品的总生产时间中，真正的加工时间只占10%～20%，其余的时间都消耗在物料运输和等待时间上（如在库时间、设备调整准备时间）。所以，一般而言，对于物流环节，原则上要求中间环节尽可能少、在中间环节停留的时间也要尽可能少、每段运输距离尽可能短、运输速度尽可能快。这也正是在运输中讲究“直达直线运输”、“四就直接运输”（即不经过商业环节、就车站、就码头、就仓库直拨直运）的原因所在。

(三) 物流服务

随着市场竞争的加剧，物流服务越来越成为企业创造持久竞争优势的有效手段。更好的物流服务会增加收入，但同时也会提高物流成本。例如，为改进顾客服务水平，通常使用溢价运输，这对总成本的影响是双方面的：运输成本曲线将向上移动以反映更高的运输费用；库存费用曲线将向下移动以反映由于较低的临时库存而导致平均库存的减少。在一般情况下，这些成本变化后的净值是总成本的增加，但如果改进服务能增加收入，则这样的成本调整（增加）通常可视为是合理的。当然，我们不能为了提供更令人满意的服务而导致物流成本的急剧增加，而且其增加值大于长期销售收入增长所创造的利润。如图1—1反映出了销售收入和物流成本随物流服务水平变动的关系。

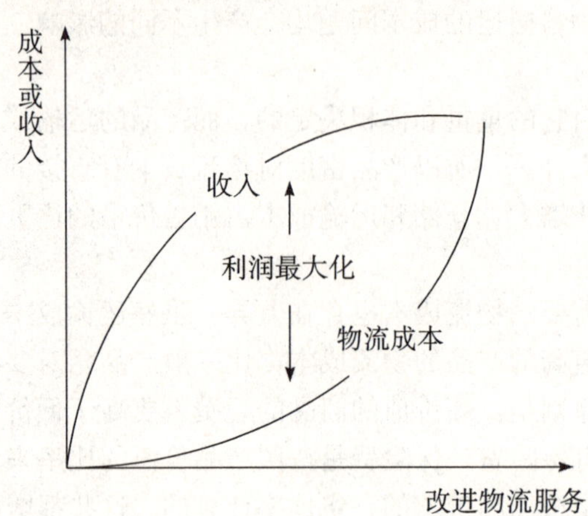

图1—1　销售收入、物流成本与物流服务水平变动的关系

（四）物流运作方式

企业的物流运作方式分自营物流和外包物流两种。随着市场竞争的加剧，企业的物流运作方式从最初的所有物流业务全部自营，逐渐发展为部分物流业务的外包直至全部外包。其重要原因就是希望通过外包寻求企业物流成本的降低。

（五）核算方式

各企业不同的会计记账需要导致目前物流成本存在着很多不同的核算方式，从而使各企业的物流成本除了“量”的差异外，还存在着“质”的差异。我国尚未建立起企业物流成本的核算标准。在日本，虽然对物流成本的核算已经有了一套成型的标准，但该标准并不只是一种，而是提供了三种不同类别的核算方式的标准，从不同角度对物流成本进行归集和对比，以指导和适应不同企业对于物流成本核算的要求。这三种核算方法包括以支付形态为标准的核算方法、以物流功能为标准的核算方法和以适用对象为标准的核算方法。其中，第一种方法是最基础的核算方法，第二种方法以第一种为基础，第三种方法又以第二种为基础。

当然，影响企业物流成本的因素除了以上的几个方面外，还有一些其他因素，如企业信息化程度等。但以上分析的这五大因素是我们考察一个企业的物流成本时必须注意的，只有充分掌握影响物流成本的主要因素，才能更有效地开展物流成本管理工作。

任务二　了解物流成本管理

许多人一提起物流成本管理，就认为是“管理物流成本”，其实成本是可以计算的，但不能成为被管理的对象，能够成为管理对象的只能是具体的活动。因此，物流成本管理就是通过成本管理物流，即管理的对象是物流而不是成本。通过成本管理物流，一方面是因为成本能真实地反映物流活动的实态，用成本去掌握物流活动，物流活动方法上的差别就会以成本差别的形式明显地表现出来；另一方面，成本可以成为评价所有活动的共同尺度；用成本这个统一的尺度来评价各种活动，可以把性质不同的活动放到同一场合进行比较。

一、物流成本管理的含义

物流成本管理就是对物流成本进行计划、分析、核算、控制与优化，以达到降低物流成本的目的。

物流成本管理是物流管理的重要内容，降低物流成本与提高物流服务水平构成企业物流管理最基本的课题。

物流成本管理的意义在于，通过对物流成本的有效把握，利用物流要素之间的效益背反关系，科学、合理地组织物流活动，加强对物流活动过程中费用支出的有效控制，降低物流活动中的物化劳动和活劳动的消耗，从而达到降低物流总成本、提高企业和社会经济效益的目的。

二、物流成本管理的社会经济效益

（一）微观方面的效益

（1）降低了企业的生产经营总成本，扩大了企业的利润空间，提高了利润水平。在销售收入和其他成本及费用不变的情况下，企业的利润因此会得到增加。

（2）降低物流成本后，企业产品具备了在价格方面的优势，可以利用相对低的价格销售自己的产品，从而提高产品在市场上的竞争力。

（3）根据物流成本的计算结果，可以制订物流计划，调整物流活动并评价物流活动效果，还可以监督物流活动中不合理环节的责任者。

（二）宏观方面的效益

（1）如果某行业的物流效率普遍提高，行业平均物流费用降低到一个新的水平，那么该行业在国际上的竞争力将会得到增强。

（2）如果某行业物流成本普遍下降，将会对产品的价格产生影响，导致物价相对下降，这有利于保持消费物价的稳定，提高国民的购买力水平。

（3）物流成本的下降，对于全社会而言，意味着创造同等数量的财富，在物流领域所消耗的物化劳动和活劳动得到节约。

作为一种先进的管理理念，物流成本管理的着眼点不仅要考虑物流本身的效率，还应综合考虑提高服务、削减商品在库以及其他各种因素，甚至从物品流通的整个过程来考虑物流成本的效率化。只有从企业的整个系统和战略的高度来进行物流成本管理，才可能在真正意义上降低整体物流成本。

三、降低物流成本的途径

（一）树立现代物流理念以健全企业物流管理体制

企业降低物流成本首先要从健全物流管理体制入手，从企业组织上保证物流管理的有效进行，这就要求要有专司物流管理的部门，实现物流管理的专业化。树立现代物流理念，重新审视企业的物流系统和物流运作方式，吸纳先进的物流管理方法，结合企业实际，寻求改善物流管理、降低物流成本的最佳途径。

（二）通过采用物流标准化进行物流管理

物流标准化是以物流作为一个大系统，制订系统内部设施、机械设备、专用工具等各个分系统的技术标准，以及系统内各个分领域如包装、装卸、运输等方面的工作标准。以系统为出发点，研究各分系统与分领域中技术标准与工作标准的配合性，统一整个物流系统的标准。

物流标准化使货物在运输过程中的基本设备统一规范，如现有托盘标准与各种运输装备、装卸设备标准之间能有效衔接，大大提高了托盘在整个物流过程中的通用性，也在一定程度上促进了货物运输、储存、搬运等过程的机械化和自动化水平的提高，有利于物流配送系统的运作效率，从而降低物流成本。

（三）建立成本考核制度以加强物流成本的核算

物流成本核算的基础是物流成本的计算，物流成本计算的难点在于缺乏充分反映物流成本的数据，而物流成本数据很难从财务会计的数据中剥离出来。因此，要准确计算物流成本，首先要做好基础数据的整理工作；同时，为了保证企业物流成本的可比性，需要确定一个物流成本计算的统一标准，用以统一企业物流成本计算的口径。

（四）通过效率化的配送降低成本

对于用户的订货要求，尽量短时间、正确的进货体制是企业物流发展的客观要求，配送产生的成本费用要尽可能的低，特别是多频度、小单位配送要求的发展，更需要企业采取效率化的配送。

一般来讲，企业要实现效率化的配送，就必须重视配车计划管理，提高装载率以及车辆运行管理。通过构建有效的配送计划信息系统可以使生产商配车计划的制订与生产计划联合起来进行，同时通过信息系统也能使批发商将配车计划或进货计划相匹配，从而提高配送效率，降低运输和进货成本。

（五）通过削减退货来降低物流成本

退货成本也是企业物流成本中一项重要的组成部分，它往往占有相当大的比例。这是因为随着退货会产生一系列的物流费、退货商品损伤或滞销而产生的经济费用以及处理退货商品所需的人员费和各种事务性费用。特别是在退货的情况下，一般是商品提供者承担退货所发生的各种费用。退货方因为不承担商品退货产生的损失，因此，容易很随便地退回商品，并且由于这类商品大多数数量较少，配送费用有增高的趋势。不仅如此，由于这类商品规模较小，也很分散，商品入库、账单处理等业务也很复杂。因此，削减退货成本是物流成本控制活动中需要特别关注的问题。

（六）通过信息系统的构建降低物流成本

要实现企业与其他交易企业之间的效率化的交易关系，必须借助于现代信息系统的构建，尤其是利用互联网等高新技术来完成物流全过程的协调、控制和管理，实现从网络前端到终端客户的所有中间过程服务。一方面能使各种物流作业或业务处理正确、迅速地进行；另一方面，能由此建立起战略物流经营系统。通过现代物流信息技术可以将企业订购的意向、数量、价格等信息在网络上进行传输，从而使生产、流通全过程的企业或部门充分响应可能发生的各种需求，进而调整经营行为和计划，使企业间的协调和合作有可能在短时间内迅速完成，这可以从整体上降低物流成本。同时，物流管理信息系统的迅速发展，使混杂在其他业务中的物流活动的成本能精确地被计算出来，而不会转嫁到其他企业或部门。

（七）企业物流系统的优化

寻找降低成本的切入点对企业的物流系统进行优化，就是要结合企业的经营现状寻求一个恰当的物流运作方式。物流系统优化是关系到企业的竞争能力、盈利水平的重大问题，应该得到企业高层领导的高度重视，从战略的高度规划企业的物流系统。同时，要协调各部门之间的关系，使各个部门在优化物流系统的过程中充分配合。物流管理部门作为直接对企业物流系统规划和运营负责的部门，理所应当成为企业物流系统优化的主导者。从物流部门的角度出发，作为优化物流系统的基本方法之一，首先从改善物流作业效率入手，以此为切入点，对物流系统进行优化。但仅此还不能达到物流系统优化的最终目的，还需要将企业的物流活动与生产和销售活动连为一体，实现生产、销售和物流一体化，进而实现供应链过程的一体化。只有这样，才可以实现真正意义上的物流系统优化，从而降低物流成本。

四、物流成本管理水平的衡量指标

（一）企业物流费用占销售收入的比重

物流费用占销售收入的比重是用来衡量微观物流成本水平高低的基本指标，不同的行业，物流费用占销售收入的比重是有差别的。一般来说，制造业的物流费用占销售收入的比重要高于非制造业。企业微观物流成本从物流活动的领域角度可以划分为采购物流费、工厂内物流费、销售物流费、返品物流费和废弃物回收物流费等。按照商业习惯，采购商品（制造企业的原材料和零部件、商业企业的采购商品）一般由供应商支付运输费用，并不计算在采购物流费用中。但是，这部分费用最终也会在产品的价格中反映出来，从而影响到物流费用的水平，对于这部分物流费用应特别关注。要准确反映企业物流费用占销售额的比重，并且使该项指标在不同企业之间具有可比性，首先必须明确企业物流成本的核算范围，制订出统一的计算标准；其次，要有一套行之有效的物流成本计算方法。

（二）社会物流成本占国内生产总值（GDP）的比重

社会物流成本占国内生产总值（GDP）的比重是用来衡量社会物流成本水平高低的基本指标。社会物流成本的统计范围包括三大部分：一是运输费用、二是库存维持费用、三是物流管理费用。运输费用包括企业使用专业运输服务，支付给各种专业运输业者（包括物流子公司）的运输费用和企业使用自己的运输工具和运输设施开展运输活动所支出的费用；库存持有费用包括用于存货的保管费用（人工费、设施折旧、材料费、水电费等）和存货所占用资金的成本，前者包括支付给仓库的费用和企业自己从事货物保管所发生的费用，后者参考金融机构贷款利率和资本投资回报率确定一个固定比例，乘以存货金额；管理费用包括用于物流管理、物流信息系统及其运营方面支出的费用。管理费用的计算可以根据历史经验确定一个固定比例，乘以运输费用和库存持有费用的总和，或确定一个固定比例，乘以制造业和流通业的 GDP 贡献值。

由于各个国家的经济结构、产业发展水平和物流活动效率等方面存在着差距，因此，反映在社会物流成本占 GDP 的比重上也有所不同。社会物流成本的统计，离不开企业物流成本的统计，只有在企业物流成本的统计趋于科学合理化，并且有了一套完整的统计体系的情况下，才有可能从宏观上准确把握物流成本的水平。现行的社会物流成本的统计方法，是站在货主企业，也就是物流需求方的角度去计算汇总物流费用的支出。社会物流成本占 GDP 的比重，从国际范围来看，呈现下降的趋势。这种现象首先说明，随着企业物流活动的合理化和效率化水平的提高，在创造同等规模社会财富的情况下，在物流活动领域耗费的资源得到降低，资源配置的合理化程度得到提高。

课外阅读

如何降低海运物流成本

海洋运力的严重不足，已经成为限制中国汽车企业出口的最主要“瓶颈”，而造成这一结果的原因，除了我国汽车滚装船生产的滞后外，还有一个重要原因是日韩企业控制了国际汽车滚装船市场。

与中国汽车海运形成鲜明对比的日韩海运企业共有 9 大企业，包括 NYK、K’LINE、现代运输等，这 9 家企业中日资占 6 家、韩资占 3 家。而这 9 大企业通常都和本国的大汽车制造商签署了长期的合作协议，因此其国内的汽车企业可以获得比中国低廉的运输价格，而中国汽车企业由于整车出口数量的限制而饱受歧视。

同时，由于去向分散、航线偏僻的第三世界国家是中国车企的主要目的地，造成中国企业的海运物流成本居高不下。以吉利汽车出口到埃及和叙利亚为例，每立方米空间的运费是 80 美元，一辆车占用 8.4 立方米的空间，运费将近 700 美元。仅此一点，中国企业便要比日韩企业多支出运费 5%～10%，如果整车出口到南美，那么每辆车的运费成本便要 1 300～1 500 美元。与吉利轿车出口的 3 000～8 000 美元的成本价相比，运费大概占到整车成本的20%~50%。

运费的增加同时也增加了税收，成为自主品牌出口的沉重负担。一般整车出口的关税征收按照到岸价来计算，到岸价由成本加保险和运费构成，保险的费用大约为20美元，可以忽略不计，但由于第三世界国家的整车进口关税都高达40%~50%，把这部分累加上去以后，每辆车的运费便高达1 950~2 250美元。

成本居高不下的另一个重要原因就是亚洲国家近两年来汽车出口迅速，造成区域滚装船的紧张。以韩国现代和日本丰田为例，现代每年出口200万辆，丰田每年出口700万辆，这都依靠滚装船运输。当本国企业和中国企业的运输发生矛盾时，放弃中国的出口运输就成为这些日、韩企业的必然之选。

中国目前已经成为全球第四大汽车生产国，去年汽车产量达到571万辆，但出口仅为17.3万辆。而在今年汽车产量超过700万辆后，出口量却未能随之增加。

"生产大国出口小国"的尴尬局面不仅仅是国内汽车产业合资模式的主导。事实上，中国全国的滚装船只有12艘，而日本、韩国、挪威三国拥有的滚轮船数量分别为217艘、72艘和87艘。在汽车产业发展的同时，匹配与之相适应的海运物流行业，已经成为促进出口型汽车战略的关键性议题。

近期，东南汽车获得了单笔8 000辆得利卡出口伊朗的订单，但东南汽车的高层却说，如果有更多的滚装船运输，东南汽车完全可以实现出口更多的汽车。

阅读思考：

1. 我国海运成本居高不下的原因是什么？
2. 你对降低海运成本有哪些建议？

任务三　掌握物流成本管理的范围与方法

一、物流成本管理的范围

（一）物流成本预算

物流成本预算是根据有关物流成本数据和企业具体的发展情况，运用一定的方法，通过一定的程序，以货币形式对未来的成本水平及其变动趋势作出科学的估计，并提出保证成本预算顺利实现所采取的措施。通过物流成本预算管理，可以在降低物流各环节成本方面给企业提出明确的目标，推动企业加强物流成本管理责任制，增强企业的物流成本意识，从而有效控制物流环节费用，最大限度地挖掘降低物流成本的潜力，保证企业降低物流成本目标的实现。

（二）物流成本预测

物流成本预测就是指依据物流成本与各种技术经济因素的依存关系，结合发展前景及采取的各种措施，利用一定的科学方法，对未来期间的物流成本水平及其变化趋势作出科学的推测。物流成本预测能使企业对未来的物流成本水平及其变化趋势做到"心中有数"，为制定计划或进行决策提供客观依据。

（三）物流成本决策

物流成本决策是在物流成本预测的基础上，结合其他有关资料，运用一定的科学方法，从若干个方案中选择一个满意方案的过程。从物流整个流程来说，有配送中心新建、改建、扩建的决策；有装卸搬运设备、设施购置的决策；有流通加工合理下料的决策等。进行成本决策、确定目标成本是编制成本预算的前提，也是实现成本的事前控制、提高经济效益的重要途径。

（四）物流成本核算

物流成本核算是根据企业确定的成本计算对象，采用相应的成本计算方法，按照规定的成本项目，通过一系列物流费用的汇集与分配，从而计算出各物流环节成本计算对象的实际总成本和单位成本。

（五）物流成本控制

物流成本控制就是在物流活动过程中，按照规定的标准调节影响成本的各种因素，从而将企业各项耗费控制在计划范围以内。在实际工作中，为确保成本目标的实现，需要随时按标准监督和调节原材料采购、材料和物料的领发和使用、工资和费用的支付和固定资产折旧的提取等。通过物流成本控制，可以及时发现存在的问题，并采取纠正措施，保证物流成本目标的实现。

（六）物流成本分析

物流成本分析是在成本核算及其他有关资料的基础上，运用一定的方法，揭示物流成本水平的变动，进一步查明影响物流成本变动的各种因素。物流成本分析的主要目的是在实现既定的顾客服务水平的条件下降低企业的物流成本，提高企业的竞争能力。

（七）物流成本绩效评价

物流活动的效率和成本效益不仅是企业经营成败与否的决定性因素，而且能起到激励作用。因此，建立有效的企业物流成本绩效评价指标至关重要。在建立物流成本绩效评价体系时，应当注意的是，一个完善的绩效评价系统至少由效用、生产率和业绩这三部分组成。企业一旦建立了符合标准的物流成本绩效评价体系，接下来就应该进行数据的收集、整理和分析工作。

二、物流成本管理的方法

（一）比较管理法

1. 横向比较

把企业的供应物流、生产物流、销售物流、退货物流和废弃物物流等各部分物流费，分别计算出来，然后进行横向比较，比较哪部分发生的物流费用最多。如果是供应物流费用最多或者异常多，则需详细查明原因，堵住漏洞，改进管理方法，以便降低物流成本。

2. 纵向比较

把企业历年的各项物流费用与当年的物流费用加以比较，如果增加了，需再分析为什么增加、在哪个地方增加了、增加的原因是什么。假若增加的是无效物流费，则需立即改进。

3. 计划与实际比较

把企业当年实际开支的物流费用与原来编制的物流预算进行比较，如果超支了，需要分析超支的原因、在什么地方超支、这样便能发现企业物流管理中的问题和薄弱环节。

（二）优化管理法

优化管理法就是通过物流过程的优化管理来达到降低物流成本的管理方法。

（1）运用线性规划、非线性规划，以便能制订最优运输计划，实现物流运输优化。常用的方法有单纯型法和表上作业法。

（2）运用系统分析技术，选择货物最佳的配比和配送线路，实现物流配送优化。目前较成熟的确定优化配送线路的方法是节约法，也叫节约里程法。

（3）运用存储论，确定经济合理的库存量，实现物资储存优化。其中比较常用的是经济订购批量模型，即 EOQ 模型。

（4）运用模拟技术，对整个物流系统进行研究，实现物流系统的最优化。例如，克莱顿·希尔模型是一种采用逐次逼近法的模拟模型。这个方法提出了物流系统的三项目标：最高点服务水平、最小的物流费用、最快的信息反馈。

（三）责任划分管理法

在生产企业里，物流的责任究竟在哪个部门？是物流部门还是销售部门？客观地讲，物流本身的责任在物流部门，但责任的源头却是销售部门或生产部门。以销售物流为例，一般情况下，由销售部门制订销售物流计划，包括订货后几天之内送货，接受订货的最小批量是多少等均由企业的销售部门提出方案，定出计划。假若该企业过于强调销售的重要性，则可能决定当天订货，次日送达。这样的话订货批量大时，物流部门的送货成本少；订货批量小时，送货成本就增大，甚至过于频繁、过少数量送货造成的物流费用增加，大大超过了扩大销售所产生的价值，这种浪费和损失，应由销售部门负责。分清类似的责任有利于控制物流总成本，防止销售部门随意改变配送计划，避免无意义、不产生任何附加价值的物流活动。

（四）排除管理法

在物流成本管理中有一种方法叫活动标准管理，英文简称 ABM（Activity Based Management）。其中一种做法就是把物流相关的活动划分为两类：一类是有附加价值的活动，如出入库、包装、装卸等与货主直接相关的活动；另一类是非附加价值的活动，如开会、改变工序、维修机械设备等与货主没有直接关系的活动。其实，在商品流通过程中，如果能采用直达送货的话，则不必设立仓库或配送中心，实现零库存，等于避免了物流中的非附加价值活动。如果将上述非附加价值的活动加以排除或尽量减少，就能节约物流费用，达到物流管理的目标。

三、我国物流成本管理存在的问题

目前我国物流业虽然高速发展，但是物流成本居高不下，这与我国物流成本管理的现状有很大关系。在我国现实情况下，企业物流成本信息披露与其他信息披露相混杂，企业分散计算物流成本，缺乏统一计算标准。例如企业物流成本“第三利润源”的开发依据缺位、企业物流成本管理改进的依据缺位、物流业务外包双方的谈判依据难以确定、企业物流成本信息统计和使用的可靠性难以保证等。具体说，造成我国企业物流成本管理存在诸多问题的原因，主要表现在以下几个方面。

第一，物流成本意识不强。

在成本管理方面，企业一直将注意力集中在生产成本的控制上，制订了许多管理措施与方法并收到了很好的成效。但对于物流过程中的费用却研究较少，缺乏物流成本意识，看不到物流成本的作用，因而造成物流成本管理基础工作薄弱，特别是对物流活动的全过程缺乏有效和全面的控制，造成此低彼高，物流系统整体效益不佳。

第二，对物流成本没有单独记账。

物流在企业财务会计制度中没有单独的项目，一般采用的是将企业所有的成本都列在费用一栏中，因而较难明确全面的计算和分析企业发生的各种物流费用。

第三，物流成本信息失真。

由于企业没有单独的物流成本核算体系，表达物流成本的数据不能客观地反映物流活动过程中的各种耗费，造成物流成本信息失真，很难进行物流成本的考核、分析与控制。这一方面表现在价格核算的不正确性上；另一方面表现在成本内容的不合理性上。如企业外部的运输费用以事先确定的运费率包含于材料价格之中，掩盖了同一种材料由于运输地点、方位、环节等不同所产生的费用差异。企业内部的物流费用则更为复杂，物流费用分别被计入生产成本、企业管理费等项目之中。企业物流系统诸环节被隔离分解，一些物流活动无法计量、无法控制；无定额标准、无完整记录，使物流成本的核算无准确真实的原始数据。

知识链接

为解决物流成本存在的问题，《企业物流成本构成与计算》（GB/T 20523—2006）国家标准于2006年颁布，2007年5月1日起正式实施。该项国家标准积极借鉴物流成本管理经验成熟国家的经验做法，密切结合我国企业物流发展和会计核算现状，在不违背企业会计制度和社会物流统计制度基本要求和思想的前提下，统一界定企业物流成本的构成内容，提供企业物流成本计算的基本思路，为国家统计物流成本信息和企业物流成本管理提供依据。

国家标准的应用有如下几个方面的要点：1. 物流成本构成维度的多元性；2. 企业物流成本构成体系的完整性；3. 企业物流成本构成的“效益背反”原则；4. 企业物流成本

构成中仓储成本、特别经费等几个项目的合理处理；5. 直接成本、间接成本计算遵循的基本原则；6. 企业物流成本计算应坚持适度准确、整体性原则、部门协作、信息系统的应用、不同企业物流成本计算存在差异、结果导向的基本思想。

思考与练习

1. 影响物流成本的基本因素有哪些？
2. 物流成本的构成一般包括哪些方面？
3. 降低物流成本的途径有哪些？
4. 物流成本的管理范围是什么？
5. 我国物流成本管理主要存在哪些问题？

项目技能训练

1. 结合当地物流行业发展情况对物流企业进行实地调查，并从中选取一家生产型企业，一家专业物流企业，一家第三方物流企业作为样本企业，并建立档案为以后各章的内容展开做准备。

2. 结合实地调查情况分析生产企业和物流企业成本管理思想、概念、会计处理及追求的目标之间的差异。

项目二　物流成本核算

项目说明

物流成本核算，是物流管理的基础，也是考核企业成本费用的重要依据，企业经营效果的好坏，主要取决于成本费用支出的合理性与否，其最终目的是降低各种原材料、人工等费用的消耗，节约成本使企业利润达到最大化。为了达到成本核算的目的，则需要掌握物流成本核算的内容，对物流成本核算的内容进行正确地分类，找出影响物流成本核算的关键因素，控制或减少不合理开支，为企业决策奠定基础。

1. 物流成本核算的概念

物流成本核算，是指企业按物流管理目标对象对物流耗费进行确认、计量和报告。物流成本核算是加强企业物流管理，特别是加强物流成本管理、降低物流成本、减少资金占用、提高企业经济效益的重要手段。

2. 物流成本核算的对象

物流成本核算对象是指企业或成本管理部门为归集和分配各项成本费用而确定的，以一定期间和空间范围为条件而存在的成本核算实体。

物流成本如何归集和核算，取决于对所评价与考核的成本核算对象的选取。成本核算对象的选取方法不同，将得出不同物流成本结果，从而导致不同的成本评价对象与结果。所以，在核算物流成本或收集物流成本相关数据时，必须先明确成本核算对象，否则物流成本的核算也就失去了存在的意义。

项目目标

- √ 了解物流企业成本核算的对象；
- √ 理解物流企业成本核算的内容及分类；
- √ 掌握物流成本核算的一般方法。

项目案例

青啤集团降低物流成本新举措

青啤集团引入现代物流管理方式，加快产成品走向市场的速度，同时使库存占用资金、仓储费用及周转运输在一年多的时间里降低了3 900万元。

从开票、批条子的计划调拨，到在全国建立代理经销商制，是青啤集团为适应市场竞争的一次重大调整。但在运作中青啤发现，由代理商控制市场局面，在市场上倒来倒去的做法，只能牵着企业的鼻子走，加上目前市场的信誉度较差，使青啤集团在组织生产和销售上遇到很大困难。

1998年第一季度，青啤集团开始启动以“新鲜度管理”为中心的物流管理系统，当时青岛啤酒的产量不过30多万吨，但库存却高达3万吨。因此，限产处理积压、按市场需求组织生产成为当时的主要任务。青啤集团将“让青岛人民喝上当周酒，让全国人民喝上当月酒”作为目标，先后派出两批业务骨干到国外考察、学习，提出了优化产成品物流通渠道的具体做法和规划方案。这项以消费者为中心、以市场为导向、以实现“新鲜度管理”为载体、以提高供应链运行效率为目标的物流管理改革，建立起了集团与各销售点物流、信息流和资金流全部由计算机网络管理的智能化配送体系。

首先，青啤集团成立了仓储调度中心，对全国市场区域的仓储活动进行重新规划，对产品的仓储、转库进行实行统一管理和控制。由提供单一的仓储服务，到对产成品的市场区域分部、流通时间等全面的调整、平衡和控制，仓储调度成为销售过程中降低成本、增加效益的重要一环。以原运输公司为基础，青啤集团注册成立具有独立法人资格的物流有限公司，引进现代物流理念和技术，并完全按照市场机制运作。作为提供运输服务的“卖方”，物流公司能够确保按规定要求，以最短的时间、最少的环节和最经济的运送方式，将产品送至目的地。

青啤集团应用建立在INTERNET信息传输基础上的ERP系统，筹建了青岛啤酒集团技术中心，将物流、信息流、资金流全面统一在计算机网络的智能化管理之下，建立起各分公司与总公司之间的快速信息通道，及时掌握各地最新的市场库存、货物和资金流动情况，为制定市场策略提供准确的依据，并且简化了业务运行程序，提高了销售系统动作效率，增强了企业的应变能力。

青啤集团还对运输仓储过程中的各个环节进行了重新整合、优化，以减少运输周转次数，压缩库存、缩短产品仓储和周转时间等。具体做法如：根据客户订单，产品从生产厂直接运往港、站；省内订货从生产厂直接运到客户仓库。仅此一项，每箱的成本就下降了0.5元。同时青啤对仓储的存量作了科学的界定，并规定了上限和下限，低于下限发出要货指令，高于上限下再安排生产，这样使仓储成为生产调度的“平衡器”，从根本上改变了淡季库存积压、旺季市场断档的尴尬局面，及时满足了市场需求。

目前，青啤集团仓库面积由7万多平方米下降到29 260平方米，产成品库存量平均降到6 000吨。

这个产品物流体实现了环环相扣，销售部门根据各地销售网络的要货计划和市场预测，制订销售计划；仓储部门根据销售计划和库存及时向生产企业传递要货信息；生产厂有针对性地组织生产，物流公司则及时地调度运力，确保交货质量和交货期。同时销售代理商在有了稳定的货源供应后，可以从人、财、物等方面进一步降低销售成本，增加效益。经过1年多的运转，青岛啤酒物流网已取得了阶段性成果：首先是市场销售的产品新鲜度提高青岛及山东市场的消费者可以喝上当天酒、当周酒；省外市场的东北、广东及沿海城市的消费者，可以喝上当周酒、当月酒；其次是产成品周转速度加快，库存下降使资金占用下降了3 500多万元；再是仓储面积降低，仓储费用下降 187 万元，市内周转运输费降低了 189.6 元。现代物流管理体系的建立，使青啤集团的整体营销水平和市场竞争能力大大提高，1999 年，青岛啤酒集团产销量达到 107 万吨，再登国内榜首。其建立的信息网络系统还具有较强的扩展性，为企业在拥有完善的物流配送体系和成熟的市场供求关系时开展电子商务提供了充分的条件。

问题：

1. 青啤集团在计划经济时期转入到在全国建立经销商制，是一个很大的转变，但是销售方面发现市场不景气，其主要原因是什么？
2. 青啤集团怎样改变经销商制不景气的状况？采取了哪些措施？
3. 仓储调度中心给青啤带来了那些效益？随着市场的变化，这种制度能维持多久？

任务一　了解影响物流成本核算的因素及成本核算对象的选取

一、确定物流成本核算对象的影响因素

物流成本核算对象的选取，主要取决于物流范围、物流功能范围、物流成本费用范围、物流成本控制等因素。由于物流的两个中心职能就是实现物质空间移动的输送以及时间移动的保管，从各个物流活动经营过程来看，时间上具有连续性和继起性，空间上具有并存性。因此，各项物流成本费用的发生，需要从其发生期间、发生地点和承担实体三个方面来进行合理划分，这就形成了物流成本核算对象的三个基本构成要素。

（一）成本费用承担实体

成本费用承担实体是指其发生并应合理承担各项费用的特定经营成果的体现形式，包括各种有形的产品和各种无形的服务作业。例如，工业企业的某种、某批或某类产品；服务行业的某一经营项目；施工企业的某项工程；运输企业的运输劳务等。

对于物流企业来讲，其成本费用承担实体主要是各种不同类型的物流活动或物流作业，如运输作业、仓储作业、配送作业、装卸搬运作业、包装作业等。

（二）成本计算期

成本计算期是指汇集生产经营费用、计算生产经营成本的时间范围。物流成本计算期从理论上讲，应是某项物流经营活动从开始到完成的这一周期。但是，在企业物流经营活动连续不断进行的情况下，难以对某一项物流经营活动确定经营期和单独计算成本。所以，实际工作中往往根据权责发生制原则，以月份作为成本计算期。但对于一些特殊的物流活动，也可以以经营周期作为成本计算期。比如，对于远洋货物运输作业，因其生产周期长，往往以航次周期作为成本计算期。

（三）成本计算空间

成本计算空间是指成本费用发生并能组织企业成本计算的地点或区域（如部门、单

位、生产或劳务作业环节等）。如工业企业的成本计算空间可按全厂、车间、分厂、工段或某一生产步骤划分；服务性企业可按部门、分支机构或班组等单位来确定各个成本计算空间。

企业物流成本计算空间的划分一般是指对物流活动范围、物流功能范围以及物流成本控制的重点因素进行的选取。

1. 对物流活动范围的选取

物流成本核算对象对物流活动范围的选取是指对物流的起点与终点以及起点与终点间的物流活动过程选取，也就是对物流活动过程的空间上的选取。物流按其活动范围可分为企业内部物流与社会物流。企业内部物流是企业内部的物品实体流动，主要是企业内部的生产经营活动中发生的加工、检验、搬运、储存、包装、装卸、配送等物流活动；社会物流是企业外部物流活动的总称。

对于每个物流成本核算对象，都存在着起止点的选取问题。起止点的选取不同，其成本计算结果也就不同。因此，对于某一个物流部门来讲，其成本核算对象的起止点确定以后，就不能再任意改变，以符合成本计算上的可比性原则和一贯性原则。

2. 对物流功能范围的选取

物流功能范围是指在运输、搬运、储存、保管、包装、装卸、流通加工、物流信息处理等物流功能中，选取哪些功能作为物流成本核算对象。把所有的物流功能作为成本核算对象与只把运输、保管这两种功能作为成本核算对象或只把运输这一种功能作为成本核算对象，所反映的物流功能范围的成本是不同的。

3. 对物流成本控制的重点因素的选取

物流成本核算对象的选取，应当放在成本控制的重点因素上。就物流成本管理来讲，物流成本的计算不是越全越细越好，成本核算对象也不是越全越好。过细过全的成本计算是不必要的，也是不经济和不可能的。

物流成本控制的重点应包括：（1）按成本责任划定的责任成本单位；（2）当前成本费用开支比重较大、有必要分清并分别计算不同部门及不同作业活动成本的物流活动；（3）新开发的物流作业项目。

二、物流成本核算对象的选取

根据对物流成本核算对象三个基本构成要素的分析，结合企业物流成本管理的基本要求，企业物流成本核算对象存在以下几种情况。

（一）形态别物流成本核算

形态别物流成本核算是指以物流费用的支付形态为成本计算对象所进行的物流成本核算。具体包括如下几方面。

1. 企业内部物流费计算

即汇总和归集企业自己进行各项物流活动所发生的物流费用，它是相对于委托物流费计算而言的。企业内部物流费计算又可分为材料费计算、人工费计算、水电费计算、维护费计算、物流利息计算、其他费用计算等。

2. 委托物流费计算

即汇总和归集企业委托外单位进行运输、保管、装卸、包装、流通加工等物流活动所支付的各项费用。

3. 外企业支付物流费用计算

外企业支付物流费用计算包括供应外企业支付物流费计算和销售外企业支付物流费计算。比如，商品购进采用送货制时包含在购买价格中的运费和商品销售采用提货制时因顾客自己取货而从销售价格中扣除的运费。

形态别物流成本的核算是企业物流成本核算的基础。通过形态别物流成本核算，可以为制订标准物流成本和编制物流成本预算提供资料，为企业进行有关的决策提供资料。例如，企业物流活动是否委托外单位进行，企业应该采用何种交货方式采购物料或销售产品等。

（二）功能别物流成本核算

功能别物流成本核算是指以物流活动的功能为成本计算对象所进行的物流成本核算，即对企业一定时期的物流费用按其发生用途不同进行分类和归集。包括运输费计算、保管费计算、装卸费计算、包装费计算、流通加工费计算、物流管理费计算等。

通过功能别物流成本核算，可以了解物流成本的功能别构成，便于更好地协调各物流环节的关系。各功能成本可利用各功能的成本计算表进行计算，并在此基础上进一步汇总各功能成本计算表的资料，编制整个企业的物流成本汇总表。

（三）范围别物流成本核算

范围别物流成本核算是指以物流活动的范围为成本计算对象所进行的物流成本核算，即对企业一定时期的物流费用按发生于物流活动的不同过程所进行的汇总和归集。具体包括供应物流费计算、生产物流费计算、销售物流费计算、退货物流费计算、废弃物物流费计算等。

通过范围别物流成本核算，便于发现不同过程物流活动中存在的问题，分清有关部门对此应负的责任，并为不同过程物流活动的协调和控制提供依据。在进行范围别物流成本核算时，凡是发生在某一物流过程的物流费用都必须计入该过程的物流成本中，以便据此考核其负责部门的工作业绩。例如，凡是在物料供应过程中发生的物流费用都应计入供应物流费中。范围别物流成本可利用各物流范围物流费用汇总表进行核算，并可在基础上进一步编制企业物流成本汇总表。

除了上述三种基本的物流成本核算对象的选取方法外，物流成本还可以按制品别物流成本核算、地域别物流成本核算、成本形态物流成本核算、责任物流成本核算、特殊物流成本核算等来选取核算对象。

任务二　理解物流成本核算的内容及分类

企业在进行物流成本核算时，首先应确定计算的口径，即从哪个角度计算物流成本，物流成本的核算范围包括哪些内容。目前我国对物流成本的核算内容还没有形成统一的规范，结合我国物流管理的实际需要，使物流成本形成易于控制和测量的财务报告。物流成本核算的内容可以从物流范围、物流费用支付形态和物流功能三个方面来分类计算。

一、按物流范围分类

物流成本按照物流范围可以分为供应物流费、生产物流费、销售物流费、退货物流费和废弃物物流费五种。

供应物流费是指从商品（包括容器、包装材料等）采购到批发商、零售商进货的物流过程中所产生的费用。

生产物流费用是指从购进的商品到货或由本企业提货时开始，直到最终确定销售对象物流过程所需要花费的费用，包括运输、包装、保管、配货等费用。

销售物流费用是指从确定销售对象到商品送交客户的物流过程中所需要的费用，包括包装、商品出库、配送等方面的费用。

退货物流费是指材料、容器等由销售对象回收到本企业的物流过程中所需要的费用。

废弃物物流费是指在商品、包装材料以及运输容器的废弃过程中产生的物流费用。

二、按物流费用支付形态分类

按支付形态的不同进行物流成本的分类，是以财务会计中发生的费用为基础，将物流成本分为本企业支付的物流费和其他企业支付的物流费。企业支付的物流费又可以分为企业本身的物流费和委托物流费，其中企业本身的物流费又分为材料费、人工费、公益费、维护费、一般经费、特别经费等。我们重点说明企业物流费的主要内容。

（一）材料费

材料费是指因物料消耗而发生的费用。由物资材料费、燃料费、消耗性工具、低值易耗品摊销及其他物料消耗费构成。

（二）人工费

人工费是指因劳动力的消耗而发生的费用。包括工资、奖金、补贴、津贴、福利费、医药费、劳保费、职工教育培训费以及其他一切用于职工的费用。

（三）公益费

公益费是指向公益事业提供的公益服务支付的费用。包括电费、煤气费、自来水费、暖气费、绿化费及其他费用。

（四）维护费

维护费是指土地、房屋建筑物、机器设备、车船、托运工具等固定资产的使用、运转和维修保养所发生的费用，包括维修保养费、折旧费、租赁费、保险费，还包括这些固定资产每年缴纳的房产税、车船使用税、城镇土地使用税等。

（五）一般经费

一般经费是指差旅费、交通费、会议费、书报资料费、文具费、零星购置费、邮电费、城市维护建设税、教育费附加等，还包括商品损耗费、事故处理费及其他杂费等一般项目支出。

（六）特别经费

特别经费是指采用不同于财务会计的计算方法计算出来的费用，包括企业内利息、按实际使用所限计算的折旧费等项目。

（七）委托物流费

委托物流费是指将物流业务委托给第三方物流企业时向其支付的费用。包括企业对外支付的包装费、运费、保管费、装卸费、出入库手续费、特殊服务费。

（八）其他企业支付费用

在配送成本中还应包括向其他企业支付的费用。比如商品购进采用送货制时，包含在购买价格中的运费和商品销售采用提货制时因顾客自已取货而从销售价格中扣除的运费。在这些情况下，虽然实际上本企业内并未发生配送活动，但却发生了配送费用，也应把其作为物流成本计算在内。

由于我国现在财务会计核算时没有单独设置“物流成本”会计科目，要准确掌握物流成本就必须以企业财务会计为基础，从财务会计核算的全部相关项目中抽出其中所包含的物流费用。这虽然是物流成本核算中最难的工作，却是最为重要的基础性工作。

三、按物流功能分类

按物流功能的不同进行分类是为了考察物流费用是由哪种物流功能产生而进行的分类。按照物流功能分类，大体可以分为物品流通费、信息流通费和物流管理费三大类。

（一）物品流通费

物品流通费是指为完成商品、物资的物理性流通而发生的费用。该费用还可进一步细分为包装费、运输费、保管费、装卸搬运费、流通加工费、配送费等。

（1）包装费是指因商品运输、装卸、保管的需要而进行包装的费用，为销售商品而发生的包装费不包括在内。

（2）运输费是指把商品从某一场所转移到另一场所所需要的运输费用。除了委托运输费外，还包括由本企业的自有运输工具进行运输的费用，但要将伴随运输的装卸费除外。

（3）保管费是指一定时期内因保管商品而需要的费用。除了包括委托储存的仓储费外，还包括在本企业自有仓库储存时的保管费。

（4）装卸费是指伴随商品包装、运输、保管、流通加工等业务而发生的商品在一定范围内进行水平或垂直移动所需要的费用。可以分为包装装卸费、运输装卸费、保管装卸费和流通加工装卸费。如果在实际业务中单独计算装卸费或进行这种分离很困难，也可以将装卸费分别计算在相应的费用中。

（5）流通加工费是指在商品流通过程中为提高物流的效率而进行的商品加工所需要的费用，不包括流通交易及生产职能的加工费用。流通过程中的加工活动可以分为属于物流的流通加工、属于商品的流通加工和属于生产的流通加工。尽管从理论上讲应该把只属于物流加工的费用计入物流成本中，但实际业务中难以将它与其他流通加工的费用分开时，或从管理上讲不分离更方便时，也可将这些费用计入物流成本中。

（6）配送费是指按客户要求的商品品种和数量，在配送中心进行分拣、配装后将商品送交客户过程中所产生的费用。包括包装、分拣、配货、装卸、短途运输等费用。

（二）信息流通费

信息流通费是指因处理、传输有关的物流信息而产生的费用。包括与订货处理、储存处理及为客户服务等有关的费用。在企业中，要将传输、处理的信息分为与物流有关的信息和物流以外的信息是十分困难的，但是把信息的传输处理所需要的费用进行上述分类，从物流成本的计算上讲却是十分重要的。

（三）物流管理费

物流管理费是指进行物流的计划、调整、控制、监督、考核等活动所需要的费用。它既包括企业的物流管理部门的管理费，也包括作业现场管理费。

实际进行物流成本核算时，企业应根据物流管理的目的来确定核算对象，然后按下面介绍的核算程序进行核算。

任务三　掌握物流成本核算的过程与步骤

一、分类计算物流成本

分类计算物流成本是按支付形态不同分类，将物流成本从相关科目中抽出，并进行计算。

（一）材料费

材料费是由物流消耗而产生的费用。直接材料费可以通过用各种材料的实际消耗量乘以实际的购进价格来计算。材料的实际消耗量可以按物流成本计算期末统计的材料支出数量计算，在难以通过材料支出单据进行统计时，也可以采用盘存计算法，即：

本期消耗量＝期初结存＋本期购进－期末结存

其中，材料的购进价格应包括材料的购买费、进货运杂费、保险费、关税等。

（二）人工费

人工费是指对物流活动中消耗的劳务所支付的费用。物流人工费的范围包括职工所有报酬（工资、奖金、其他补贴）的总额、职工劳动保护费、保险费、按规定提取的福利基金、职工教育培训基金及其他费用。

在计算人工费的本期实际支付额时，报酬总额按计算期内支付给从事物流活动的人员的报酬总额或按整个企业职工的平均报酬额计算；职工劳动保护费、保险费、按规定提取的福利基金、职工教育培训基金及其他费用等，都需要从企业这些费用项目总额中把用于物流人员的费用部分抽出来。如果实际费用难以抽出时，也可将这些费用的总额按从事物流活动的职工人数比例分摊到物流成本中。

（三）公益费

公益费是指对公益事业所提供的公益服务（如自来水、电、煤气、取暖、绿化等）支付的费用。如果企业具备条件，每一物流设施应安装计数表直接计算。但对没有条件安装计量表的企业，此部分费用可以从整个企业支出的公益费中，按物流设施的面积和物流人员的比例计算得出。

（四）维护费

维护费根据本期实际发生额计算，对于经过多个期间统一支付的费用（如租赁费、保险费等），可按期间分摊计入本期相应的费用中。对于物流业务中可以按业务量或物流设施来掌握和直接计算的物流费，在可能的限度内直接计算出维护费；对于不能直接计算出来的，可以根据建筑物面积、设备金额等分摊到物流成本中。

折旧费应根据固定资产的原值和经济使用年限，以残值为零，采用使用所年限法计算，计算公式为：

固定资产年折旧额＝固定资产原值÷固定资产预计经济使用所限

固定资产月折旧额＝固定资产年折旧额÷12

对于有些按固定资产实际使用年限计提折旧的物流固定资产，其折旧额属于特别经费这一支付形态项目；对于使用年限长且有价格变动的物流固定资产折旧，可根据实际情况采用重置价格计算。

（五）一般经费

一般经费相当于财务会计中的一般管理费用。其中，对于差旅费、交通费、会议费、书报资料费等使用目的明确的费用，可直接计入物流成本；对于一般经费中不能直接计入物流成本的，可按职工人数或设备比例分摊到物流成本中。

（六）物别经费

物别经费包括按实际使用年限计算的折旧费、企业内利息等。

企业内部物流利息实际上是物流活动所占用的全部资金的资金成本。由于这部分资金成本不是以银行利率而以企业内部利率来计算，所以称为企业内部物流利息。

企业内利息在物流成本计算中采用与财务会计不同的计算方法。利息在财务会计中是以有利率负债的金额为基础，根据融资期间和规定的利率来计算的。但在物流成本的计算中，企业内部物流利息包括固定资产占用的利息和存货占用的利息。对固定资产占用的利息是以固定资产的评估价格为基础乘以企业内利率，对存货占用的利息是以存货账面价值为基础，根据期末余额和企业内利率来计算的。这样计算的理由是：第一，固定资产的评估价格是比较接近于时价的，而且是公允的确定的资产价值，这样就比利用固定资产原值或利用固定资产时价计算更加科学合理；第二，存货的周转率很高，即使直接使用账面价值，也可以自动排除由通货膨胀带来的影响；第三，企业内利息以资本成本的形式计算，作为附加成本加到物流成本中，可以恰如其分地计算出物流成本，同时还可以降低资本利息，进而有效地利用物流资产。

（七）委托物流费

委托物流费根据本期物流费用实际发生额计算，包括托运费、市内运输费、包装费、装卸费、保管费、出入库费及委托物流加工费等。除此以外，间接委托的物流费按一定标准分摊到各功能的费用中。

（八）其他企业支付的物流费

其他企业支付的物流费虽然不是本企业的物流费支付，但对购进商品来讲，实际上已经将商品从产地运到销售地点的运费、装卸费等物流费用包含在进货价格中，如果到商品产地购进，则这部分物流费显然是要由本企业支付的。对于销售的商品，买方提货所支付的运费也相当于扣减了销售价格。如果销售的商品采用送货制，则这部分物流也要由本企业支付。因此，其他企业支付的物流费实际上是为了弥补由本企业承担的物流费而计入物流成本的。

其他企业支付的物流费，以本期发生购进对其他企业支付和发生销售对其他企业支付物流费的商品重量或件数为基础，乘以费用估价来计算，但当本企业也承担与此相当的物流费时，也可以用与本企业相当的物流费来代替。

二、物流功能成本计算表的编制

根据物流成本的计算需要，将以上通过计算得出的数据资料编制成各物流功能的成本计算表，即按企业物流的运输费、保管费等每一种功能分别编制一张物流成本计算表。如果把所有的功能都作为成本计算对象，则要编制七张成本计算表。如果只计算其中某几项功能的费用，可根据实际需要填制。

例：假设某公司从月度损益表的“管理费用、财务费用、营业费用”等各个项目中，经分析计算取出一定数值乘以一定比率（物流部门比率分别按人数平均、台数平均、面积平均、时间平均等计算出来）算出物流部门的费用。相关资料如下：全公司人数 126 人，流部门人数 36 人，全公司面积6 000平方米，物流部门设施面积 3 000 平方米（见表 2—1）。

表 2—1 物流费用计算表

序号	项　目	管理、财务、营业等费用（元）	物流成本（元）	计算基准（%）	支付形态分类	备　注
1	车辆租赁费	120 000.00	120 000.00	100	维护费	金额
2	包装材料费	30 000.00	30 000.00	100	材料费	金额
3	工资津贴费	630 000.00	180 000.00	28.6	人工费	人数比率
4	水电气暖费	13 000.00	6 500.00	50	公益费	面积比率
5	保险费	10 000.00	5 000.00	50	维护费	面积比率
6	修缮维护费	20 000.00	10 000.00	50	维护费	面积比率
7	折旧费	40 000.00	20 000.00	50	维护费	面积比率
8	税金	28 000.00	14 000.00	50	维护费	面积比率
9	办公费	20 000.00	8 800.00	44	一般费用	物流费用比率
10	低值易耗品	21 000.00	9 240.00	44	材料费	物流费用比率
11	资金占用费	23 000.00	10 120.00	44	特殊费	物流费用比率
12	通信费	10 000.00	4 400.00	44	一般费用	物流费用比率
13	CP 软件租赁费	18 000.00	7 920.00	44	一般费用	物流费用比率
14	物流成本合计	983 000.00	425 980.00	43.3		物流费占费用总额比率

解：表 2—1 中计算基准的计算方法为：

人数比率＝物流部门人数÷全公司人数＝36÷126＝0.286

面积比率＝物流部门设施面积÷全公司面积＝3 000÷6 000＝0.5

物流费用比率＝1～8 项物流费÷1～8 项管理、财务、营业费用

＝444 000.00÷1 008 000.00＝0.44

根据会计账簿记录和其他相关资料，公司供应和销售共同费用的分配比为 1∶2，运输、装卸、物流管理、通信费、CP 软件租赁费等费用由物流和销售共同负担。上述各项物流成本资料分析如下：

（1）车辆租赁费为公司运输部门所发生的费用。本月运输部门提供物流劳务 3 000 吨/公里，其中：采购材料耗用 1 000 吨/公里，产品销售耗用 2 000 吨/公里。

供应物流负担额＝120 000.00×1 000÷3 000＝40 000.00（元）

销售物流负担额＝120 000.00×2 000÷3 000＝80 000.00（元）

（2）包装材料费 30 000.00 元为仓库实施包装作业所耗用，直接计入即可。

（3）工资津贴费 360 000.00 元按各物流作业职工人数进行分配，物流作业职工 36 人，其中：包装作业人员 6 人，运输作业人员 12 人，保管作业人员 4 人，装卸作业人员 10 人，物流管理人员 4 人。

包装作业的工资津贴费＝180 000.00 元×6÷36＝30 000.00（元）

运输作业的工资津贴费＝180 000.00 元×12÷36＝60 000.00（元）

其中：供应物流应负担额＝60 000.00×1/3＝20 000.00（元）

销售物流应负担额＝60 000.00×2/3＝40 000.00（元）

保管作业的工资津贴费＝180 000.00 元×4÷36＝20 000.00（元）

装卸作业的工资津贴费＝180 000.00 元×10÷36＝50 000.00（元）

其中：供应物流应负担额＝50 000.00×1/3≈16 667.00（元）

销售物流应负担额＝50 000.00×2/3≈33 333.00（元）

物流作业的工资津贴费＝180 000.00 元×4÷36＝20 000.00（元）

其中：供应物流应负担额＝20 000.00×1/3≈6 667.00（元）

销售物流应负担额＝20 000.00×2/3≈13 333.00（元）

（4）水暖电气费 65 000.00 为物流作业管理所耗费用，其分配计算为：

其中：供应物流应负担额＝6 500.00×1/3≈2 167.00（元）

销售物流应负担额＝6 500.00×2/3≈4 333.00（元）

（5）保险费 5 000.00 元，修缮维护费 10 000.00 元，折旧费 20 000.00 元，税金 14 000.00 元，合计 49 000.00 元，全部按各物流作业设施的账面价值分配（便于计算，保留到元），设备账面总价值为 3 650 000.00 元，其中：包装设备价值为 500 000.00 元，运输设备价值为 1 800 000.00 元，保管设备价值为 1 000 000.00 元，装卸设备价值为 200 000.00 元，物流设备价值为 150 000.00 元。

包装作业分配以上费用＝49 000.00×500 000.00÷3 650 000.00＝6 712.00（元）

运输作业分配以上费用＝49 000.00×1 800 000.00÷3 650 000.00＝24 164.00（元）

其中：供应物流应负担额＝24 164.00×1/3≈8 055.00（元）

销售物流应负担额＝24 164.00×2/3≈16 109.00（元）

保管作业分配以上费用＝49 000.00×1 000 000.00÷3 650 000.00＝13 425.00（元）

装卸作业分配以上费用＝49 000.00×200 000.00÷3 650 000.00＝2 685.00（元）

其中：供应物流应负担额＝2 685.00×1/3≈895.00（元）

销售物流应负担额＝2 685.00×2/3≈1 790.00（元）

物流作业分配以上费用＝49 000.00×150 000.00÷3 650 000.00＝2 014.00（元）

其中：供应物流应负担额＝2 014.00×1/3≈671.00（元）

销售物流应负担额＝2 014.00×2/3≈1 343.00（元）

（6）办公费 8 000.00 元，为物流作业管理费发生，其计算为：

供应物流应负担额＝8 000.00×1/3＝2 667.00（元）

销售物流应负担额＝8 000.00×2/3＝5 333.00（元）

（7）低值易耗品费 9 240.00 元，可根据材料领料单分配确定。其中：包装作业耗用 3 000.00元，保管作业耗用 4 240.00 元，管理部门耗用 2 000.00 元（是为物流作业管理所发生，其计算分配如下：供应物流应负担额＝2 000.00×1/3≈667.00 元，销售物流应负担额＝2 000.00×2/3≈1 333.00 元。

（8）资金占用利息 10 120.00 元，为公司存货资金所占用的利息。

（9）通信费和 CP 软件租赁费为信息流通费，其分配计算为：

供应物流应负担额＝(4 400.00＋79 200.00）×1/3≈4 107.00（元）

销售物流应负担额＝(4 400.00＋7 920.00）×2/3≈8 213.00（元）

（10）本月公司支付的委托物流费为 120 000.00 元，其中：购买材料的市内运输费 50 000.00元，仓储保管费 70 000.00 元。本月外企业支付物流费为 60 000.00 元。

（11）本月发生购进对其他企业支付的物流费（运费）为 35 000.00 元，本月发生销售对其他企业支付的物流费（运费）为 25 000.00 元。

假设上述公司物流功能包括包装、运输、保管、装卸、信息流通和物业管理六个方面，则根据上述分析计算资料的包装费、运输费、保管、装卸费、信息流通费和物业管理费成本计算表见表 2—2、表 2—3、表 2—4、表 2—5、表 2—6 和表 2—7。

表 2—2　　　　包装费计算表　　　　元

支付形态			范围	供应物流费	企业内物流费	销售物流费	退货物流费	废弃物物流费	合计
企业物流费	本企业支付物流费	企业本身物流费	材料费		33 000.00				33 000.00
			人工费		30 000.00				30 000.00
			公益费						
			维护费		6 712.00				6 712.00
			一般经费						
			特别经费						
			企业本身物流费小计		69 712.00				69 712.99
		委托物流费							
		本企业支付的物流费小计			69 712.00				69 712.00
	外企业支付的物流费								
	企业物流费总计				69 712.00				69 712.00

表 2—3　　　　运输费计算表　　　　元

支付形态			范围	供应物流费	企业内物流费	销售物流费	退货物流费	废弃物物流费	合计
企业物流费	本企业支付物流费	企业本身物流费	材料费	20 000.00		40 000.00			60 000.00
			人工费	48 055.00		96 109.00			144 164.00
			公益费						
			维护费						
			一般经费						
			特别经费						
			企业本身物流费小计	68 055.00		136 109.00			204 164.00
		委托物流费							50 000.00
		本企业支付的物流费小计				136 109.00			254 164.00
	外企业支付的物流费			35 000.00		25 000.00			60 000.00
	企业物流费总计			153 055.00		161 109.00			314 164.00

表 2—4　　　　保管费计算表　　　　元

支付形态			范围	供应物流费	企业内物流费	销售物流费	退货物流费	废弃物物流费	合计
企业物流费	本企业支付物流费	企业本身物流费	材料费		4 240.00				4 240.00
			人工费		20 000.00				20 000.00
			公益费						
			维护费		13 425.00				13 425.00
			一般经费						
			特别经费		10 120.00				10 120.00
			企业本身物流费小计		47 785.00				47 785.00
		委托物流费			70 000.00				70 000.00
		本企业支付的物流费小计			117 785.00				117 785.00
	外企业支付的物流费								
	企业物流费总计				117 785.00				117 785.00

表 2—5 **装卸费计算表** 元

支付形态 \ 范围				供应物流费	企业内物流费	销售物流费	退货物流费	废弃物物流费	合计
企业物流费	本企业支付物流费	企业本身物流费	材料费						
			人工费	16 667.00		33 333.00			50 000.00
			公益费						
			维护费	895.00		1 790.00			2 685.00
			一般经费						
			特别经费						
		企业本身物流费小计		17 562.00		35 123.00			52 685.00
		委托物流费							
	本企业支付的物流费小计					35 123.00			52 685.00
	外企业支付的物流费								
	企业物流费总计			17 562.00		35 123.00			52 685.00

表 2—6 **信息费计算表** 元

支付形态 \ 范围				供应物流费	企业内物流费	销售物流费	退货物流费	废弃物物流费	合计
企业物流费	本企业支付物流费	企业本身物流费	材料费						
			人工费						
			公益费						
			维护费						
			一般经费	4 107.00		8 213.00			12 320.00
			特别经费						
		企业本身物流费小计		4 107.00		8 213.00			12 320.00
		委托物流费							
	本企业支付的物流费小计					8 213.00			12 320.00
	外企业支付的物流费								
	企业物流费总计			4 107.00		8 213.00			12 320.00

表 2—7 **物流管理费计算表** 元

支付形态 \ 范围				供应物流费	企业内物流费	销售物流费	退货物流费	废弃物物流费	合计
企业物流费	本企业支付物流费	企业本身物流费	材料费	667.00		1 333.00			2 000.00
			人工费	6 667.00		13 333.00			20 000.00
			公益费	2 167.00		4 333.00			6 500.00
			维护费	671.00		1 343.00			2 014.00
			一般经费	2 933.00		5 867.00			8 800.00
			特别经费						
		企业本身物流费小计		13 105.00		26 209.00			39 314.00
		委托物流费							
	本企业支付的物流费小计					26 209.00			39 314.00
	外企业支付的物流费								
	企业物流费总计			13 105.00		26 209.00			39 314.00

三、汇总编制整个公司的物流成本计算表

（一）根据各物流功能成本计算表，汇总编制整个公司的物流成本计算表

物流成本计算表（形态别、范围别）见表2—8。

表2—8　　物流成本计算表（形态别、范围别）　　元

支付形态 \ 范围				供应物流费	企业内物流费	销售物流费	退货物流费	废弃物物流费	合计
企业物流费	本企业支付物流费	企业本身物流费	材料费	667.00	37 240.00	1 333.00			39 240.00
			人工费	43 334.00	50 000.00	86 666.00			180 000.00
			公益费	2 167.00		4 333.00			6 500.00
			维护费	49 621.00	20 137.00	99 242.00			169 000.00
			一般经费	7 040.00		14 080.00			21 120.00
			特别经费		10 120.00				10 120.00
			企业本身物流费小计	102 829.00	117 497.00	205 654.00			425 980.00
		委托物流费		50 000.00	70 000.00				120 000.00
		本企业支付的物流费小计		152 829.00	187 497.00	205 654.00			545 980.00
	外企业支付的物流费			35 000.00		25 000.00			60 000.00
	企业物流费总计			187 829.00	187 497.00	230 654.00			605 980.00

（二）按物流功能、支付形态分类计算物流成本

如果要想了解物流成本功能、支付形态分类的物流成本的支出情况，可以将按物流形态别、范围别编制的物流成本计算表支付形态项目的合计数进行汇总，编制按物流功能别、形态别的物流成本计算表，可以明确看出哪种物流功能的成本最大，都发生在哪些物流活动中，见表2—9。

表2—9　　物流成本计算表（形态别、功能别）　　元

支付形态 \ 范围				物品流通费				信息物流费	物流管理费	合计
				包装费	运输费	保管费	装卸费			
企业物流费	本企业支付物流费	企业本身物流费	材料费	33 000.00		4 240.00			2 000.00	39 240.00
			人工费	30 000.00	60 000.00	20 000.00	50 000.00		20 000.00	180 000.00
			公益费							
			维护费	6 713.00	144 164.00	13 425.00	2 685.00		2 013.00	169 000.00
			一般经费					12 320.00	15 300.00	27 620.00
			特别经费			10 120.00				10 120.00
			企业本身物流费小计	69 713.00	204 164.00	47 785.00	52 685.00	12 320.00	39 313.00	425 980.00
		委托物流费			50 000.00	70 000.00				120 000.00
		本企业支付的物流费小计		69 713.00	254 164.00	117 785.00	52 685.00	12 320.00	39 313.00	545 980.00
	外企业支付的物流费				60 000.00					60 000.00
	企业物流费总计			69 713.00	314 164.00	117 785.00	52 685.00	12 320.00	39 313.00	605 980.00

（三）求出按物流范围、功能分类的物流成本

如果要想求出按物流范围、功能分类的物流成本，同样可以将按物流范围、功能分类的物流成本计算表物流范围项目的合计数进行汇总，编制按物流范围别、功能别的物流成本计算表，这样可以了解哪个范围、哪种功能的物流成本高，并且还能算出销售额与物流成本的比例（假设该企业销售总额为 700 000.00 元），以便分析企业物流成本的合理性，改善企业物流成本的管理，见表 2—10。

表 2—10　物流成本计算表（范围别、功能别）　元

功能 / 范围	物品流通费				信息物流费	物流管理费	合计
	包装费	运输费	保管费	装卸费			
供应物流费		153 055.00		17 562.00	4 107.00	13 106.00	187 830.00
企业内物流费	69 713.00		117 785.00				187 498.00
销售物流费		161 109.00		35 123.00	8 213.00	26 207.00	230 652.00
退货物流费							
废弃物流费							
合　计	69 713.00	314 164.00	117 785.00	52 685.00	12 320.00	39 313.00	605 980.00
销售额							7 000 000.00
物流成本占销售额的比重							8.66%

计算物流成本时要注意，每进行一次物流成本计算，都要明确计算的范围，以便计算结果具有可比性。明确计算范围的方法是直接利用上述各种物流成本计算表。因为这些物流成本计算表能够计算出物流成本的总额。当实际计算过程中只计算部分成本时，同样可以利用这些成本表计算，只需将非计算对象的成本来空出。这样，就能通过把本年度的计算结果与前一年相比较的方法，看出计算范围上的差别。此外，由于物流成本计算的范围明确，在与其他企业进行比较或进行时间序列分析时，就可以消除因计算范围不同所引起的计算结果上的差别。

思考与练习

1. 什么是物流成本核算？
2. 如何选取物流成本核算的对象？
3. 物流成本核算所包括的内容有哪些？
4. 物流成本核算包括哪些步骤？
5. 假设某物流企业资料如下：

（1）该企业某月损益表的“管理费用、财务费用、营业费用”基本资料表见表 2—11。

表 2—11　物流费用计算表

序号	项　目	管理、财务、营业等费用（元）	备　注
1	车辆租赁费	90 000.00	车辆租赁费 100%进物流成本。车辆租赁费为公司运输部门所发生的费用。本月运输部门提供物流劳务 3 000 吨/公里，其中：采购材料耗用 1 000 吨/公里，产品销售耗用 2 000 吨/公里

续前表

序号	项 目	管理、财务、营业等费用（元）	备 注
2	包装材料费	25 000.00	包装材料费100%进物流成本，为仓库实施包装作业所耗用
3	工资津贴费	590 000.00	按各物流作业职工人数32人进行分配，其中：包装作业人员6人，运输作业人员10人，保管作业人员4人，装卸作业人员8人，物流管理人员4人
4	水电气暖费	12 000.00	为物流作业管理所耗费用
5	保险费	8 000.00	按各物流作业设施的账面价值分配，设备账面总价值为3 650 000.00元，其中：包装设备价值为500 000.00元，运输设备价值为1 800 000.00元，保管设备价值为1 000 000.00元，装卸设备价值为200 000.00元，物流设备价值为150 000.00元
6	修缮维护费	18 000.00	分配办法同保险费
7	折旧费	36 000.00	分配办法同保险费
8	税金	24 000.00	分配办法同保险费
9	办公费	20 000.00	为物流作业管理费发生
10	低值易耗品	22 000.00	根据领料单记录，包装作业耗用3 000.00元，保管作业耗用4 000.00元其余为管理部门耗用
11	资金占用费	19 000.00	为公司存货资金所占用的利息
12	通信费	10 000.00	通信费、CP软件租赁费等费用由物流和销售共同负担
13	CP软件租赁费	17 000.00	
14	物流成本合计	900 000.00	

（2）本月公司支付的委托物流费为100 000.00元，其中，购买材料的市内运输费40 000.00元，仓储保管费60 000.00元。

（3）本月外企业支付物流费为50 000.00元，本月发生购进对其他企业支付的物流费（运费）为30 000.00元，本月发生销售对其他企业支付的物流费（运费）为20 000.00元。

（4）物流部门比率分别按人数平均、台数平均、面积平均、时间平均等计算出来，算出物流部门的费用。相关资料如下：全公司人数115人，流部门人数32人，全公司面积5 000平方米，物流部门设施面积2 600平方米。销售总额6 000 000.00元。公司供应和销售共同费用的分配比为1∶1.5。

表中计算基准的计算公式：

人数比率＝物流部门人数÷全公司人数；面积比率＝物流部门设施面积÷全公司面积；物流费用比率＝1～8项物流费÷1～8项管理、财务、营业费用。

计算要求：

（1）分配各项目资料，编制本月物流成本应承担的费用总额，同时分配各子项目的相关资料；

（2）假设上述公司物流功能包括包装、运输、保管、装卸、信息流通和物业管理六个方面，则根据上述分析计算资料分别编制包装费、运输费、保管、装卸费、信息流通费和物业管理费成本计算表；

（3）根据各物流功能成本计算表，汇总编制整个公司的物流成本计算表；

(4) 根据汇总整个公司物流成本计算表，编制按物流功能、支付形态分类计算物流成本表；

(5) 根据汇总整个公司物流成本计算表，求出按物流范围、功能分类的物流成本表。

项目技能训练

作业成本核算体系综合项目技能训练

作业成本法的实施是企业决策信息化的一部分，本文提供了一个在企业信息化环境下作业成本核算体系设计的案例。案例表明，在作业成本法核算体系设计中，作业数量可以很多，并且数据采集不是难点。

某集团公司外贸生产中心是一个独立核算的经营实体，主要承担外贸零件的转包生产，年生产额约为300万美元。外贸加工中心主要生产喷气发动机的回转体零件，零件精度要求高，加工过程容易变形；产品品种多，批量小，是典型的多品种中小批量生产模式，自实行外贸转包生产以来，外贸加工中心由于注重生产质量，与外方合作在不断扩大，生产任务相当饱和。外贸加工中心下属包括一个粗加工车间（简称一工段）和精加工车间（简称二工段）和其他附属的辅助部门，一工段主要负责毛坯加工，主要设备是普通的机加设备；二工段主要负责零件的半精加工和精加工任务，设备都是数控设备。此外，外贸加工中心还包括一个工具室、工艺室、检验室。工具室主要管理工具工装，兼管理原材料和产成品（这方面的管理工作很少）；工艺室负责车间的工艺设计与修改；检验室负责所有的检验。由于生产任务重，产品质量要求高，实行全检，检验室任务繁重。此外还有调度室、主任办公室等，工作人员少，多是综合性任务。没有设备管理部门，设备管理由集团公司负责。

外贸加工中心生产原料由外方根据生产进度运来，产成品完工后直接发往外方，有可能做短暂存放。

虽然外贸加工中心生产的零件品种多，但是都是回转体零件，具有大致相同的工艺流程，一般的零件的工艺是：从总体上，零件加工可以划分成粗加工、半精加工、精加工三个阶段。同时在粗加工阶段后安排热处理工序，热处理工序需要外协。在重要工序或者加工阶段完成之后，安排进行辅助工序，辅助工序包括纤维组织检验、磁力探伤、荧光检验、腐蚀检验等各种检验措施和洗涤去毛刺等辅助工序。在这些专项检验之外，外贸加工中心还对每一道工序之后的加工零件进行检验，以保证产品质量。

1999年外贸加工中心实施CIMS工程，CIMS工程包括三个分系统：工程设计制造分系统（EDMS）、管理信息分系统（MIS）和网络数据库分系统（DB/NET）。工程设计制造分系统主要包括CAD/CAPP/CAM集成，管理信息分系统包括生产计划、调度管理，设备管理，工艺管理，工具管理、订单管理和人员出勤管理等模块，计算机网络和数据库分系统作为系统总体的支撑，其中MIS系统通过工艺管理系统实现和EDMS系统的集成。在一期CIMS工程成功实施的基础上，决定结合企业的实际情况进行作业成本法应用试点。

1. 成本管理现状

外贸加工中心独立核算，自负盈亏。目前采用的成本核算方法是品种法，月末核算各种不同产品的成本，企业成本管理存在以下不足。

(1) 目前的成本核算工作主要划分成两块：一是生产统计，主要是统计材料领料情况和工时消耗；二是成本核算，计算出最终产品成本。对于成本信息的分析和成本控制工作几乎没有开展。

(2) 由于公司直接和外商承包生产。产品成本是制定转包生产价格的重要依据，现有的成本核算核算口径只局限于生产过程，不仅低估了成本，而且由于外贸加工中心的设备先进技术含量高，制造费用数额较大，使得产品成本信息的正确性值得怀疑。

(3) 成本管理还主要停留在成本核算阶段，对于成本分析和成本控制进行比较少，无法根据成本信息对车间成本进行控制，简单的控制也只是事后的控制。

(4) 传统的成本核算方法计算速度慢，不能及时提供成本信息。准确度差，工作量大，计算效率低。

(5) 企业的成本没有与个人的绩效挂钩是无法开展成本控制措施的主要原因，无法应用成本信息对企业的员工进行考核。

2. 设计目的

根据企业面临的问题，以及企业生产特点，采用作业成本法能够较好地解决外贸加工中心在成本管理方面面临的问题，同时由于成功实施 CIMS 一期工程，能够提供较为详细的基础数据，有利于作业成本法的实施。针对企业当前的成本管理情况，外贸加工中心确定了实施作业成本法的目的。

(1) 加强主要生产过程的成本核算，正确计算产品成本。

(2) 利用成本信息加强对企业人员的考核，把成本与员工的效益挂钩，加强全员的成本意识，加强企业的成本控制。

(3) 充分利用成本信息，加强企业的成本分析控制和考核，加强企业的定价决策以及其他相关的管理决策。

(4) 作业成本管理系统与已经运行的管理信息系统集成，直接进行数据采集。

3. 作业成本核算体系设计

(1) 成本核算范围。包括外贸加工中心所有的生产管理成本。外贸加工中心可以看成是一个纯制造单位，没有相关的销售与市场部门，对外的交往由集团负责。外贸加工中心所有发生的成本都应该记入产品成本。

(2) 会计期间。与现在实行的会计期间不变，遵循企业会计制度统一规定的会计期间，以日历年度为会计年度，辅助的会计期间包括季度和月份，遵循日历季度和月份。

(3) 组织结构。由于外贸加工中心比较小，组织结构之间的关系是扁平的关系，车间主任直接领导各个室的工作，没有组织结构之间的层次关系。组织结构的确定与管理信息系统中结构的一致，同时也是成本控制的责任对象。

4. 作业设计

作业设计是作业成本核算体系设计的核心。作业设计必须以实施作业成本法的目的为指导。作业设计应该避免两个极端：作业数量太多，这样不仅不能得到更多有用的信息，而且造成实施困难，引起分析的紊乱；作业数量太少，难以揭示作业改进的机会，不能满足企业实施 ABC 考核与分析的目标。

对于工作内容较少的各个室，以该组织的核心工作任务为作业，对于一工段和二工段，以工作中心的加工任务为作业。同时，在MIS系统的计划调度中，对于车间的加工能力按照工作中心进行计量、调度和派工。工作中心划分的基础是具有相同的加工内容。以工作中心的工作作为作业能方便考核，并能实现从管理信息系统数据获取。另外，各个工作中心与员工关系比较固定以及以各个室的任务为作业，都方便对于员工业绩的评估考核。

非加工作业是根据工序需要进行的下料、标记、清洗、油封等作业。加工作业按照工作中心划分成更详细的作业，根据作业成本法的实施目标，可以正确计算产品成本，二是可以对各加工中心的人员进行考核，实施CIMS工程后，作业执行以及成本动因相关的数据能够采集获取，在计算上也不存在问题，故这样设计。在生产领域成本控制主要是控制废品产生，在非生产领域成本节约是成本管理重点。

检验作业是与检验相关的作业的总称，都是检验室的工作。因为单检、批量检验和专项检验都没有直接的组织机构，检验作业直接针对检验室，便于考核分析检验方面的成本。根据三种作业在检验工作中的比重把检验作业的成本分配到三种单检、批量检验、专项检验作业。工艺作业也采取同样的处理方法。

问题：

(1) 了解该企业物流成本管理的现状，一共存在5方面的问题，根据这些问题，你认为该企业应该采用那种核算方法比较符合实际情况？

(2) 该企业为什么要选择作业成本法进行核算，选择其他的核算方法是否可行，达到了什么目的？

(3) 作业设计是作业成本核算的中心，我们应怎样避免作业成本的作业数量太少和作业数量太多的两个弊端？

(4) 根据该核算体系项目核算的设计，是否符合该企业的实际情况，在物流成本核算体系设计方面，是否需要补充和完善？

企业调研

物流成本核算对企业来说非常重要，我们可以根据企业的不同，把所学的知识应用到实际工作中去，通过对本章的学习，重点使企业了解如下几个方面的问题。

(1) 物流成本核算在企业中的应该处于什么位置？我们所讲的成本核算能容、方法是否合乎企业的实际情况？主要区别在哪里？

(2) 物流成本核算的步骤除了我们所学的之外，还有哪些？能否简化核算程序，同样达到企业成本的核算目的？

(3) 综合所学的知识，结合企业调研成果写一篇关于物流成本核算的调研报告。

项目三　物流成本预测与决策

项目说明

物流成本预测与决策是物流管理成本核算的重要内容，是物流管理成本核算的核心，企业发展如何，能否在这竞争激烈的大潮中站稳脚跟，关键取决于物流成本的预测和决策水平如何。作为企业的决策者，必须要对相关的预测数据进行合理的比较，寻求最佳方案。

1. 物流成本预测的概念

物流成本预测就是运用统计学和预测科学的方法，根据历史的和现在的信息资料，通过分析，对未来物流成本水平及发展趋势进行预计和测算。

通俗地讲，物流成本预测就是回答诸如“如果下一阶段，企业在原有的基础上增加50%的工作量，成本的构成将会怎么样？需不需要扩大规模？扩大以后会产生什么样的效益等”这样一类的问题。如果事先计划安排得好，那么企业就能对自己拥有的资源从总体上主动实现优化配置，避免被动的“计划调度”。由于不同规模、不同行业以及不同管理水平的企业，管理的内容与要求、成本预测的方法和成本预测模型均有不同。同时，由于迄今为止，人类对经济学变量关系的认识尚为肤浅，往往热衷于寻找一些模型，而这些模型常常过于简单或过于理想，或因约束条件太多，在实践中很难被利用，从而形成了企业物流成本预测中的一个“瓶颈”。

事实上，不少企业都曾经尝试在不同的背景和环境下作过成本预测，其结果却常常与实际要求大相径庭，久而久之，便将成本预测视为形式主义或干脆放弃。一个重要原因是成本管理及成本预测需要使用整个企业的大量数据，这不仅需要良好的数据基础，更需要企业部门间良好的数据沟通和迅速的信息反馈机制。事实上种种原因造成了成本管理难及成本预测应用效果差。此外，我国目前的物流成本管理体系无论是理论还是实践都落后于企业管理发展的需要也是一个不容忽视的原因。

物流成本预测具有三个共同的特征：第一，各种成本预测都以不同程度的历史资料为依据；第二，各种成本预测都涉及未来；第三，各种成本预测都具有不稳定性。

2. 物流成本决策的概念

物流成本管理是企业管理的重要组成部分，它是从管理体制到技术方法的角度来研究成本管理中出现的新课题，以促使成本管理水平的提高，物流成本决策正是在这种基础上形成并不断丰富发展的。

一般说来，物流成本决策是指企业为了实现既定的目标，在充分占有必要的信息资料的基础上，借助一定的手段和方法进行估算和判断，分析比较各种备选方案并从中选优的过程。物流成本决策首先要求成本尽可能低，在此基础上再进一步考虑净收益尽可能大。

物流成本决策不仅是成本管理的重要职能，也是企业生产经营决策体系中的重要组成部分。而且由于物流成本决策所考虑的是价值问题，更具体地讲是资金耗费的经济合理性问题，因而物流成本决策具有较强的综合性，对其他生产经营决策起着指导和约束作用。

项目目标

√ 了解物流成本的概念、作用以及主要内容；
√ 掌握进行物流成本预测的基本原理和方法；
√ 掌握物流成本测算常用的几种方法；
√ 掌握物流成本决策的意义、主要内容和几种基本方法。

项目案例

汉普咨询有限公司的兴衰

1997 年 10 月，北京西三环航天桥，一间 20 平米左右的办公室，张后启和另一合伙人用多年积攒的 3.1 万元积蓄共建了汉普管理咨询公司。这间办公室整齐干净，如同张后启一贯很讲究的穿着（总是蓝西装、白衬衣、深色领带）。这个小公司当时与其他小公司没什么区别，谁也想不到就在几年之后这个不起眼的小公司会成为中国 IT 咨询业的翘楚。创办汉普时，张后启拥有三个独特优势：一是自己作为自动化系系统工程专业和财政学双科博士的知识积累；二是任中华财务会计咨询公司管理咨询部经理时，在实践中形成的对企业信息化中存在问题的深刻了解；三是张后启本人心怀做企业医生为企业诊治“顽疾”的志向。

1999 年 5 月，海尔与用友公司进行了一项较大规模的企业信息化的合作，汉普作为用友参照国际惯例引进的管理咨询公司，成功地完成了这个项目的管理咨询与实施。在此之后，汉普频频接单，方正、海尔、海信、恒安、实德、东风汽车、松下电工、合肥佳通等企业都曾经接受过汉普的“诊疗”。短短几年时间，汉普这个由 3 万元起家的小公司，在 2001 年一跃成为年销售额达到 1.5 亿的大企业，声名鹊起，成为 IT 咨询业内的龙头老大。

经过几年的发展，汉普的规模逐步扩大，汉普凭借良好的声誉以及张后启的个人魅力，聚集了一大批业内精英，拥有了一批受业内人士广泛赞誉的项目实施团队，至此，汉普的品牌在 IT 咨询业界已是响当当了。因此，许多同类公司甚至国际咨询公司争相将猎头目标锁定于汉普。在对企业信息化、企业管理变革的不断宣传中，咨询业市场逐步形成并成熟起来。

与此同时，被业界人士称为“理论高手”的张后启还敏锐地注意到互联网对企业将会产生的深远影响，提出要用 IT 技术特别是 Internet 技术来再造企业。他决心将汉普打造成现代咨询企业，做 I-Consulting，即 IT 和 Internet 双面帮助企业更健康地成长。面对正在逐步进入中国市场的五大咨询公司的竞争，张后启认为他们虽然拥有先进的管理理念与方法和不可比拟的品牌优势，但是对中国本土企业特色与运作方式却缺乏深刻的了解，而这恰恰是汉普的优势所在。在这样的时势下，将汉普做大做强成了张后启的必然选择。汉普的业务迅速在全国铺开，很快汉普以“加盟连锁经营”的方式在上海、广州、天津、南京、杭州等11个城市设立了分支机构，员工人数由最初的2人扩大到近500人，销售额也持续上升，直逼2亿。

随着咨询业的进一步发展，国内的咨询公司如雨后春笋般涌现出来，国外著名的咨询企业也加快了占领中国市场的步伐，业内的竞争日益加剧。各个咨询公司之间开始以压低价格的方式来争夺客户，咨询业的利润进一步摊薄，而伴随着业内竞争的加剧，对人才的争夺也进一步趋于白热化，人力成本也越来越高。

面对咨询业的发展瓶颈，张后启决定寻求资本合作。张后启最先接触的是联想创投。接触半年后，即2002年元旦后，原联想创投退出谈判，并将与汉普国际谈判的所有材料全部转交给联想集团。联想集团抓住汉普急于合作的心理，压低了认购价格。合作伙伴和合作价格的改变让作为汉普第二大股东的张后启多少有些进退两难。与联想合作后的第八个月，张后启就辞去了汉普总裁的位置。让曾任HP咨询部总经理的马越接替了自己的职位，张后启成为联想的副总裁，具体工作已不再和汉普有关。唯一的联系是他仍挂着汉普副董事长的头衔。对这次让位张自己的解释是以前在长沙遭遇车祸后一直没有得到很好的休息，所以这次要从主要的领导岗位上退下来。而另一种公开的说法是：咨询公司普遍存在着一个价格战的问题，而且由于人力资源成本的刚性，他们无法压缩成本，所以利润的空间相当的薄，汉普在被联想兼并之后，这个困扰着他们的问题得到了缓解。

问题：

1. 汉普咨询有限公司由一个3万元起家的小公司，在短短的4年时间里，一跃成为IT咨询业内的龙头老大，他们靠的是什么？他们为什么要选择IT咨询行业？

2. 汉普的业务迅速在全国铺开，很快汉普以“加盟连锁经营”的方式在上海、广州、天津、南京、杭州等11个城市设立了分支机构，员工人数由最初的2人扩大到近500人，销售额也持续上升，直逼2亿。这是汉普咨询公司的鼎盛时期，如果此时能看清市场竞争的危机，是否能避免最后被联想兼并的结局？

3. 随着咨询业的进一步发展，国外的著名的咨询企业也加快了占领中国市场的步伐，业内的竞争加剧，咨询业的利润进一步摊薄，人力成本高居不下，汉普咨询选择了与联想合作。这种选择是否是最佳方案？还有其他更好的选择吗？

4. 综合分析该案例，汉普咨询公司的决策当时是符合市场的情况，成为IT咨询业内的龙头老大。如何巩固自己的经营成果，他们应该看在市场的竞争激烈不要盲目地扩大规模，最终被联想集团兼并，这说明了什么问题？

任务一　掌握物流成本预测的原理和方法

一、物流成本预测的作用

（一）为物流成本决策提供依据

物流成本预测是从客观实际出发，系统地研究物流过程的有关信息资料，并对客观情况作出科学的论断，提出物流过程成本支出的若干可行性方案，为企业决策提供依据。

（二）为确定目标成本奠定基础

物流成本预测是物流成本管理的重要组成部分，是制订物流成本预算过程中必不可少的阶段。在物流过程之前必须进行科学的论证，物流成本预测出物流过程中的总支出额，并以此作为计划成本目标考核的依据。

（三）减少企业经营的盲目性，降低经营风险

企业为了提高自身的竞争能力，往往采取转变经营方向，实行多元化的经营战略。如果在决策之前，对物流成本进行分析和预测，就会为决策提供可靠的依据，从而减少因此而给企业带来的经营风险，使企业在激烈的竞争中立于不败之地。

（四）是企业制定物流成本目标的依据

企业通过对物流成本的分析和预测，科学地制订出物流成本目标，从而为科学管理物流成本提供依据。

（五）是企业扩大经营范围，满足市场需求的重要手段

随着人们生活水平的不断提高，人们的需求也会不断变化，企业为了适应这种不断变化的需求，就要适时改变经营方式以满足市场需求，这必然会要求企业增加投资。同时，这也要求企业在为了满足市场需求而进行投资之前，要对由于投资而将要增加的成本进行分析和预测，从而采取相应的措施，以适应不断变化的市场需求。

二、物流成本预测的内容

物流成本预测包括：库存成本的预测、运输成本的预测、配送成本的预测、包装成本的预测、装卸搬运成本的预测、流通加工成本的预测、物流信息成本的预测。

三、物流成本预测的种类

物流成本预测按对象的范围可分为宏观预测和微观预测。宏观预测是指对大系统的综合的、总体的预测，例如对整个流通领域物流成本的预测。宏观预测要求对整个流通领域在物资流通的整个过程中所消耗的成本进行预测；而微观预测是对个别具体的物流企业物资流通过程中所支付的成本进行预测，例如基层企业所作的库存成本、运输成本、配送成本、物流信息成本的预测等。

物流成本预测按时间的长短可分为近期预测和远期预测，也即短期预测和长期预测。一般把一年或一年以内的预测称为短期预测，短期预测由于预测的时间短，不确定因素和影响因素较少，所以预测结果比较准确；一般把一年以上的预测统称为长期预测，长期预测由于预测的时间比较长，有许多不确定因素的影响，所以预测结果一般不太精确，需要不断搜集新的信息或数据对预测方案和预测结果进行完善。

物流成本预测按预测目的所用方法不同可分为定性预测和定量预测。定性预测是通过对现象的调查和了解，凭预测者个人的实践经验、理论水平和分析能力，对事物未来的发展所做出的判断。定性预测不要求结果非常准确，只是对事物的发展变化做大致的估计。定性预测法包括经济指标法、调查预测法等；定量预测是根据过去和现在的资料，运用一定的数学方法，建立预测模型，对现象未来的变化趋势做出预测。定量预测法包括因果回归分析预测法、时间序列分析预测法等。

实际应用中，应从预测对象的发展规律出发，正确地选择和运用预测方法。一般来说，当我们能够收集较多的数据资料时，应当采用定量预测的方法；而当缺乏足够的数据资料时，只能采用定性预测的方法。在实际预测时，往往根据掌握数据的情况采用多种方法同时预测，以获得较为可靠的结论。

四、物流成本预测的方法

（一）直观成本预测法

直观成本预测法又称判断分析法，它是由物流成本预测者通过对市场及其他有关方面的调查而掌握比较全面的资料后，凭借其工作经验和综合能力，预计未来物流成本的一种科学方法。这种方法多数是在缺乏准确数据资料的情况下应用。常用的形式是访问、现场观测、召开座谈会等。这种方法的优点是成本预测费用投资少，成本预测所需的时间短；缺点是成本预测效果的客观性较差。

（二）相关分析法

相关分析法亦称因果分析法，就是通过对导致物流成本变化的原因的分析，揭示原因与结果之间的内在联系，并据此预测物流成本未来发展变化趋势的一种方法。例如投入产出法、回归分析法等，相关分析法等。成本预测结果的客观性和可靠性都相对较强，但实际操作难度较大。

1. 高低点法

高低点法是以某一时期的最高业务量（高点）的物流成本与最低业务量（低点）的物流成本之差，除以最高业务量和最低业务量之差，求得单位变动物流成本，然后代入高点或低点的物流成本公式，据此求出物流成本中变动成本和固定成本数额，并建立物流成本模型的一种方法。

假设我们用 y 代表某一时期某项物流成本总额，用 x 代表物流业务量，用 a 代表物流成本中的固定成本总额，用 b 代表物流成本中的单位变动成本，物流总成本公式则可表示为：

$$y=a+bx$$

根据高低点的基本原理，a、b 可按下列公式计算：

$$b=\frac{\text{最高点业务量成本}-\text{最低点业务量成本}}{\text{最高业务量}-\text{最低业务量}}$$

$$a=\text{最高点业务量成本}-b\times\text{最高点业务量}$$

或 $$=\text{最低点业务量成本}-b\times\text{最低点业务量}$$

例 1：一运输公司 2007 年 7—12 月车辆运输业务成本资料如表 3—1 所示：

表 3—1　　2007 年 7—12 月成本资料

月份	物流业务量	物流成本（元）
7	5 000	420
8	4 200	400
9	6 800	510
10	3 500	300
11	4 800	400
12	6 000	460

问题：预测当物流成本量为 8 000 次时，物流成本总额是多少？

解：由上表得知，该公司物流业务量最高点为 6 800 次，业务量最高低为 3 500 次，业务量最高成本为 510 元，业务量最低的成本为 300 元，根据以上公式计算如下：

$$b=\frac{510-300}{6\,800-3\,500}=0.06\text{（元）}$$

$$a=300-0.06\times 3\,500=90\text{（元）}$$

根据计算得出 a、b 的值。物流成本的模型可写成

$$y=90+0.06x$$

则当物流成本量为 8 000 次时物流成本总额为：

$$y=90+0.06\times 8\,000=570.00\text{（元）}$$

高低点法简便易行，便于理解和掌握。但由于它从诸多历史资料中只选取了两组数据为计算依据并建立成本模型，故不具有代表性，误差较大。因此该法只适用于成本变化趋势较稳定的情况。

2. 回归直线法

回归直线法是根据过去一定期间的物流业务量和物流成本的历史资料，运用最小二乘法的原理，建立反映物流成本和物流业务量之间关系的回归直线方程，并据此确定物流成本中的固定成本和变动成本，进而建立物流成本模型的一种定量分析方法。

假设共有 n 期的物流业务量和物流成本的资料，用 x 代表业务量，用 y 代表某项物流业务的成本，用 a 代表物流成本中的固定成本部分，用 b 代表物流成本中的单位变动成本，它们之间的关系可以用直线方程式 $y=a+bx$ 来表示，只要 x 与 y 之间基本上保持线性关系，就可以运用最小二乘法的原理求出 a 和 b 的值，最终确立该项业务的成本与变量之间变动趋势的直线方程式。a、b 的值可按如下公式计算：

$$a=\frac{\sum y-b\sum x}{n}$$

$$b=\frac{n\sum xy-\sum x\sum y}{n\sum x^2-(\sum x)^2}$$

例 2：青岛某公司 2007 年度某项物流业务的成本资料见表 3—2，请根据以下资料计算出 2008 年 1 月份业务量为 15 个小时时该项物流业务的成本。

表 3—2　**2007 年度成本资料**

月份	物流业务量（小时）	物流成本（元）
1	8	100
2	10	115
3	9	108
4	7	90
5	9	110
6	10	118
7	7	88
8	9	92
9	10	106
10	11	120
11	10	114
12	12	150

解：为了便于计算，先对资料表作如下处理，具体见表 3—3。

表 3—3　**2007 年度成本资料计算表**

月份	物流业务量 x（小时）	物流成本 y（元）	xy	x^2
1	8	100	800	64
2	10	115	1 150	100
3	9	108	972	81
4	7	90	630	49
5	9	110	990	81
6	10	118	1 180	100
7	7	88	616	49
8	9	92	828	81
9	10	106	1 060	100
10	11	120	1 320	121
11	10	114	1 140	100
12	12	150	1 800	144
$n=12$	$\sum x=112$	$\sum y=1\ 311$	$\sum xy=12\ 486$	$\sum x^2=1\ 070$

将以上资料代入下列公式：

$$b=\frac{n\sum xy-\sum x\sum y}{n\sum x^2-(\sum x)^2}$$

$$=\frac{12\times 12\ 486-112\times 1\ 311}{12\times 1\ 070-112^2}$$

$$= \frac{149\ 832 - 146\ 832}{12\ 840 - 12\ 544}$$

$$= \frac{3\ 000}{296} = 10.13(\text{元} / \text{小时})。$$

$$a = \frac{\sum y - b\sum x}{n}$$

$$= \frac{1\ 311 - 10.13 \times 112}{12}$$

$$= \frac{176.44}{12} = 14.70(\text{元})。$$

根据上述计算结果，采用回归直线法计算的该项物流成本的直线方程为：

$y=a+bx=14.7+10.13x$

则当 2008 年 1 月份物流业务量为 15 小时时，该项物流业的成本为：

$y=a+bx=14.7+10.13\times15=166.65$（元）

与高低点法相比，回归直线法由于运用了最小二乘法的原理，其计算过程更科学，因此计结果相对来说较为精确。

3. 加权平均法

加权平均法是根据若干期物流固定成本总额和单位变动成本的历史资料，按照事先确定的权数进行加权，以计算加权平均的成本水平，从而确定物流成本预测模型，进而预测未来物流总成本的一种定量分析方法。计算公式为：

$$y = a + bx$$

$$= \frac{\sum aw}{\sum w} + \frac{\sum bw}{\sum w}x \quad (w\text{ 代表权数})$$

此法适用于对那些具有详细固定成本与变动成本历史资料的物流活动进行成本预测，计算结果比按总成本时间序列法计算的结果误差相对小些。

例 3：青岛某物流公司开展一项物流业务，最近 2004—2007 年的物流成本资料见表 3—4。第 5 年的物流业务量为 6 000，要求根据以下资料用加权平均法预测 2008 年的物流总成本和单位物流成本。

表 3—4　　2004—2007 年成本资料表　　元

年份	物流固定成本 a	物流单位变动成本 b
2004	11 500	16
2005	12 000	15
2006	14 000	14
2007	15 500	12

解：假设 2004—2007 年的权数分别为 1、2、3、4。

物流总成本为：

$$y = (11\ 500 \times 1 + 12\ 000 \times 2 + 14\ 000 \times 3 + 15\ 500 \times 4) \div (1 + 2 + 3 + 4) + (16 \times 1 + 15 \times 2 + 14 \times 3 + 12 \times 4) \div (1 + 2 + 3 + 4) \times 6\ 000$$

$$= 139\ 500 \div 10 + 136 \div 10 \times 6\ 000$$

$= 13\ 950 + 13.6 \times 6\ 000$

$= 13\ 950 + 81\ 600$

$= 95\ 550$(元)。

物流单位成本=95 550÷6 000=15.92(元)。

任务二　掌握物流成本的决策方法

一、物流成本决策的作用

随着市场经济的不断发展，物流成本决策对于企业的生存和发展有着越来越重要的作用，主要体现在以下几个方面。

(一) 企业管理体制改革的客观要求

企业自主经营、自负盈亏的性质决定了企业必须对经营结果负责，对企业自身与广大职工负责。在物流过程中势必要做出正确的决策，没有这一点，不要说发展，即使连生存问题也要受到影响。

(二) 企业提高经济效益的迫切需要

企业为了增强自身的竞争能力和适应能力，必须不断研究改进物流过程和降低物流成本方法，不断提高经济效益，并从中求得发展。严格地讲，这一切都有赖于科学的物流成本决策。

(三) 企业内外部环境条件变化的必然结果

一方面，企业外部环境条件处于急剧变化的大格局之中，为了适应这种形势，企业必须从节约经营成本的角度来规划自身的经营行为；另一方面，生产的高技术化与规模化越来越突出，生产投资额度也不断提高，耗费也日显巨大。因此，企业应对自身的经营行为进行合理控制。

(四) 现代化成本管理的重要特征

近年来，管理科学的进步已对成本管理产生了重大影响。越来越多的企业已经认识到，单一的计划管理和行政手段已远远无法满足现代化生产经营管理的需要。应用新理论，采取新方法，更新传统的成本管理方式也就顺理成章了。在目前阶段，实施物流成本决策也是现代化成本管理的重要标志。

二、物流成本决策的主要内容

物流成本决策与物流活动的内容相关，包括库存成本决策、运输成本决策、配送成本决策、包装成本决策、装卸搬运成本决策、流通加工成本决策及物流信息成本决策。与物流成本决策相关的成本概念有以下几种。

（一）生产成本

生产成本是生产单位为生产产品或提供劳务而发生的各项生产费用，包括各项直接支出和制造费用。直接支出包括直接材料（原材料、辅助材料、备品备件、燃料及动力等）、直接工资（生产人员的工资、补贴）、其他直接支出（如福利费）；制造费用是指企业内的分厂、车间为组织和管理生产所发生的各项费用，包括分厂及车间管理人员工资、折旧费、维修费、修理费及其他制造费用（办公费、差旅费、劳保费等）。生产成本是物流成本决策的重要参考依据。

（二）机会成本

机会成本是指在决策分析中，从几个备选方案中选取最优方案而放弃次优方案所丧失的潜在利益。许多经济资源均可有多方面用途，但在一定时空条件下，资源又总是相对有限的。选择某一方案必然意味着其他方案可能获利的机会被放弃或者丧失。因此，以次优方案的可能收益作为中选最佳方案的所失，可以全面评价决策方案所得与所失的关系。机会成本应当作为物流成本决策的相关成本来考虑。

（三）差量成本

差量成本是指两个备选方案的预期相关成本之间的差额。不同方案的经济效益，一般可通过差量成本的计算明显地反映出来。例如，某公司需要配送货物给用户，自已配送单位成本为 48 元，若靠配送公司配送单位成本为 52 元，差量成本为 4 元，这说明自己配送方案更优越。

（四）边际成本

在物流成本管理中，边际成本是指每增加或减少一个单位的业务量所引起的成本变动。

经济学原理告诉我们，在短期内，边际成本有两个基本性质：一是边际成本等于边际收益时，企业利润达到最大化；二是当边际成本等于平均成本时，其平均成本达到最低水平。因此边际成本对研究产量与价格组合对利润的影响问题是非常有用的。

（五）专属成本

专属成本是指那些能够明确归属于特定决策方案的固定成本。它往往是为了弥补物流生产能力不足的缺陷，增加有关装备（装置、设备、工具）等长期资产而发生的。专属成本的确认与取得上述装备的方式有关。若采用租入的方式，则专属成本就是与此相关的租金成本；若采用购买方式，则专属成本的确认还必须考虑有关装备的性质。如果取得的装备是专用的，即只能用于特定方案，则专属成本就是这些装备的全部取得成本；如果取得的装备是通用的，则专属成本就是与使用这些装备有关的主要使用成本，如折旧费、摊销费等。

三、物流成本决策的一般方法

物流成本决策的方法很多，最常用的有差量分析法、成本无差别点分析法、线性规划法、量本利分析法、期望值决策法等。

（一）期望值决策法

期望值决策法是在风险性决策以及不确定性决策中，通过计算最佳期望值进行决策的方法。

（二）量本利分析法

量本利分析法就是分析物流业务的业务量、成本、利润三者之间关系，从目标利润或目标成本出发来确定合理的物流业务量或物流业务规模的方法。

（三）成本无差别点分析法

成本无差别点分析法就是对不同的备选方案首先计算确定“成本无差别点”，然后把它作为数量界限来筛选最优方案的一种决策分析方法。“成本无差别点”是指两个备选方案在总成本相等时的业务量。当预计业务量低于成本无差别点时，则固定成本较小，单位变动成本较大的方案为较优方案；当预计业务量高于成本无差别点时，则固定成本较大，单位变动成本较小的方案为较优方案。

（四）线性规划法

线性规划法具体包括两个方面：一是当计划任务已定，如何统筹安排，精心筹划，用最少的资源来实现这个任务；二是当资源的数量已定，如何做到合理利用，合理配置，使得完成的任务最大。线性规划的实质是把经济问题转化为数学模型进行定量分析，通过求函数极值（极小值或极大值）来确定最优方案。

（五）差量分析法

差量分析法是根据两个备选方案的“差量收入”与“差量成本”的比较所确定的“差量损益”来确定哪个方案最优的方法。如果差量损益小于零，则后一个方案较优；如果差量损益大于零，则前一个方案较优；如果差量损益等于零，则两方案损益相同，取其中一个方案即可。这里的“差量收入”是指两个备选方案的预期相关收入的差异数，“差量成本”是指两个备选方案的预期相关成本的差异数。应该注意的是，在计算“差量收入”与“差量成本”时，方案的先后排列次序必须保持一致。另外，如有两个以上的方案供选择时，可两两进行比较，来确定最终的最优方案。

四、物流成本决策方法的应用例析

（一）期望值决策法在决策中的应用

例 1：假设青岛某超市要拟订 4、5、6 月份啤酒的进货计划，该超市进货成本为每瓶为 1.50 元，销售价格为 2.00 元，即当天能卖出去每瓶能获利 0.5 元，如果当天卖不出去，剩余一瓶就要亏损 0.2 元（由于管理费、资金占用费等因素的影响），现市场需求情况不清楚，但有前两年同期的日销售资料，问怎样才能拟定日进货计划才使利润最大。

解：第一步：根据前 2005—2007 年同期日销售量资料，进行统计分析，确定不同日销售量概率，见表 3—5。

表 3—5　　2005—2007 年日销售量计算表（一）

日销售量（瓶）	完成日销售量天数（天）	概率
200	18	18÷180=0.1
220	30	30÷180=0.17
230	42	42÷180=0.23
250	37	37÷180=0.21
280	33	33÷180=0.18
300	20	20÷180=0.11
合计	180	1.0

第二步：根据每天可能的销少量，编制不同进货方案的条件收益表，见表 3—6。

表 3—6　　2005—2007 年日销售量计算表（二）

销售量	200	220	230	250	280	300	期望利润
进货量	0.1	0.17	0.23	0.21	0.18	0.11	
200	100	100	100	100	100	100	100.00
220	96	110	110	110	110	110	108.60
230	94	108	115	115	115	115	111.71
250	90	104	111	125	125	125	114.71
280	84	98	105	119	140	140	114.80
300	80	94	101	115	136	150	112.34

以上条件利润的计算方法：日进货量 200 瓶，则条件利润为 200×0.5=100 元，若需求量大于 200 瓶利润仍为 100 元（因为进货只有 200 瓶无货可卖），如进货为 220 瓶，当日只售出 200 瓶，则条件利润为 200×0.5−(220−200)×0.2=100−4=96 元。如当日只售出 220 瓶，则条件利润为 220×0.5=110 元，依此类推。

期望利润的计算方法：各个的期望利润值是在收益表的基础上，将每个方案在不同自然状态下的利润值乘以该自然状态概率值之和，如日进货 220 瓶方案的期望值利润为 96×0.1+110×0.17+110×0.23+110×0.21+110×0.18+110×0.110.11=9.6+18.7+25.3+23.10+19.8+12.10=108.60（元），依此类推。

分析决策：从期望利润值可以看出，日进货量为 280 瓶的计算方案的期望利润最大，因此最佳方案为日进货量 280 瓶。

（二）量本利分析法在决策中的应用

例 2：假设青岛丰顺运输有限公司根据 2005 年—2007 年的历史资料相关数据分析，确定固定成本总额为 300 000.00 元，单位变动成本 200.00 元/千吨公里，营业税率为 3%，下个月预计货物周转量 6 000 千吨公里，单位运价为 260.00 元/千吨公里，请对该公司进行运输业务的量本利分析。

解：计算该公司的保本点运输周转量（保留整数），根据条件可知固定成本总额为300 000.00元，单位变动成本 200.00 元/吨公里，营业税率为 3%，单位运价为 260.00 元，其计算公式为：

$$保本点运输周转量=\frac{固定成本总额}{单位运价\times（1-营业税率）-单位变动成本}$$

$$=\frac{300\ 000}{260\times（1-3\%）-200}=\frac{300\ 000}{252.2-200}=5\ 747（千吨公里）$$

保本点运输营业收入=保本点运输周转量×单位运价

=5 747×260=1 494 220.00（元）。

分析决策：从已知条件与计算可知，由于下个月的预计货物周转量为 6 000 千吨公里，超过保本点运输周转量 5 747 千吨公里，所以下个月开展运输业务方案是可行的。

（三）成本无差别点分析法在决策中的应用

例 3：假设青岛某食品公司每年需要包装箱 30 000 件，外购每件单价为 20.00 元，现该企业辅助车间有剩余的生产能力可以生产这种包装箱，经测算每件自制成本为 22 元，其中直接材料费 10.00 元，人工费 3.00 元，变动制造费 2.00 元，固定制造费 7.00 元。

要求：（1）做出该包装箱是自制还是外购的决策分析；

（2）假定全年的包装箱的需要量不知道，自制包装箱时辅助车间每年需追加专属固定成本 300 000.00 元，要求做出该包装箱是自制还是外购的决策分析。

解：从以上的计算结果比较，自制变动总成本为 450 000.00 元，比外购的成本低150 000.00元。因为固定制造费用即使在外购包装箱也要发生，所以计算自制包装箱的成本不包括固定制造费用，故选择自制方案较好。

在全年的包装箱的需要量不知道的情况下，设 x 为包装箱的全年需要量，自制包装箱的预期相关成本计算公式为：

y_1 =专属固定成本+单位变动成本×包装箱的全年需要量

$=300\ 000.00+15x$

外购包装箱的预期相关成本为：购买单位成本×包装箱的全年需要量，其计算公式为：

$y_2=20x$

两方案成本相等时包装箱的数量为成本的无差别点，$y_1=y_2$，其值为：

$300\ 000.00+15x=20x$

$x=300\ 000.00\div5=60\ 000$（件）。

分析决策：如果包装箱全年需用量低于 60 000 件，宜外购；如果包装箱全年需用量超过 60 000 件，宜自制，如图 3—1。

从第一步来看，如果本公司不增加专用设备，用现有的设备能满足要求，宜自制。从本题第二步的分析结果可以得知，需增加专用设备来满足自制加工的条件，需用量达到60 000件以上，才能和外购成本无差别，但是该公司年需用量 30 000 件，所以还是外购比较合算，决策宜外购。

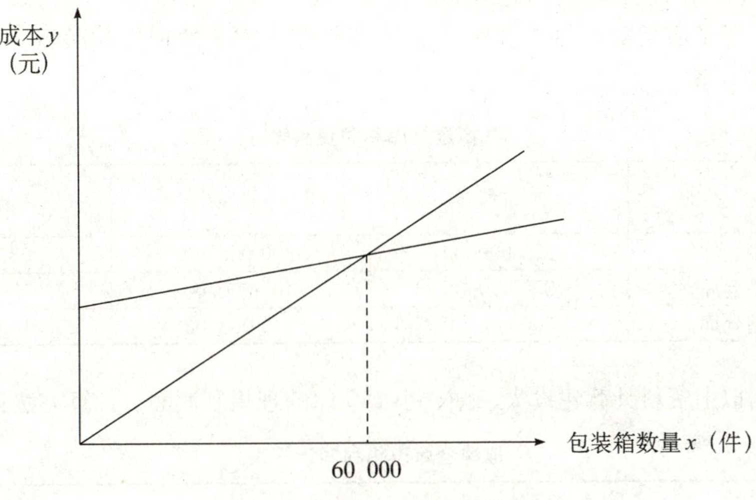

图 3—1　成本无差别点示意图

(四) 线性规划法在决策中的应用

例 4：假设青岛某物流配送中心向五个零售店配送货物，这五个零售店的位置可以用坐标（见表 3—7）来表示，配送中心向五个零售店配送的货物数量是不同的，物流配送中心的地点如何选择？

表 3—7　五个零售店的位置和配送货物资料表

地点	坐标 x、y（公里）	每周数量 Q（件）
D_1	3，2	800
D_2	4，5	700
D_3	5，3	500
D_4	7，6	300
D_5	8，5	100

为使配送成本最低配送中心的最佳位置应在哪里？

解：可以从用重心计算法，设配送中心位置为（x_0，y_0）

采用加权平均办法：

$$X_0=\sum XQ\div\sum Q$$
$$=(3\times800+4\times700+5\times500+7\times300+8\times100)\div(800+700+500+300+100)$$
$$=10\ 600\div24\ 00=4.4$$
$$Y_0=\sum XQ\div\sum Q$$
$$=(2\times800+5\times700+3\times500+6\times300+5\times100)\div(800+700+500+300+100)$$
$$=8\ 900\div24\ 00=3.7$$

重心的坐标点是（4.4，3.7），这就是配送中心的位置。

(五) 差量分析法在决策中的应用

例 5：青岛开发区某物流企业为了扩大业务，拟建仓库，有建大、中、小三种方案可供选择，根据市场的预测，仓储业出现景气、一般、不景气的概率分别为0.3、0.4、0.3。三种方案的收益值有关数据见表3—8，请计算出每个方案的理想利润额，并进行比较分析，确定最优方案。

表3—8 **拟建仓库利润资料表** 金额：元

状态 方案	景气	普通	不景气
建设小型仓库	250 000.00	200 000.00	180 000.00
建设中型仓库	350 000.00	400 000.00	150 000.00
建设大型仓库	600 000.00	300 000.00	100 000.00

解：根据以上资料计算建设大、中、小型仓库的理想利润额。计算方法见表3—9。

表3—9 **拟建仓库理想利润计算表** 金额：元

状态 方案	景气（0.3系数）		普通（0.4系数）		不景气（0.3系数）		理想利润
1	2	3=2×0.3	4	5=4×0.4	6	7=6×0.3	8=3+5+7
小型仓库	250 000.00	75 000.00	200 000.00	80 000.00	180 000.00	54 000.00	209 000.00
中型仓库	350 000.00	105 000.00	400 000.00	160 000.00	150 000.00	45 000.00	310 000.00
大型仓库	600 000.00	180 000.00	300 000.00	120 000.00	100 000.00	30 000.00	330 000.00

分析决策：根据以上表格计算，很直观的可以看出，建设大型仓库所取得的利润值最大，在保证资金的情况下，决定建设大型仓库。

任务案例

家乐福中国及其运输决策

成立于1959年的法国家乐福集团是大型超级市场概念的创始者，目前是欧洲第一、全球第二的跨国零售企业，也是全球国际化程度最高零售企业。家乐福于1995年进入中国市场，最早在北京和上海开设了当时规模最大的大卖场。目前，家乐福在中国31个城市相继开设了86家商店，拥有员工4万多人。家乐福中国公司经营的商品95%来自本地，因此家乐福的供货很及时，这也是家乐福在中国经营很成功的原因之一。家乐福实行“店长责任制”，给各店长给予极大的权力，所以各个店之间并不受太多的制约，店长能灵活决定所管理的店内的货物来源和销售模式等。由于家乐福采用的是各生产商缴纳入场费，商品也主要由各零售商自己配送，家乐福中国总公司本身调配干涉力度不大，所以各分店能根据具体情况灵活决定货物配送情况，事实证明这样做的效果目前很成功。

家乐福中国在网络设计方面主要体现为运输网络分散度高，一般流通企业都是自己建立仓库及其配送中心，而家乐福的供应商直送模式决定了它的大量仓库及配送中心事实上都是由供应商自己解决的，受家乐福集中配送的货物占极少数。这样的经营模式不但可以节省大量的建设仓库和管理费用，商品运送也较集中配送来说更方便，而且能及时供应商品或下架滞销商品，不仅对家乐福的销售，对供货商了解商品销售情况也是极有利的。

在运输方式上，除了较少数需要进口或长途运送的货物使用集装箱挂车及大型货运卡车外，由于大量商品来自本地生产商，故较多采用送货车。这些送货车中有一部分是家乐福租的车，而绝大部分则是供应商自己长期为家乐福各店送货的车，家乐福自身需要车的数量不多，所以它并没有自己的运输车队，也省去了大量的运输费用，从另一方面提高了效益。在配送方面，在供应商直送的模式下，商品来自多条线路，而无论各供应商还是家乐福自己的车辆都采用了“轻重配载”的策略，有效利用了车辆的各级空间，使单位货物的运输成本得以降低，进而在价格上取得主动地位。而先进的信息管理系统也能让供应商在最短时间内掌握货架上其供销售的各种商品的货物数量以及每天的销售情况，补货和退货因此而变得方便，也能让供应商与家乐福之间相互信任，建立了长期的合作关系。

问题：

1. 家乐福占领中国这个13亿人口的大国，还有丰富的生活及消费资料资源，给家乐福在中国建立商品市场产生了巨大的经济效益，可以说决策是英明之举，但是如果“开源”与“节流”控制的不当，也不会产生如此的经济效益，那么家乐福在中国的市场靠的是什么来获取利润?

2. 家乐福实行“店长责任制”，给各店长给予极大的权力，所以各个店之间并不受太多的制约，店长能灵活决定所管理的店内的货物来源和销售模式等，从份调动了“店长”的积极性，这个决策体现了什么?

3. 家乐福中国在网络设计方面主要体现为运输网络分散度高，大多使用本地商品，且和客户长期合作，除了较少数需要进口或长途运送的货物使用集装箱挂车及大型货运卡车外，大多是客户亲自上门送货，省去了大量的运输费用，使进货成本降低，在价格上有了很大的主动权，你认为该企业还能有更好的办法吗?

课外阅读

鼎文酒店集团的扩张

一、背景

鼎文酒店集团最初只是一家普通的国有宾馆，由于地处国家著名的旅游景点附近，所以迅速发展壮大成为一家五星级大酒店。集团在此尝到甜头后，先后在四个旅游景点附近收购了四家三星级的酒店。对于新收购的酒店，集团只是派去了总经理和财务部全班人马，其他人员都采取本地招聘的政策。因为集团认为服务员容易招到，只要简单培训就可以上岗，所以只是进行了简单的面试，认为只要应聘者长相顺眼就可以，同时，为了降低人工成本，服务员的工资比较低。

二、问题

赵某是集团新委派的下属一家酒店的总经理，刚上任就遇到酒店西餐厅经理带着几名熟手跳槽的事情，他急忙叫来人事部经理商谈此事，人事部经理满口答应，立即解决此事。第二天，赵某去西餐厅视察，发现有些西餐厅服务员在摆台时经常摆错刀叉，有的甚至不知道如何开启酒瓶，更严重的是，领班根本不知道如何处理顾客投诉。紧接着仓库管理员跑来告诉赵某说发现丢失了银质的餐具，怀疑是服务员小张偷的，但现在已经找不见小张了。赵某一查仓库的账本，发现很多东西都写着丢失。赵某很生气，要求人事部经理解释此事，人事部经理辩解说因为员工流动率太大，多数员工都是才来不到10天的新手，餐厅经理、领班、保安也是如此，所以做事不熟练，丢东西比较多。赵某忍不住问："难道顾客不投诉吗?"人事部经理回答说："当然投诉，但没关系，因为现在是旅游旺季，不会影响生意的。"赵某对于人事部经理的回答非常不满意，又询问了一些员工后，发现人事部经理经常随意指使员工做各种私人事情，例如接送人事部经理的儿子上下学、给他的妻子送饭等等。赵某考虑再三，决定给酒店"换血"——重新招聘一批骨干人员，于是给集团总部写了一份有关人力资源规划的报告，申请从外地招聘一批骨干人员，并增加培训投入。

阅读思考：

1. 赵某的想法是否正确？酒店是否必须从外地雇用一批新的骨干人员？

2. 赵某应当采取哪些措施以解决酒店目前面临的问题？

3. 酒店的人力资源规划重点是什么？服务员是否需要进行规划，或者等到需要时再招聘？

4. 赵某应当与什么人一起完成酒店的人力资源规划？在进行人力资源规划的过程中，会遇到哪些问题？

思考与练习

1. 什么是物流成本预测？它在物流成本管理中所起的作用有哪些？

2. 物流成本的预测最常用的方法有哪几种？这些方法的适用条件？

3. 什么是目标成本？什么是机会成本，它们在成本决策中起到哪些参考作用？

4. 物流成本成本决策的主要有哪几种分析法？举例说明各种方法的适用条件。

5. 某商场拟订在第一季度作衣服日进货计划，每套进货成本为80元，销售价格为每套150元，即当天能卖出去每套可获利70元，如果当天卖不出去，每剩余一套就要承担进货得资金资金占用费、房租水电费。衣服保管费、储藏费、人员工资等各种费用30元，现在市场的需求量无法估计，但是该商场前2005—2007年的同期历史资料齐全，历史资料见下表（3—10），利用期望值的决策法分析，每天计划进货多少套衣服才能使利润最佳？

表3—10　　　　2005—2007年资料表

日销售量（套）	完成日销售量天数（天）
60	60
70	90
80	70
90	50
合　计	270

6. 某运输公司根据2006—2007年的历史资料相关数据分析，确定固定成本总额为150 000元，单位变动成本100元/千吨公里，营业税率为3%，下个月预计货物周转量3 000千吨公里，单位运价为130元/千吨公里，利用量本利分析法，对该公司进行运输业

务进行分析。

相关的计算公式如下：

$$保本点运输周转量=\frac{固定成本总额}{单位运价\times（1-营业税率）-单位变动成本}$$

保本点运输营业收入＝保本点运输周转量×单位运价

7. 某仓库为了适应扩大的业务量拟订了三个方案

方案一：建一座新仓库，计划投资 400 万元，据估计，如果仓储业景气，每年可获利 100 万元；如果不景气，每年亏损 30 万元，耐用年限为 10 年。

方案二：扩建旧仓库，投资 180 万元，如果仓储业景气，每年可获利 50 万元；如果不景气，每年仍可获利 30 万元，耐用年限为 10 年。

方案三：先扩建旧仓库，3 年后如果仓储业景气，在建新仓库，投资 260 万元，耐用年限为 10 年，每年可获利 100 万元。

根据物流市场预测，仓储业景气概率为 0.7，不景气概率为 0.3，试选择最优方案。(提示：此题可运用期望值决策法)。

8. 青岛某运输公司投标运送设备，可以投标取得两项任务中的一项业务，两项中标的概率相同，估计两项任务的利润多少取决于雨天还是晴天。第一项是往偏远的农村运送设备，估计晴天时有 2 000 元的利润，遇到雨天要损失 1 000 元的利润；第二项是往另一座城市运送设备，估计不管天气如何都能获得 1 000 元的利润。根据历年的天青情况，在这一年里这个时期的气候，晴天约占 70%，雨天约占 30%，请问，假如你是该公司的经理应该如何选择?

项目技能训练

1. 结合本章的学习，重点掌握企业的预测与决策的内容和方法，并且要充分认识到企业的预测与决策是物流成本核算的中心，到企业调研时，参考所学的知识。

2. 结合学习的内容，到企业调研，如何利用线性规划法、差量分析法、成本无差别点分析法给企业作决策分析。

3. 通过对制造企业、流通企业、第三方物流企业物流系统运输决策的进行比较，找出它们的共同点，写一篇调研报告。这里简单地介绍一下以上 3 种企业的运输的特点，以便进行综合分析。

制造企业的运输决策主要体现在其原料来源和产品输出上，由于其产品的特定性，往往需要从某些固定区域运送，所以其网络设计上大多采用少数大的集散地，对到达的原料运送至企业和把成型的产品运送至各销售地。而流通企业的货物仓库及配送中心一般较分散，而且数量较多，以便货物及时输送。第三方物流企业除了有自己固定的仓储配送中心外，还根据其长期提供服务的企业特点灵活安置一些仓库等，其分散度有较大的自由性。

在运输方式选择上，制造企业主要选择铁路或海运，因为这类企业的原料和商品都是大批量的长途运输为主，这样可以节省运输费用，而且对时效性和直达性的要求一般都不高；流通企业则少量采用集装箱运输、主要采用送货车，但是各个企业的送货车会因其经营方向的不同而有差异，但其目的是为顾客最大限度地提供便利；第三方物流企业的运输比较多元化，根据其承接的工作不同可能采取公路、铁路、海运等多种运输方式，或者其中几种相结合的联合运输等，某些时候也需要“门到门”的运输。

一般情况下，制造企业相比流通企业和第三方物流对配送的要求较低，商品也比较单一，以满足原料输入和产品输出为原则；流通企业和第三方物流对配送有较高的要求，其配送中心的工作也比较复杂，流通企业的配送中心有时候还被当作销售中心；而第三方物流为了协调各种商品则需要使配送工作达到最优化，在配送时也考虑较多的其他因素以适应合约企业的要求。总的来说，不管什么类型的企业，无论企业规模的大小，其运输决策的出发点都是为了为企业最大限度地节支增收服务的，而运输决策也必将在企业运营中扮演着越来越重要的角色。

项目四　物流成本预算与控制

项目说明

物流成本预算的目的是进行物流成本控制，物流成本控制包括事前控制、事中控制和事后控制。采用物流成本预算使物流成本控制在企业物流成本管理过程中可以发挥巨大的作用，对提高企业物流活动的竞争力至关重要。

1. 物流成本预算的含义

物流预算就是所有以货币形式及其他数量形式反映的有关企业未来一定时间内全部物流活动的行动计划与相应措施的数量说明。

任何一个企业，不论规模大小，其所拥有的物流资源（物流人员、物流设备和工具、物流资金）是有一定限度的。对于企业的物流部门来说，其所追求的目标是如何使用有限的物流资源实现尽可能大的效果。为此，企业在进行物流活动时就必须做好物流预算工作。

2. 物流成本控制的概念

物流成本控制就是物流过程中，对物流成本形成的各种因素，按照事先拟定的标准严格加以监督，发现偏差就及时采取措施加以纠正，从而使物流过程中的各项资源的消耗和费用开支限制在标准规定的范围之内。

物流成本控制，可以分为广义的物流成本控制和狭义的物流成本控制。广义的物流成本控制，是指控制贯穿于物流活动的各个阶段，具体来说，包括事前控制、事中控制和事后控制；狭义的物流成本控制，仅指事中控制。

（1）事前控制是指依据物流费用的历史资料及企业现在面临的实际情况，结合管理人员的经验，对尚未发生的物流活动作全面的预算，制订出成本费用标准，即标准的成本费用水平。

（2）事中控制是指在物流过程中，从物流过程开始到结束，对物流成本形成和偏离物流成本要素指标的差异所进行的日常控制，即对标准的成本费用水平的控制。

（3）事后控制则是对标准的费用水平发生差异形成的原因进行分析和研究，采取相应的措施，巩固成绩，克服缺点，实现物流成本的有效控制，全面提高经济效益。

就目前来说，客观的实际情况要求不仅要重视日常物流成本控制，还必须重视事前和事后的物流成本控制。

项目目标

√ 了解我国物流成本预算的体系；
√ 掌握物流成本预算的意义；
√ 掌握物流成本控制。

项目案例

长虹公司控制物流成本的新举措

长虹公司是我国最大的家用彩色电视机生产商，1998年长虹将设置在全国各地的分公司负责的保管和配送等业务，从各分公司中分离出来，设置配送中心，在那里制订有计划的、集中的物流战略。

长虹公司过去采取的配送方法是将工厂装配好的产品，直接送到各地从事经营的商店，暂时保管，然后再根据客户顾客的订货，配送到客户所在地。不管配送件数多少，各分店中都必须配备通货人员和卡车。运输费用占物流费用的70%以上。物流费用的必然上升将严重影响企业的竞争力，面临这种压力，长虹采取上述商物分离措施，并设置配送中心。配送中心建立在分公司集中的大城市内，一个中心可承担约20个分公司的商品配送业务。大大减少了分公司的车辆和送货人员，这样，用较少车辆就可以运送大量货物。还可以直接把产品从工厂送到消费者手中，这样可以实现大批量运输。

问题：

1. 1988年以前长虹公司在货物储存和运输的过程中，实行的是一个什么样的物流方式？运输费用占物流费用的70%以上，它的弊端在哪里？

2. 1998年以后长虹公司，将在全国各地设置的分公司处理的保管和配送等业务，从各分公司中分离出来，专门设置了配送中心，节约了运输和仓储成本，他们的成功经验在哪里？是否还有更好的方法来降低物流成本？

任务一　了解物流预算体系

一、物流预算体系

从目前来看，在我国企业的预算体系中还没有物流预算的位置，但是物流预算是存在的，只不过没有以“物流预算”的名义存在于企业预算体系之中，而是被分解为若干部分分别从属于销售预算、生产预算、采购预算、资金预算、设备预算、人员预算之中。因此，为了加强物流管理，有必要将上述被分解的并分别从属于各项预算中的物流预算抽出、汇总，建立独立完整的物流预算体系。具体地说，就是要从销售预算中分离出销售物流预算；从生产预算中分离出生产物流预算；从采购预算中分离出供应物流预算；从资金预算、设备预算和人员预算中分别分离出物流资金预算、物流设备预算和物流人员预算。

如果物流部门实行独立核算，则还可编制物流收益预算。这样，将所有物流预算汇集到一起便构成了一个完整的物流预算体系（如图 4—1 所示）。

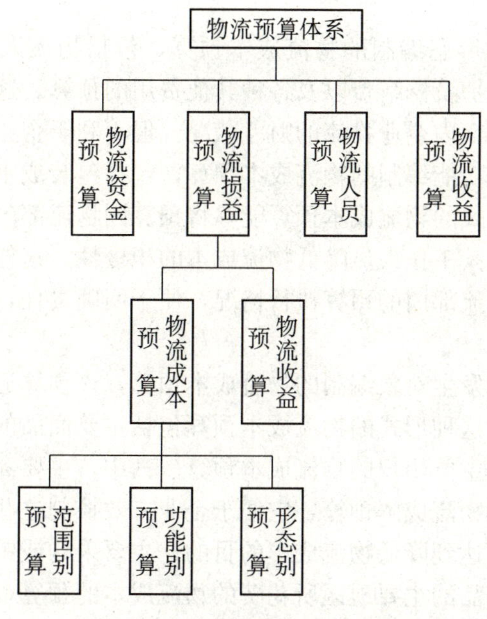

图 4—1　物流预算体系示意图

二、物流成本预算编制的组织工作

编制物流成本预算是物流成本预算管理的首要内容，是实施物流成本预算控制的基础，同时也是一项综合性很强的复杂工作。因此，物流成本预算的编制需要最高管理部门的支持和物流组织内各部门的通力合作，在实际中往往要专门成立一个预算委员会，其成员由总经理、财务副总经理和各职能部门的负责人组成。预算委员会的主要职责是：提出企业一定时期的总体经营目标，指导各部门形成自己的工作目标；审查协调各部门编制的预算，经过综合平衡确立组织的预算体系；监督检查预算的执行情况，分析评价预算执行的结果，并提出改进意见。

根据目标管理的原则，物流成本预算作为计划和控制物流活动的工具，其编制过程必须有物流部门全体员工的参与。为此，在编制物流成本预算时，可以来取“自编预算”或“参与预算”的方法，广泛吸纳预算执行者参加预算编制。其主要程序是：首先由企业最高管理部门会同预算委员会提出经营目标的总体内容和具体要求；然后由物流部门根据经营目标的总体要求，结合本部门具体工作目标，提出本部门的初步预算。预算委员会对其进行分析审查和调整，并在此基础上编制企业的总体预算，报送企业最高领导机构审核批准；最后作为正式预算下发结物流部门执行。通过这种方法编制的预算与上级编好再交下级执行的“强制预算”相比，往往更加切合工作和经营业务的实际情况，同时容易得到广大预算执行者的理解和支持，增强了实现预算目标的积极性和自觉性，从而能使预算充分发挥其应有的作用。

三、物流成本预算的编制形式

第一，按物流成本的形态编制的物流成本预算，包括物流人员工资、物流设备折旧费、低值易耗品费用、维护及修缮费以及各种其他费用的预算。这种形式的物流成本预算有利于评价、分析一定时期内企业物流的财务状况。但不利于企业的物流管理。

第二，按物流成本的功能编制的物流成本预算，包括包装成本项算、运输成本预算和库存成本预算等。这种形式的物流成本预算能够将预算同物流部门及其工作人员有机地结合起来，提高物流部门及其工作人员降低物流成本的积极性。这样，只要将预算与实际情况作比较，就能知道各物流部门的预算执行情况，便于明确责任，从而有利于物流成本的降低。

第三，按物流成本的发生对象编制的物流成本预算，该预算通常是按不同商品、不同地区或不同用户编制的。这种形式的物流成本预算包括主要商品的物流成本预算、主要销售地区的物流成本预算和主要用户的物流成本预算。其中，主要商品的物流成本预算是按企业中若干主要商品编制物流成本预算，它便于企业有效控制这些主要商品的物流成本支出，进行重点管理，从而达到降低物流成本的目的；主要采购或销售地区的物流成本预算是指企业在采购和销售商品的主要地区所花费的物流成本的预算，它有利于控制企业在主要采购和销售地区的物流成本支出，便于在主要采购和销售地区采取措施完成预算进而降低物流成本；主要用户的物流成本预算是指企业在采购或销售商品时，向不同用户支付的物流成本的预算。这种形式的预算有利于调整企业与用户之间服务与成本的关系，可以既不影响对用户的服务质量也不至于因过高的服务水平而花费巨额的物流成本，从而有利于物流成本的降低。

可见，这三种形式的物流成本预算，其主要作用是通过编制不同地区、不同商品、不同用户的物流成本预算来实现重点管理，加强企业物流成本支出的重点控制，从而提高对物流管理的有效性。

四、物流成本预算的程序及分类

以取得运作计划目标所需的资源为目的，预算程序的起步，通常由作出申请的经理提出，然后由一线管理人员细化将要完成的工作，进而得到计划所需资金。这样的预算就是经理为实现特定目标而对所需资源的估计。在很大程度上，预算是一个管理程序，即高层或一线经理对费用的支出水平和时间进行协商的过程和程序。当然，高层经理要求低的预算，而运作经理试图取得尽可能宽松的预算。

为了克服“预算游戏”中潜在的偏见，许多厂商都按照业务类别作出预算。所谓业务类别是指为一项特定活动而作的预算分配，例如，一项运输预算可能包括包裹、拼车货和整车货。如果预算金额是按业务类别计算的，则不能将“超预算”的包裹货账户转换成“未达预算”的拼车货和整车货账户。当以业务基础建立预算时，在特定账户之间的费用转换就只能限制在运作计划所授权改变的范围内。

一个简单的预算可用以支持绩效分析，可为特定的功能或过程进行资源分配。例如，一个按收入的4%规定的运费预算，规定了运输费用的预期水平。但是，这个简单的预算数字，在资源的分配需要改变时，并不能指出需要改变或建议改变的方向。为此，就需要将预算与相应的对比数据进行比较。即以预算数值为基数，把它和周期的实际数对比，或以预算数为基数，把它和过去已达到的实际水平对比，就可反映不同时间、不同部门或运作单位相对绩效，从而确认改进的方向。

任务二　掌握物流成本的预算

一、物流成本预算的作用

物流成本预算包括预算编制和预算控制两项职能。作为计划本身与计划实施、控制的中间环节，物流成本预算具有重要作用。

（一）物流成本预算可以使计划目标更明确、更具体

企业的物流活动要有目标，它不仅要指明未来行动的方向，而且还要说明行动结果的数量要求，否则就无法实现对物流活动的有效控制。物流成本预算加强了计划目标的可行性，在计划执行过程中作为依据及时明确地提供偏差信息，以便管理层采取有效措施，扩大收益或减少损失。同样，物流成本预算使计划目标明确化，便于个人理解和把握，帮助其了解自身在企业整体工作中的地位和作用，从而强化了计划目标的指导性和激励性。

（二）物流成本预算可以协调企业的物流活动

企业物流的总体经营目标，如成本降低，必须层层分解为物流各部门、人员和经营环节上的具体目标才能够得到落实。而最重要的是，各部门、个人和经营环节的具体目标在方向上必须与总体经营目标保持一致，总体经营目标才有可能最终实现。通过编制物流成本预算可以把各组织层次、部门、个人和环节的目标有机地结合起来，明确它们之间的关系，有助于各个部门和经营环节通过正式渠道加强内部沟通并互相协调，从整个物流系统的角度紧密配合，取得最大的经济效益。

（三）物流成本预算是控制日常物流活动的标准

在日常物流活动中，各项物流活动进展如何，是否符合预定进程，能否实现计划目标，都需要根据一定的标准进行分析和判断，以便及时采取措施。有了物流成本预算，有关部门和单位就可以以预算为依据，通过计量、对比，及时提供实际执行结果与预算标准之间的差异数额，分析原因，采取有效的措施，保证预算任务和目标的顺利实现。

（四）物流成本预算是评价物流工作业绩的依据

物流成本预算在确立组织内部各部门、环节、个人行动目标的同时，也进一步明确了他们所承担的经济责任，使之能够被客观评价并具有可考核性，即通过实际数与预算数的

比较分析，可以检查评价各部门、个人和各环节的经济责任和计划任务的完成情况。

二、物流成本预算的编制方法

预算与控制密不可分。物流预算编制既是一个计划过程，同时也是一个确定控制标准的过程。而物流预算的执行过程也就是根据预算对实际物流经营过程进行控制的过程，即预算控制。一般而言，企业的物流活动及其所处的环境并非如此简单明确，作为控制手段的预算也就要必须根据其特点而采用不同的形式。实际上，管理人员在编制物流预算时，要考虑预算控制的要求，针对不同企业和不同特点的物流经营活动进行有效控制的需要，使用比一般预算方法更先进的方法编制物流预算。物流预算编制的具体方法和技巧是否恰当是物流预算控制能否成功的一个重要方面。

（一）弹性预算

所谓弹性预算，是指在编制费用预算时，预先估计到计划期内业务量可能发生的变化，编制出一套能适应多种业务量的费用预算，以便能反映在各种业务量的情况下所编制的一种预算。由于这种预算随着业务量的变化而变化，本身具有弹性，因此被称为弹性预算。

弹性预算是为适应运作期内非预期的运作量的增减变动而提供的一种方法。通常弹性预算是建立在标准成本的基础之上的。标准成本是用来衡量各种物流活动的一个指标。标准成本通常被定义为一个期望的标准。虽然弹性预算要求有严格的或固定的预算，但在实施过程中仍是十分复杂的，弹性预算要求训练有素的成本追踪和复杂的信息系统来控制活动水平和成本。

采用固定预算方法为企业物流费用编制预算时，其中变动费用明细项目是根据预算期某一给定的业务量水平为基础来确定其预计金额的。这种固定预算编制方法有着明显的缺点：每当实际业务量与编制预算时所依据的业务量发生差异时，各费用明细项目的实际数与预算数就失去了可比的基础。而在实际中，由于市场行情的变化或季节性等原因，各月份的实际业务量常常与预算产生差异，致使无法准确地评价和考核物流费用预算的执行情况，从而也就难说到对其实施预算控制。因此，为了保证物流预算控制的有效性，就有必要编制物流弹性预算。

由于物流成本费用中均包含变动费用和固定费用两部分，因此在编制弹性预算时，应首先将有关预算中的全部成本费用分为固定和变动两部分。只要在相关范围内，固定费用不随业务量的增减而变动，因此，不论业务量多少都无须变动原先的预算数；对于变动费用，则应按不同的业务量对原定的预算数进行适当调整。调整方法如下：假定原定物流费用预算总数为 Y，其中，固定费用总数为 a，原计划业务量按物流商品流转额计算为 x，变动费用总额为 bx，则每单位物流商品流转额变动费用分配率为 b（bx/x），原预算中的费用预算总数为 $Y=a+bx$。假定实际业务量为 X，按实际业务理调整后的物流费用预算总数即为 $Y=a+bX$。

假定青岛某运输公司物流商品周转量发生变化，周转量在 2 000、3 000、4 000、5 000、6 000 几个档次间变化，来分析弹性预算的应用，变动费用每件为 4 元，具体见表 4—1。

表 4—1 物流费用弹性预算分析表 金额：元

费用明细项目	标动费用（元/件）	物流商品流转量				
		2 000 件	3 000 件	4 000 件	5 000 件	6 000 件
固定费用						
保管费		2 000	2 000	2 000	2 000	2 000
折旧费		2 200	2 200	2 200	2 200	2 200
物流管理		1 800	1 800	1 800	1 800	1 800
客户服务		1 500	1 500	1 500	1 500	1 500
信息费		2 500	2 500	2 500	2 500	2 500
小计		10 000	10 000	10 000	10 000	10 000
变动费用						
包装费	0.80	1 600	2 400	3 200	4 000	4 800
运输费	1.00	2 000	3 000	4 000	5 000	6 000
装卸费	0.60	1 200	1 800	2 400	3 000	3 600
搬运费	1.20	2 400	3 600	4 800	6 000	7 200
加工费	0.40	800	1 200	1 600	2 000	2 400
小计	4.00	8 000	12 000	16 000	20 000	24 000
物流费用		18 000	22 000	26 000	30 000	34 000

从上表可以看出，在编制预算时，应尽量增加业务周转量，降低单位成本。

应该说明的是，弹性预算不仅适用于物流费用的编制和控制，实际上，任何随业务量的变化而变化的预算项目均可采用这种方法，从而为预算控制提供一个坚实的基础。

（二）零基预算

1. 零基预算

零基预算，也称为“以零为基础编制计划和预算”。在编制间接费用或固定费用预算时，传统的方法是：以往的各种费用项目的实际开支数为基础，考虑到预算期业务变化，对以往的开支数作适当的增减调整后加以确定。这种方法的不足之处在于，以往的开支中势必有不合理的费用支出，如果仅仅笼统地在此基础上加以增减，很有可能使这些不合理的费用开支继续存在下去，无法使预算发挥其应有的作用。为解决这个问题，人们提出了零基预算编制方法。

不同于传统的预算编制方法，零基预算对于任何一项预算支出，不是以过去或现有费用水平为基础，而是一切都以零为起点，从根本上考虑它们的必要性及其数额的多少。所以，这种预算编制方法更切合实际情况，从而使预算充分发挥其控制实际支出的作用。

2. 零基预算的编制步骤与方法

（1）提出物流预算目标。

即由企业物流各部门和根据本企业在预算期内的总体经营目标和各部门应当完成的任务，在充分沟通的基础上提出必须安排的物流费用项目，并为每一物流费用项目编写一套开支方案，明确费用开支的目的和确切金额。

（2）进行成本效益分析。

即对每一个预算项目的所得与花费进行比较，以其计算、对比的结果衡量评价各预算项目的经济效益，在权衡各个物流费用开支项目轻重缓急的基础上决定对所有预算项目资金分配的先后顺序。

（3）分配资金，落实预算。

即根据以上确定的预算项目的先后顺序，将企业物流活动在预算期内可动用资金或其他经济资源在有关项目之间进行合理分配，既要保证优先预算项目的资金需要，又要使预算期内各项物流经营活动得以协调发展。

3. 零基预算的应用

例：假定青岛某物流公司采用零基预算方法编制下一年度物流费用预算，具体过程如下。

（1）由物流部门根据企业下年度的利润指标、销售指标和成本指标以及物流部门应承担的经营任务的要求，提出计划期各项费用所需资金的数额，见表4—2。

表4—2　　计划期各项费需资金明细表　　金额：元

费用项目	金额
物流部门人员工资及福利费	300 000
相关设备及仓库折旧费	80 000
生产要素采购材料等费用	50 000
仓库挑选、整理、保管等费用	40 000
广告宣传费	400 000
物流信息费	130 000
合计	1 000 000

（2）根据有关历史资料，对各种成本费用进行成本效益分析。

1）生产要素采购材料费用、仓库挑选、整理、保管等费用属于变动的物流费用，与特定的业务量相联系，是完成计划规定的物流业务活动必不可少的开支。

2）相关设备及仓库折旧费、物流部门人员工资及福利费属于约束性的固定成本，仍是企业必不可少的开支项目。

3）广告宣传费、物流信息费属于酌量性的固定成本，根据以往有关的平均费用金额和相适应的平均收益金额，假设以往的广告宣传费平均费用金额为30 000.00元，物流信息费平均费用金额为60 000.00元，计算成本效益比率，见表4—3。

表4—3　　计算成本效益比率金额：元

明细项目	平均费用金额	平均收益金额	成本效益比例
广告宣传费	30 000.00	300 000.00	10
物流信息费	60 000.00	300 000.00	5
合　计	90 000.00	600 000.00	6.7

（3）安排各项费用开支的顺序。

1）生产要素采购材料等费用、仓库挑选、整理、保管等费用是必要的生产性支出，应全额保证，列为第一层次。

2）相关设备及仓库折旧费、物流部门人员工资及福利费也是必不可少的开支，列为第二层次。

3）广告宣传费成本收益水平高于物流信息费，可以列为第三层次。

4）物流信息费属于酌量性的固定成本，可以列为第四层次。

5）最后，分配现有资金和落实预算，如果企业可供物流部门使用的资金为800 000.00元，则分配结果见下表4—4。

表4—4　　分配现有资金和落实预算　　金额：元

费用项目	金额
生产要素采购材料等费用物	50 000.00
仓库挑选、整理、保管等费用	40 000.00
相关设备及仓库折旧费	80 000.00
物流部门人员工资及福利费	300 000.00
以上费用合计	470 000.00
广告宣传费	(800 000−470 000) ×10÷15=220 000.00
物流信息费	(800 000−470 000) ×10÷15=110 000.00
合计	800 000.00

从上表可以看出，零基预算的优点不受历史资料和现行预算的限制，对一切物流业务活动及其费用开支都像第一次做这件事情，而且工作量很大，计算也比较麻烦，组织起来也很困难。但是对企业节约开支，这种预算是完全有必要的，不是可有可无的。

（三）滚动预算

通常情况下，物流成本预算的预算期是一年，以便和会计年度相配合，对预算执行结果进行分析和评价。但是，这种固定以一年为期的预算，在实际运用中存在诸多的缺陷。比如，由于对预算年度中靠后几个月份的物流经营活动无法准确预测，企业在编制物流预算时只能对其进行大致的估计和推测，这就使得预算数往往不符合实际情况，给预算执行造成很大的困难。再如，固定期间的预算，在执行一段时间后，往往会使管理人员只考虑剩余月份的物流经济活动，因而缺乏长期打算。为了解决固定预算的上述问题，企业可采用滚动预算的方法编制物流成本预算。这种方法要求预算始终保持12个月的时间跨度，其中前几个月的预算要求详细完整，后几个月的预算可以笼统些。每过一个月（或季度），就要根据新的情况修订调整后几个月的预算，使之逐渐细化，并在原有的预算期末补充一个月（或季度）的预算，逐期向后滚动。

由于滚动预算的预算期不是固定的，而是连续不断的，故又被称为永续预算。这种预算方法符合企业持续经营的一般假设，使预算具有连续性和完整性，帮助管理者通过动态的预算过程对企业未来较长一段时间的物流经营活动作出详细而全面的分析。此外，滚动预算方法符合人们对事物的认知过程，允许对预算作出调整和修正以适应变化了的实际情况，从而提高了预算的科学性和有效性。滚动预算编制的示意图如图4—2所示。

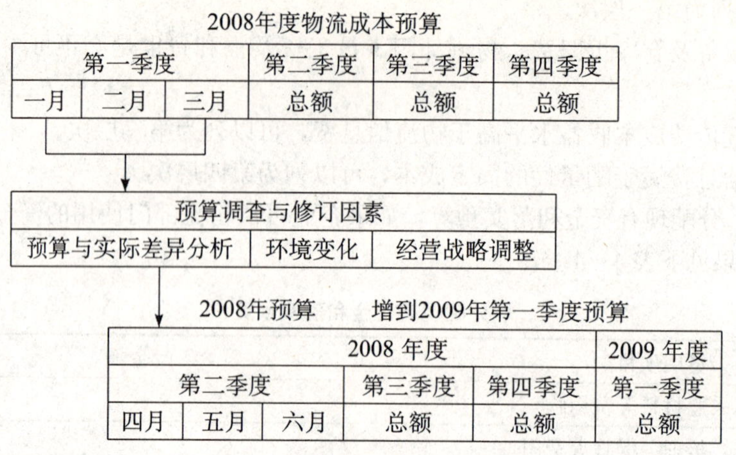

图 4—2　滚动预算编制的示意图

任务三　掌握物流成本的控制

一、物流成本控制的作用

物流成本控制在企业物流成本管理过程中可以发挥巨大的作用，对提高企业物流活动的竞争力至关重要，主要表现在以下几方面。

（一）激发职工对物流成本控制的责任感

建立物流责任成本控制制度，把物流成本按相关标准划分成经济责任，层层落实到部门、物流过程以及个人，把物流成本信息处理及工作考核与各有关的物流成本控制指标紧密联系到一起，这样做可以增强各部门、单位及个人的责任感，促进他们在各自的责权范围内对物流成本行使控制权，达到降低物流成本、提高企业经济效益的目的。

（二）加强企业管理部门对物流各部门的业绩考核监督

物流成本控制使物流各部门、单位明确责任权限之后有了考核业绩的目标，业绩是好是坏一目了然，能够有效地改变物流过程中的职责不清、功过难分的“大锅饭”现象。能充分调动物流部门的积极性和创造性，达到物流成本控制的目的。

（三）节约资金并合理利用资金

物流成本在企业成本中占有很大的比例，需要投入大量的人力、物力和财力，如果组织和处理不当，就会造成很大的损失和浪费。应把物流设备和物流活动看作一个系统，各物流要素同处于该系统之中，发挥着各自的功能和作用。努力提高物流效率，可以减少资金占用，缩短物流周期，降低储存费用，从而节省物流成本。

物流成本控制是物流成本管理的重要环节，它贯穿于整个物流过程之中。物流成本控制制度能够把事前物流成本预算和日常的物流成本控制有机地结合起来，是加强物流成本管理、提高物流效率的重要步骤。

二、物流成本控制的方式

(一) 制定物流成本标准

物流成本标准是物流成本控制的准绳，物流成本标准首先包括物流成本预算中规定的各项指标。但物流成本预算中的一些指标都比较笼统，还不能满足具体控制的要求，所以必须规定一系列具体标准。确定这些标准的方法有以下三种。

(1) 计划指标分解法。

即将大指标分解为小指标。分解时，可以按部门、单位分解，也可以按功能分解。

(2) 预算法。

预算法是指用制订预算的办法来制定控制标准。有的企业基本上是根据年度生产销售计划来制定费用开支预算，并把它作为物流成本控制的标准。采用这种方法特别要注意应从实际出发来制订预算。

(3) 定额法。

定额法是指建立起定额和费用开支限额，并将这些定额和限额作为控制标准来进行控制。在企业里，凡是能建立定额的地方，都应把定额建立起来。实行定额控制的方法有利于物流成本控制的具体化和经常化。

在采用上述方法确定物流成本控制标准时，一定要进行充分的调查研究和科学计算。同时还要正确处理物流成本指标与其他技术经济指标的关系，如与质量、生产效率等的关系，从完成企业的总体目标出发，进行综合平衡，防止片面性。必要时，还应搞多种方案的择优选用。

(二) 监督物流成本的形成

要根据控制标准，对物流成本形成的各个项目，经常进行检查、评比和监督。不仅要检查指标本身的执行情况，而且要检查和监督影响指标的各项条件，如设备、工作环境等。所以，物流成本日常控制要与生产作业控制等结合起来进行。

日常控制不仅要有专人负责和监督，而且要使费用发生的执行者实行自我控制，还应当在责任制中对此加以规定，这样才能调动全体职工的积极性，使物流成本的日常控制有广泛的群众基础。

(三) 及时纠正偏差

针对物流成本差异发生的原因，查明责任者，分清轻重缓急，提出改进措施，加以贯彻执行，对于重大差异项目的纠正，一般采用下列程序。

(1) 提出问题。

从各种物流成本超支的原因中提出降低物流成本的课题。这些课题首先应当是那些物流成本降低潜力大、各方关心、可能实行的项目。提出课题的要求，包括课题的目的、内容、理由、根据和预期达到的经济效益。

(2) 讨论和决策。

课题选定以后，应发动有关部门和人员进行广泛的研究和讨论。对重大课题，可能要提出多种解决方案，然后进行各种方案的对比分析，从中选出最优方案。

确定方案实施的方法、步骤及负责执行部门和人员。

(3) 贯彻执行确定的方案。

在执行过程中也要及时加以监督检查。方案实施以后，还要检查方案实施后的经济效益，衡量是否达到了预期的目标。

三、物流标准成本及其管理

(一) 物流标准成本的制订

物流标准成本是指经过调查分析和运用技术测定等科学方法制订的在有效经营条件下应该实现的成本。进行物流成本控制，先要制订物流成本控制标准。物流标准成本是物流成本控制标准中最常见的一种。

制订物流标准成本主要是三个标准成本项目的制订，包括直接材料、直接人工和物流服务费用的标准成本。每一个标准成本项目都是价格标准和用量标准的乘积。三个标准成本项目的数据相加可得到单位物流服务标准成本。

1. 物流直接材料标准成本的制订

物流直接材料标准成本由物流直接材料价格标准和物流直接材料用量标准确定。计算公式如下：

物流直接材料标准成本＝价格标准×用量标准

直接材料标准成本常见于物流活动中的包装和流通加工，因为这些活动往往需要使用各种材料。直接材料价格标准应能所映目前市价和未来市场的走势以及批量采购的优势。价格标准应包括发票价格、运费、检验费用、正常损耗等，所以需要在征询采购部门的意见后制定。用量材料应根据企业物流作业流程状况和管理要求等制定。

2. 物流直接人工标准成本的制订

物流直接人工标准成本由物流工资率标准和物流人工用量标准确定。计算公式如下：

物流直接人工标准成本＝标准工资率×工时标准

物流直接人工标准成本的制定基本上涉及物流活动的各环节，例如流通加工工人的工资标准和铲车司机的工资标准的制定。在制订标准成本时，如果是计件工资，标准工资率就是计件工资单价；如果是计时工资，标准工资率是单位工时工资，它可由标准工资总额除以标准总工时得到。对工时标准则需要根据现有物流运作技术条件，测算提供某项物流服务所需要的时间，包括调整设备时间、直接服务操作时间及工间休息时间等。

3. 物流服务费用材料成本的制订

物流服务费用标准成本分为变动物流服务费用材料成本和固定物流服务费用材料成本。

(1) 变动物流服务费用标准成本。变动物流服务费用标准成本由变动物流服务数量标准和变动物流服务价格标准确定。数量标准可采用单位物流服务直接人工工时标准、机械设备工时标准或其他标准，但需与变动物流服务费用存在较好的线性关系；价格标准即每小时变动物流服务费用的标准分配率，根据变动物流服务费用预算总额除以数量标准总额得到。在采用单位物流服务直接人工工时标准时，变动物流服务费用标准成本用公式表示为：

变动物流服务费用标准成本＝单位物流服务直接人工标准工时×每小时变动物流服务费用的标准分配率

每小时变动物流服务费用标准分配率＝变动物流服务费预算总额÷物流直接人工标准总工时

变动物流服务费用标准成本的例子很多，如车辆运输活动中使用的润滑油和配件的标准成本等。在各部分变动物流服务费用标准成本确定后，将它们加总就得到变动物流服务费用的单位标准成本。

(2) 固定物流服务费用标准成本。固定物流服务费用标准成本由固定物流服务数量标准和固定物流服务价格标准确定。数量标准和价格标准的确定与变动物流服务费用相同。在采用单位物流服务直接人工工时标准时，固定物流服务费用标准成本用公式表示为：

固定物流服务费用标准成本＝单位物流服务直接人工标准工时×每小时固定物流服务费用的标准分配率

每小时固定物流服务费用的标准分配率＝固定物流服务费用预算总额÷物流直接人工标准总工时

固定物流服务费用标准成本的例子很多，例如仓库租赁费和仓库管理人员工资标准。在各部分固定物流服务费用标准成本确定后，将它们汇总就得到固定物流服务费用的单位标准成本。将所得的物流直接材料、直接人工和服务费用的材料成本汇总，就可以确定有关物流服务的完整物流标准成本。

(二) 物流成本差异的计算与分析

物流标准成本是一种预定的成本水平。在实际物流活动过程中，由于企业某些主观因素和市场客观因素的作用，物流的实际成本往往与标准成本不一致。所谓物流成本差异，是指企业物流的实际成本与标准成本之差。当两者之差为负数时，称为有利差异；当两者之差为正数时，称为不利差异。物流标准成本由物流直接材料、物流直接人工和物流服务费用三部分组成，物流成本差异也相应地分为物流直接材料成本差异、物流直接人工成本差异和物流服务费用差异三部分。

管理部门通过观察，分析差异，就可了解各部门的效率，从而提高对物流经营活动的调控能力，并利用差异来评价各责任部门的业绩。

导致成本差异的原因各种各样，总差异往往是多种因素综合作用的结果，但从计算的角度看，这些因素总可归结为“用量因素”和“价格因素”两类，由这两种因素变动形成的差异分别称为用量差异和价格差异。成本差异分析的基本方法就是将物流直接材料、物流直接人工和物流服务费用三部分差异分别分解为用量差异和价格差异。计算差异的通用模型为：

a=实际价格×实际用量

b=实际用量

c=标准价格×标准用量

以上：$a-b$=价格差异；$b-c$=用量差异；$a-c$=总差异。

1. 物流直接材料成本差异分析

物流直接材料成本差异由物流直接材料价格差异和物流直接材料用量差异组成。可用公式表示为：

物流直接材料成本差异=物流直接材料实际成本—物流直接材料标准成本

物流直接材料用量差异=(材料实际用量－材料标准用量)×材料标准价格

物流直接材料价格差异=(材料实际价格－材料标准价格)×材料实际用量

多种原因可能造成物流直接材料用量差异，如采用了新的包装技术但用料标准未随之改变、操作工人技术不过关、责任心差等，这类差异的责任一般应由操作部门承担；导致价格差异的原因也很多，如没有按经济批量进行采购、采购时舍近求远等，这类差异的责任一般在采购部门。

2. 物流直接人工成本差异分析

物流直接人工成本差异由物流直接人工效率差异和物流直接人工工资率差异组成。可用公式表示为：

物流直接人工成本差异=物流直接人工实际成本－物流直接人工标准成本

物流直接人工效率差异=(实际人工工时－标准人工工时)×标准工资率

物流直接人工工资率差异=(实际工资率－标准工资率)×实际人工工时

物流直接人工效率差异的形成原因是多方面的，如用人不当、作业工人经验不足、路况差异额外运输时间、物流机械设备陈旧、低效等，这类差异的主要责任在操作部门；导致工资率差异的原因有工资制度的变动、临时工的变动等，劳动人事部门一般应对这类差异负责。

3. 物流服务费用成本差异分析

物流服务费用成本差异分为变动物流服务费用成本差异和固定物流服务费用成本差异。

(1) 变动物流服务费用成本差异分析。变动物流服务费用成本差异由变动物流服务费用效率差异和变动物流服务费用耗费差异构成。用公式表示为：

变动物流服务费用成本差异=变动物流服务费用实际成本－变动物流服务费用标准成本

变动物流服务费用效率差异=(实际工时－标准工时)×变动物流服务费用标准分配率

变动物流服务费用耗费差异=(变动物流服务费用实际分配率－变动物流服务费用标准分配率)×实际工时

引起变动物流服务费用效率差异的原因与引起物流直接人工效率差异的原因基本相同。变动物流服务费用耗费差异的形成往往是因为变动物流服务费用开支额或工时耗费发生变化，责任一般在物流操作部门。

(2) 固定物流服务费用成本差异分析。固定物流服务费用成本差异由固定物流服务耗费差异、闲置能量差异和效率差异组成。用公式表示为：

固定物流服务费用成本差异＝固定物流服务费用实际成本－实际物流作业量的标准成本

固定物流服务费用耗费差异＝固定物流服务费用实际成本－固定物流服务费用标准成本

固定物流服务费用闲置能量差异＝(计划物流作业量标准工时－实际物流作业量标准工时)×标准费用分配率

固定物流服务费用效率差异＝(实际物流作业量标准工时－实际物流作业量实际工时)×标准费用分配率

固定服务费用效率差异产生的原因与人工效率差异的原因大致相同。导致闲置能量差异的原因往往是开工不足、车辆开动率和仓容利用率低等，责任往往在管理部门。耗费差异的原因比较复杂，如标准成本制定的不切实际、实际物流服务量少于计划等，对这类差异要进行更深入的分析，才能查清责任部门。

通过分析标准成本差异产生的原因，从而找到责任部门，并采取积极有效的措施，达到控制不恰当差异、降低物流成本的目的。

任务案例

斯美特公司物流成本控制的经验

斯美特作为制面行业的“老字号”，已安然走过了漫长的岁月。如今，其独特而先进的物流成本控制方法又使她焕发了新的活力，为实现其快速健康发展提供了保证。

一、投资阶段的物流成本控制

(1) 合理选择厂址。厂址选择合理与否，往往从很大程度上决定了以后物流成本的高低。把廉价的土地使用费、廉价的劳动力和良好的外部环境作为选择厂址的第一要素，合理设计物流系统格局。该公司既是物流中心又是配送中心，配送运输辐射东北三省及内蒙古，公司设计出了较完备的运营流程，该公司已走出了过去的投资性怪圈，逐渐形成了自己独特的以资本为纽带的第三方运输配送和以业务推进为基础的流程机制。

(2) 优化物流设备的购置。物流设备投资是为了提高物流工作效率和降低物流成本。该公司在成立初期，因其规模和生产能力的限制，没有购进必要的物流设备，随着企业的进一步发展，公司配置了与其规模和生产能力相匹配的叉车、托盘、网络仓库等物流设备，这避免了设备的持有成本，降低了物流成本。

二、产品设计阶段的物流成本控制

(1) 产品体积和形态的优化组合。产品体积和形态对物流成本有着直接的影响，如方便面规格和包数的不同，直接影响了纸箱成本的核算，改变了生产的批量，同时对运输工具也提出了较大的要求，进而影响到物流成本控制。

(2) 产品批量的合理化。当把数个产品集合成一个批量保管或发货时，就要考虑到物流过程中比较优化的容器容量，例如该公司根据产品的批量化要求，设计出适合公司要求的托盘 (1.2m×1.2m)，组织了适合公司要求的集装货车 (7.2m、9.6m 的高栏车和 12m

集装箱车等)。

(3) 成品损耗率。企业在设计产品时，还必须考虑产品的包装材料、耐压力、搬运、装卸、运输途中的损耗对产品设计的影响。

三、供应阶段的成本控制

(1) 优化供应商。企业应该在多个供应商中考虑供货质量、服务水平和供货价格的基础上，充分考虑其供货方式、运输距离等对企业物流成本的综合影响，从多个供货对象中选取综合成本较低的供货厂家，以有效地降低企业的物流成本。

(2) 运营现代化的采购管理方式。JIT（及时制）采购和供应是一种有效的降低物流成本的物流管理方式，它可以减少供应库存量，降低库存的持有成本，集中采购也是一种有效的采购管理模式。例如，有些体积小重量小的物品可以通过总公司的规模化批量采购来降低成本，进而实现分公司的批量低成本调拨。

(3) 控制采购批量和再订货点。每次采购批量的大小，对订货成本与库存持有成本有着重要的影响。

(4) 供应物流作业的效率化。该公司的各分公司需购多种不同物料时，可以分别购买、各自订货，也可由总公司根据各分公司进货要求，由总公司统一负责采购和仓储的集中管理，在各分公司有用料需要时，由总公司仓储部门按照固定的线路，把货物集中配送到各分公司。这种有组织的采购、库存管理和配送管理，可使公司物流批量化，减少繁杂的采购流程，提高配送车辆和各分公司进货工作效率。

(5) 销售、供应物流互补化。销售和供应物流经常发生交叉，这样可以采取共同装货、集中发货的方式，把销售商品的运输与外地采购的物流结合起来，利用回程车辆运输的方法，提高货物运输车辆的使用效率，降低运输成本。同时，还有利于解决交通混乱造成的问题，促使发货、定货业务集中化、简单化，促进搬运工具、物流设施和物流业务的效率化。

四、生产时的物流成本控制

(1) 生产工艺流程的合理布局。企业生产工艺流程的合理布局对生产起着非常重要的作用，布局的合理与否直接关系着产品成本的高低，同时对减少工作环节、提高工作效率、增强员工的责任心等方面有重要的作用。

(2) 合理安排生产进度。企业的生产进度与采购、销售、仓库、消费及成品率等息息相关，生产进度的加快，原材料的采购进度就要提速，成品率就会降低，仓库持有成本就会上升，同时预示着销售周期的缩短，消费数量的增加。减少半成品和产品库存。产品库存量的大小直接影响着库存持有成本的高低，同时影响产品的销售风险。

(3) 实施物料领用控制。对于该公司制面来说，必须严格的实施物料领用的控制，生产的批量与领用物料的批量相对称，多领用的原材料必须在第一时间内回归仓库，这样降低了原料的损耗，使生产与采购、调拨、销售的信息对称，减少了库存，盘活了公司的流动资金。

(4) 节约物料使用。勤俭节约不仅是斯美特公司的企业文化，更是斯美特人的立家之本。

五、销售物流阶段的成本控制

(1) 加强订单管理，与物流相协调。订单的重要特征表现在订单的大小、订单的完成效率等要素上。订单的大小和完成效率往往会有很大的区别，在有的企业中，很多小批量多次数订单（自提订单）往往会在数量上占了订单总数的大部分，它们对物流和整个物流系统的影响有时会很大。因此，为了提高物流效率、降低物流成本，在订单上必须充分考虑商品的特征和订单周期及其他经营管理要素的需要。

(2) 销售物流的大量化。该公司把产品销售配送从“一日配送”改为“三日配送”或“周指定配送”就属于这一类。这样可以更好地掌握货物配送数量，大幅度提高配货满载率。为了鼓励运输大量化，在满足可续货物需求的前提下，我们可以采取一种增大一次订购批量折扣或给予更多的促销的办法，促进销售，降低小批量手续费，节约的成本由双方分享。

(3) 商流与物流相分离。该公司采取订货活动与配送活动相分离，由销售系统负责订单的签约，而由物流系统负责货物的运输和配送。这样可以提高运输效率，节省运输费用。

(4) 增强销售物流的计划性。以销售计划为基础，通过一定的渠道把一定量的货物送到指定地点。方便面属季节性消费品，随着季节的变化可能会出现运输车辆过剩或不足，或装载效率下降等因素。为了调整这种波动性，可事先同客户商定时间和数量，制定出运输和配送计划，使公司按计划供货。

(5) 物流共同化。物流已是一个社会化的行业，它的规模效应已初见端倪，企业的单个物流必须融入社会物流之中，从而享受社会物流带来的规模效益。

问题：

1. 投资阶段的物流成本控制包括哪些内容？
2. 产品设计阶段的物流成本控制包括哪些内容?
3. 产品供应阶段物流成本应如何加强成本控制?
4. 产品生产阶段应从哪些方面降低生产成本?
5. 产品销售阶段应注意那些问题，使物流成本降到最低?

四、物流目标成本及其管理

(一) 目标成本法的含义

目标成本法在物流成本控制中可以发挥巨大的作用，目标成本法是为了更有效地实现物流成本控制的目标，使客户需求得到最大程度的满足，从战略的高度来分析，与战略目标相结合，使成本控制与企业经营管理全过程的资源消耗和资源配置协调起来而产生的成本控制方法。

目标成本法是一种全过程、全方位、全人员的成本管理方法。全过程是指从供应链产品生产到售后服务的一切活动，包括供应商、制造商及分销商在内的各个环节；全方位是指从生产过程管理到后勤保障、质量控制、企业战略、员工培训及财务监督等企业内部各职能部门务方面的工作以及企业竞争环境的评估、供应链管理和知识管理等；全人员是指从高层经理到中层管理人员、基层服务人员及一线生产员工。

目标成本法在作业成本法的基础上来考察物流作业的效率、人员的业绩和物流的成本的，目的是为了弄清楚每一项资源的来龙去脉和每一项物流作业对整体目标的贡献。传统的作业成本仅局限于对现有作业的成本监控，没有将物流的作业环节与客户的需求紧密结合起来。而目标成本法则保证企业的产品以特定的功能、成本及质量生产，并以特定的价格销售，整个过程都与客户的需求紧紧结合。从而获得令人满意的利润。

目标成本法与传统成本管理方法的明显差异在于，它不是局限于企业内部来计算成本。因此，目标成本法需要更多的信息，如企业的竞争战略、产品战略以及供应链战略等。一旦有了这些信息，企业就可以从产品开发、设计阶段到制造阶段，以及整个物流的各环节进行成本管理。在目标成本法引用的早期，企业通常首先通过市场调查来收集信息，了解客户愿意为产品所支付的价格，以及所期望的功能、质量，并掌握竞争对手所能提供的产品状况。公司根据市场调查得到的价格，扣除期望得到的利润以及为继续开发产品所需的经费，这样计算出来的结果就是产品在制造、分销和产品加工处理过程中所允许的最大成本，即目标成本，用公式表示是：产品目标成本＝价格－利润

一旦建立了目标成本，企业就应想方设法来实现目标成本。为此要应用价值工程等方法，重新设计物流过程与分销物流服务体系。一旦企业寻找到在目标成本点满足客户需求的方法，或者企业产品被淘汰以后，目标成本法的工作流程也就宣告结束。

（二）目标成本法的形式

企业物流的方式不同，选择的目标不同，选择的物流目标成本控制方法也不一样。一般来说，目标成本法主要有三种形式，即基于价格的目标成本法、基于价值的目标成本法和基于作业成本管理的目标成本法。

1. 基于价格的目标成本法

这种方法最适合于接受订单来生产或者供货的企业，因为这种情况下客户的需求相对稳定，这样企业所提供的产品或服务变化较少，也就很少引入新产品。目标成本法的主要任务就是在获取准确的市场信息基础上，明确产品的市场接受价格和所能得到的利润，并且为成员的利益分配提供较为合理的方案。在基于价格的目标成本法的实施过程中，企业之间达成利益水平和分配时间的一致是最关键的步骤。应该使所有物流过程中的企业者获得利益，但利益总和不得超过最大许可的物流成本。而且，达成的价格应能充分保障企业的长期利益和可持续发展。

2. 基于价值的目标成本法

基于价值的目标成本法是以所能实现的价格为导向，进行目标成本控制，即按照物流过程中各种作业活动创造价值的比例分摊目标成本。这种按比例分摊的成本成为支持给企业的价格。一旦确定了物流作业活动的价格或成本，就可以运用这种目标成本法来识别能够在许可成本水平下完成的物流作业活动，并选择对企业最有利的物流方案。

许多企业发现它们始终处于客户需求不断变化的环境中，变换物流程序的成本非常高。要使企业物流顺利进行，企业必须找到满足总在变化的客户需求的方法。在这样的物流环境下，基于价值的目标成本法仍可按照价值比例分摊法在物流作业活动间分配成本，从而确定物流各项作业成本，以保证物流过程中的各种成本正好与许可的目标成本相一致。

3. 基于作业成本管理的目标成本法

基于作业成本管理的目标成本法实质上是以成本加成定价法的方式进行目标成本控制。这种方法要求所有客户的需求是一致的、稳定的和已知的，通过协同安排实现物流过程的长期稳定。为有效运用这种方法，要求物流过程能够控制和减少总成本，并使得企业能由此而获益。因此，企业必须尽最大的努力以建立作业成本模型，并通过对整体物流过程的作业分析，找出其中不增值部分，进而从物流作业成本模型中扣除不增值作业，以设计联合改善成本管理的作业方案，实现物流总成本的合理化。

（三）物流目标成本的制订程序

物流目标成本的制订程序会因企业物流活动内容的不同而不同，但大体上可以分为五个阶段，即物流目标成本的初步确定、物流目标成本可行性分析、物流目标成本分解、实现物流目标成本、物流目标成本的追踪考核与修订物流目标成本。

1. 初步确定物流目标成本

在这一过程中首先要根据企业经营目标确定预计服务收入，然后根据企业的物流经营决策确定目标利润。物流目标成本可以根据预计服务收入减去物流目标利润后的差额来确定，即：

物流目标成本＝预计服务收入－物流目标利润

预计物流目标利润的方法有目标利润率法和上年利润基数法。

（1）目标利润率法。目标利润率法是根据有关的目标利润率指标来测算企业的物流目标利润的一种方法，其计算公式为：

物流目标利润＝预计服务收入×同类企业平均服务利润率

或：物流目标利润＝本企业净资产×同类企业平均净资产利润率

或：物流目标利润＝本企业总资产×同类企业平均资产利润率

例如：某企业库存物流成本平均服务利润率为20%，预计本年库存量平均为50 000吨/天，市场的库存价格为2元/吨天，计算该单位物流目标利润、物流目标总成本、物流目标单位成本。

物流目标利润＝50 000×20%＝10 000（元）。

物流目标总成本＝50 000－10 000＝40 000（元）。

物流目标单位成本＝10 000÷50 000＝0.2元/吨天。

采用目标利润率法的理由是本企业必须达到同类企业的平均报酬水平，才能在竞争中生存。

（2）上年利润基数法。上年利润基数法是指在上年利润的基础上计算物流目标利润，其计算公式为：

物流目标利润＝上年物流利润×利润增长率

采用上年利润基数法的理由是，因为未来是历史的延续，所以应考虑现有基础（上年利润）。又因为未来不会重复历史，所以要预计未来的变化（利润增长率）。

有时候上级主管部门或董事会对利润增长率有明确的要求，也促使企业采用上年利润基数法。按上述方法计算出来的物流目标成本，只是初步设想，提供了一个分析问题的合乎需要的起点。它不一定完全符合实际，还需要对其可行性进行分析。

2. 对物流目标成本进行可行性分析

物流目标成本的可行性分析，是指对初步测算得出的物流目标成本是否切实可行作出的分析和判断，包括分析预计服务收入、物流目标利润和目标成本。

企业分析预计服务收入有三种方法，它可以进行市场调研，调查客户需要的物流服务功能和特色，也可以对竞争者进行分析，掌握竞争者物流服务的功能、价格、品质、和服务水平等有关资料，并与本企业的资料进行对比。企业在进行客户需求研究、竞争者分析之后，可以通过比较确定自已的预计服务收入的可行性。

企业分析物流目标利润应与企业的中长期目标及利润计划相配合，同时考虑销售、利润、投资回报、现金流量及物流服务的品质、成本结构、市场需求和销售政策等因素的影响。

最后，企业根据自身实际成本的变化趋势以及同类企业的成本水平，充分考虑成本节约的能力，分析物流目标成本的可行性。

3. 物流目标成本分解

物流目标成本分解是指设立的物流目标成本通过可行性分析后，将其自上而下按照企业的组织结构逐级分解，落实到有关的责任中心。物流目标成本的分解通常不是一次完成的，需要在不断修订中逐步完善，有时甚至修改原来设立的目标。

物流目标成本分解的方法有以下几种（见表4—5)。

表4—5　　物流目标成本分解方法

标准	定义
按管理层次分解	即将物流目标成本按总公司、分公司、组、个人进行分解，这是一种自上而下的过程
按管理职能分解	即将物流目标成本在同一管理层次按职能部门分解。例如，推广部门负责推广费用；配送部门负责配送费用；运输部门负责运输费用；劳资部门负责工资成本；后勤部门负责燃料和动力费用；行政部门负责办公费用等
按服务结构分解	即把服务成本分成各种材料消耗成本或人工成本，分派给各责任中心
按服务形成过程分解	即按服务设计、服务材料采购、服务的提供、服务的推广过程分解成本，形成每一过程的目标成本
按成本的经济内容进行分解	即把服务成本分解成固定成本和变动成本。再把固定成本进一步分解成折旧费、日常费、办公费、差旅费及修理费等项目，把年度目标成本分解为季度或月份成本目标，甚至分解成旬或日成本目标；把变动成本分解为直接材料、直接人工、各项变动费用

上述方法，要根据企业物流组织结构和成本形成过程的具体情况选择采用。

4. 实现目标成本

实现目标成本，首先要将企业目前的物流成本与目标成本相比较，计算出成本差距；然后通过运用价值工程、成本分析等方法寻求最佳的物流过程设计，用最低的成本达到客户需求的功能、安全性及品质等。如果此时计算出的最佳物流过程设计下的成本仍高于目标成本，则需重复应用上述手段来寻求最佳成本。

5. 物流目标成本的追踪考核与物流目标成本的修订

此项工作包括对企业物流活动的财务目标和非财务目标完成状况的追踪考核、调查客户的需求是否得到满足和市场变化对物流目标成本有何影响等事项，并根据上述各阶段物流目标成本的实现情况对其进行修订。

（四）物流目标成本控制——价值工程

物流目标成本确定后，企业就需组织物流、技术、采购、生产、销售以及会计等方面人员重新设计物流过程与分销物流服务方式，想方设法来实现目标成本，其中价值工程是评价设计方案的一种系统性、基础性的方法。

1. 价值工程的含义

企业物流成本的各项费用，虽然大多数是在物流经营过程中实际发生的，但企业的物流活动应该发生哪些费用，数量是多少，在很大程度上是由物流活动开始前的物流系统设计所决定的。因此，要实现物流成本的控制，可以在物流系统设计阶段，通过对物流系统的价值工程分析，选择最佳方案来确定相应的最低目标成本。

价值工程是以功能分析为中心，使物流的各项作业达到适当的价值，即用最低的成本来实现和创造物流服务应具备的必要功能的一项有组织的活动。它有以下三个方面的含义。

（1）价值工程是以最低的成本去实现某项物流作业活动的必要功能，使物流作业达到最佳价值。

功能是某项物流作业所负担的职能或所起的作用，功能首先以满足消费者的需求为前提条件。功能的提高是无限的，但它同时受客户需求和成本的制约。价值工程就是要确定物流服务的必要功能，避免功能过剩（物流服务功能多于或高于客户所必需的）和功能不足（功能达不到客户的要求）现象的发生。

成本则是指物流服务的寿命周期成本，即为实现物流服务的必要功能在整个物流服务过程中发生的成本。价值工程就是在保证物流服务必要功能的前提下，使其寿命成本最低。

这里的价值要从功能和成本的关系上来理解，即物流服务的功能和成本的比值，它反映了物流服务“物美价廉”的程度，物流服务功能与成本之间的关系如下：

价值＝功能/成本

即 $V=F/C$

其中：V 代表价值；C 代表成本；F 代表物流服务组件的功能。

由于物流服务的功能受客户需求的限制，而客户需求又受物流服务寿命周期成本的制约。因此，开展价值工程既不能脱离客户成本的约束，片面追求高功能，也不能脱离客户的需求，片面追求低成本，造成物流服务的必要功能不足。价值工程的真正目的在于既要实现物流服务的必要功能，又要降低物流服务的寿命周期成本，追求物流服务的最佳价值。要实现这个目的，只能从提高功能和降低成本两个方面入手。

（2）价值工程的核心问题是对物流服务活动进行功能分析。在进行物流过程和物流服务方式设计时，着重对物流服务功能进行分析研究，确定实现必要功能最优方案的有效方法，通过功能分析可以发现哪些功能是客户需要的、哪些功能是不必要的、哪些功能是过剩的、哪些功能是不足的，并在改进方案中提出新的解决方法，去掉不必要的功能，削减过剩的功能，补足不足的功能，从而使物流服务活动的功能更加合理，以达到既能满足客户需求，保证必要的功能，又能降低物流服务活动的寿命周期成本的目标。

（3）价值工程作为一整套的科学方法，是一项运用集体智慧的有组织的活动。由于价值工程既要降低成本，又要提高功能，涉及企业物流经营活动的方方面面。因此，要有效地开展价值工程活动，就需要将各部门的专业人员组织起来，紧密配合，运用各方面的知识，充分发挥集体智慧的力量。

2. 价值工程的程序

价值工程活动就是一个发现问题和解决问题的过程，它所研究的问题包括：价值工程的对象是什么、它的用途是什么、其成本是什么、其价值是多少、有无实现同样功能的其他方法、新方案的成本是什么。开展价值工程包括如下几个阶段。

(1) 正确选择对象。企业没有必要对所有的物流服务活动都进行价值分析，也没有必要对一项物流服务活动的所有方面都进行价值分析，而应该有所选择。一般而言，要选择那些频率比较高、服务量比较大或成本结构过高的物流服务活动作为分析对象。

(2) 根据对象的性质、范围和要求，收集可靠的信息。这些信息包括企业的基本情况（如经营方针、产品品种、产量、质量等）、有关的技术和经济资料（如本企业或同类物流服务活动的内容、方式、流程及成本的发生）、客户的有关意见（如客户对物流服务的要求、目前所存在的问题等）。

(3) 进行功能、成本和价值分析。首先要把价值工程的对象所具体有的功能细致地加以研究，了解它们的作用。即分析对象在物流服务活动过程中所采取的每一流程、每道工序、每项作业对构成物流服务活动的最终价值起了什么作用，承担了什么职能，没有它们是否影响物流服务流动的使用价值，有无其他形式代替等。所有这些工作就是给每个分析对象的功能下定义的过程，实际上也是发现问题的过程；其次，就是对已下定义的功能进行分类和整理，即搞清哪些是基本功能、哪些是辅助功能、哪些功能是客户需要的、哪些功能是客户不需要的、哪些功能过剩，哪些是功能不足以及各功能之间的关系。通过功能整理可以具体把握需改进行功能范围，为进一步提出功能改进方案提供依据；最后，要进行功能评价。首先是针对不同的分析对象进行评价，然后与现实成本相互比较，求出各分析对象的价值系数。

功能评价有许多方法，下面介绍一种评分法。

评分法即采用 10 分制或者是 100 分制，按物流服务活动各方面的重要性打分，例如，改进某物流服务方式三种备选方案，从及时性、准确性、流程复杂性、操作方便、耗时以及安全性等方面按 10 分制评分，见表 4—6。

表 4—6　　评分法功能评分表

方案	及时性	准确性	流程复杂性	操作方便	耗时	安全性	总分
1	6	6	12	7	11	9	51
2	10	8	9	6	11	10	54
3	9	7	8	4	9	5	42

从上表可以看出，方案 3 的分数最低，初选被淘汰，然后根据估计成本再作比较，见表 4—7。

表 4—7　　评分法估计成本比较表

方案	一次性固定费用	直接材料人工费	总成本
1	40	180	220
2	30	200	230

最后进行价值分析，设方案1的成本系数为100，则方案2的成本系数为：

$$(230\div220)\times100=104.5$$

所以方案1和方案2的价值系数分别为：

$$V_1=51\div100=0.51$$

$$V_2=54\div104.5=0.516$$

对比选择方案2。

(4) 确定最优方案。即根据上面计算和分析的结果，按照客户的需求，提出若干价值改进的新方案，再把各种方案进行分析和评价后，选择在功能不变的情况下使成本更低或功能更高的最优方案。

寻求最优的改善方案是价值工程的活动方案的关键，这需要组织各部门集思广益，集中物流、生产、财务和采购部门的人员，一起讨论、评价各方面的可行性，如果测算出最佳物流服务成本仍高于目标成本，则要继续重复上述活动。

(5) 求出目标成本。即根据筛选出的最优方案进行目标成本的计算，也就是将物流服务的目标成本按功能评价系数分配给各有关的物流服务环节，算出各物流服务环节的目标成本，作为对物流服务成本水平实行有效事前控制的依据。

五、物流责任成本及其管理

(一) 物流责任成本的含义

物流责任成本是以责任单位为对象归集物流成本耗费。归集原则是谁负责谁承担。

在计算考核物流责任成本时，必须把它按其可控性分为“可控成本”和“不可控成本”两类。凡是责任单位能控制的各种耗费为“可控成本”，凡是责任单位不能控制的耗费为“不可控成本”。可控成本通常符合以下三个条件。

(1) 责任单位有办法知道将发生什么性质的耗费；

(2) 责任单位有办法计量它的耗费；

(3) 责任单位有办法控制并调节它的耗费。

凡不符合上述三个条件的，即为不可控成本。属于某责任单位的各项可控成本之和，即构成该单位的责任成本。

由于每个责任单位只应对其能直接控制的物流成本负责，故在编制责任预算、日常记录实际发生的物流责任成本以及定期编制责任报告时，均应以该责任中心的可控成本为限。至于不可控成本，一般不予反映。

一项成本费用是否为可控成本，不是由费用本身确定的，而是对责任单位而言的，对一个部门来说是可控成本，对另一个部门可能就是不可控成本，物流责任成本实质上是一种相对的可控成本。

(二) 物流责任成本的管理

1. 合理划分物流责任中心

根据企业管理体制和经营管理的需要，划分若干责任中心（责任单位），对各自的物流成本负责，并明确各中心应承担的经济责任和拥有的经济权利，例如，运输部门负责运输费用，库存部门负责库存费用。

2. 确定物流责任目标

把物流成本目标分解到每一个责任中心，确定其相应的责任目标。各责任中心只对各自的可控成本负责。确定物流责任目标既明确了责任中心的工作任务，也为其提供了业绩考核标准。

3. 建立物流责任计算系统

为考核物流成本履行情况，需要建立一套完整的日常记录，计算和考核有关责任中心预算执行情况，评价各有关责任中心的工作并及时反映存在的问题。

4. 建立内部协调制度

各责任中心都有自已的部门利益，为此往往需要建立监督与协调机制来规范各责任中心的运作。例如，运输部门的经理就不会认同为了降低库存而增加运输成本的观点，因为库存成本并不在他的预算考核范围内，他的业绩是通过运输成本的降低来衡量的。

5. 定期编制物流业绩报告

责任报告是有关责任中心在一定期间经营情况的集中反映，是责任中心预算执行结果的概括说明。定期编制物流业绩报告能使各责任中心发现存在的问题，最大限度地降低物流费用水平。

6. 考评物流工作业绩

物流工作业绩的考评也是物流责任控制中的重要一环。对只发生物流成本费用的责任中心，因其只对范围内的可控成本负责，它的考评指标是成本节约额和成本节约率。而对除了发生物流成本费用外，还向企业内部其他部门或外部顾客收取服务费用的物流责任中心，对它的考评指标是毛利和营业利润等。

物流成本涉及范围广，内容多，物流责任成本的管理既有利于将物流成本落到实处，又有利于物流成本的计算、控制和考核。

课外阅读

青岛港流动机械成本控制的措施

摘要： 本案例介绍了青岛港流动机械成本控制中存在的问题，说明流动机械成本的控制须从技术员、维修工和机械司机三个方面的单人考核入手，并提出考核方案。

对于港口设备的重要组成部分之一的流动机械，其二十四小时四班三运转作业，由于作业范围大、货种多及工艺杂等特点，决定其成本控制较为困难。在国内真正意义的单车核算（包括燃油和材料）都没有成功，其原因是单车考核是以单机为单位，而每台单机有一到四名司机，各司机的作业货种、作业量、同货种作业工艺的不同，以及各司机的驾驶水平不同等因素，造成考核失准，同车司机间相互扯皮，导致考核工作无法进行。

经过多年的经验和考核数据积累，青岛港认为在流动机械考核中，进行单车单人考核，能够很好地进行成本控制。

一、燃油考核

（一）燃油考核中必须做好的三项工作

为将燃油消耗落实到单机单人，便于燃油定量指标考核，抓好节油工作，必须做好三项工作。

(1) 流动机械实行满油箱制，所谓“满油箱加油制”，就是当班司机作业完工后，将本车油箱加满油，所加油量即是本工班实际耗油量。

(2) 每月根据单人单机燃油消耗，以及单人完成的操作吨，统计出百吨单耗、平均百吨单耗，以此为指标进行考核。

(3) 制定具体考核措施，进行考核工作。如果设备的作业货种和工艺固定，可以采用固定标准指标考核。如果设备的作业货种多，工艺复杂，则给考核工作带来困难，只能采取浮动考核办法，即每月计算出平均单耗，以此为标准进行考核。

（二）燃油考核过程中的重点环节

(1) 采取强制措施来实现满箱油制，特别注意临时换车时的满箱油的交接（避免油箱因没有统一的标志，油位的标准不一致而出现矛盾），并做好燃油卡的记录工作。

(2) 做好舱下作业机械使用的燃油划分工作（舱下机械无法进行满箱油制的计量交接）。

(3) 做好挖掘机上大垛时的燃油使用的划分工作（交接班时上下大垛较危险）。

(4) 做好现场交接的机械的燃油使用的划分工作，尤其是推土机（要求加油车到现场加油）。

(5) 做好故障机械的燃油记录工作，和维修完工后的机械燃油记录工作（故障机械故障发生时间不定，无法到加油车前加满油；机械维修时间不等，维修过程中可能造成燃油损失等）。

以上环节都需要有相应的管理措施为基础，为考核工作提供准确可靠基础数据，任何环节出问题，考核工作都无法进行。

（三）燃油考核存在的问题

以上工作完成后，可以进行具体的考核工作，但作为港口的总体环境，还有些不到位，或者是不和谐的地方，给考核工作带来一些困难。

(1) 现在的机械操作吨的统计，只能做到每个司机单人的统计，无法做到单人、单机种、单工艺的统计，使得一人兼多机的司机无法划分机种的操作吨（机械功率不同，操作方式不同，同样的操作吨燃油消耗不同的；另外如果能够将舱下作业机械的操作吨单独统计出来，不计入考核，可以使考核的准确度大大提高）。通过调整生产方面微机统计程序，可以解决此问题。

(2) 同一货种随工艺和运距的不同，造成单耗相差悬殊（比如同是装火车矿粉，但运距不同，燃油消耗差距很大）。

二、流动机械成本控制

流动机械零配件、附油消耗（以下简称为材料消耗）主要与技术员、维修工人、机械司机有关，零配件的质量直接影响设备成本（高质量的配件可以减少故障率，减少自身的磨损，同时可以保证其他相关零件的正常使用寿命；残次品不但影响完好率，同时会影响其他机件使用寿命，造成更大的机损事故）。另外鉴别维修设备零配件是否更换、何时更换，早换会提高成本，晚换会影响其他零件的使用寿命，会造成更大的机损事故，同样也会提高成本，并且影响设备完好率，要解决这个矛盾，必须由技术员来处理，因此技术员在成本控制中起着非常重要的作用。

维修工人在成本控制中，同样起着不可忽视的作用，维修的配件几乎都是由维修工人进行更换的，维修过程中的配件保管以及维修质量都直接影响成本和完好率。同时，新件质量的把关和旧件的更换鉴别，需要维修工人与技术员共同完成，因此必须对维修工人进行考核。

设备是“七分使用，三分养修”，因此设备是否处于完好状态与司机有直接的关系，可见对机械司机进行成本考核显得非常必要，这样既有利于成本控制，又可以促使机械司机精心使用机械，提高机械的完好率，延长机械的使用寿命。

综上所述，流动机械成本控制必须从三个方面入手——技术员、维修工和机械司机。维修工的考核建立在分组承包的基础上，否则就不能把单车的成本与维修工绩效挂钩，无法对其考核；对司机进行单人考核的具体方案如下所述。

(1) 建立司机的单车单人材料消耗账。设备正常磨损的材料消耗，由单车司机均分，出现责任性机损消耗，由技术员进行责任划分，必要时由全队领导参加鉴定，这样可统计出单车材料消耗、单人材料消耗，根据单车、单人的操作吨，可统计出单车和单人的单耗。

(2) 根据单人的单耗，计算月平均单耗，对司机进行浮动指标考核（因为机械技术状况经常发生变化，无法进行车类的划分，无法采用固定指标的考核）。

(3) 根据单车的单耗，可以制订相应的考核办法，对维修承包组进行考核，既可采用定指标考核，也可以采用浮动指标考核。

(4) 对于技术员既可以进行分车组承包考核，也可以根据上级部门的成本指标，对其进行总额度考核（因为技术人员的个人素质较高，责任心较强，另外对维修工和司机的考核的基础工作，主要由技术员来完成）。

(5) 重要环节。

1) 对单人材料消耗的记录和鉴别，必须准确无误。

2) 统计工作量较大，人为统计效率低，并且失误多，可采用计算机网络管理，实现单车、单人的统计和考核工作（计算机中心已编好程序，因为缺少两台微机，此项工作一直没有进行）。

3) 维修工的承包机械的划分，不管从技术状态，还是从操作量上要尽可能的均衡合理。

4) 使用的零配件必须保证质量，价格合理。

在具体操作过程中，要求全员参与，从而提高全体职工的成本意识，只有全体职工积极参与，才能很好地完成考核工作。

三、燃油单人考核方案

为将燃油消耗准确落实到单机单人，便于燃油定额考核，抓好节油工作，对燃油管理特做如下规定，由流机部司机严格遵照执行。

(1) 从某月某日早8时起实行满箱油制，所谓“满油箱加油制”，就是当班司机作业后，将本车油箱加满油，所加油量即是本工班实耗油量。若交班司机没加满油，每次扣25

分，接班司机如发现交班司机不执行满油箱制度，要及时向带班队长汇报，如不汇报，上一班的燃油消耗由接班司机承担。

（2）每个司机必须持“加油卡”加油，由油槽车司机在“加油卡”上注明加油数量，并签名确认。本队机械司机必须在油槽车司机的“加油本”上签字确认加油数量。

（3）队内根据每月的单人单机消耗燃油，以及个人完成的操作吨，对省油者进行加分，对燃油使用超标者进行扣分。具体考核措施如下所述。

1）每月根据司机的燃油消耗和操作吨，计算出百吨油耗、平均百吨油耗。

在平均百吨油耗上下5%的范围内时，不进行奖罚；在此范围以外时，如超出范围0.1～2个百分点，每0.2个百分点加、扣0.5分；如超出范围2～4个百分点，每0.2个百分点加、扣1分；如超出范围4～6个百分点，每0.2个百分点加扣1.5分；如超出范围6个百分点以上，将对其进行原因调查，另行研究处理。

2）其他非生产用油不得从机械中抽取，可从带班队长的“现场加油箱”处领取，代班队长在现场加油或其他生产用油，由当班调度打队内作业票，定期交到队部统计员处，进行统计考核。

有伪造、修改、涂抹加油卡记录等弄虚作假行为，有偷、卖油行为，或故意浪费者，将严肃处理。

阅读思考：

1. 青岛港原来实行的单车考核办法和现在的单人单车考核办法有和不同？它们的主要区别是什么？

2. 为将燃油消耗落实到单机单人，便于燃油定量指标考核，抓好节油工作，他们做了哪几项工作，成果如何？

3. 流动机械的成本控制中，主要讲的除燃油以外的材料及零配件，他们是怎么样处理技术员、维修工人、机械司机三方的关系？

4. 燃油单人单车考核方案的措施是包括哪几个方面？制定的方法是否得当，还存在着什么问题？应该如何改进？

思考与练习

1. 我国当前物流预算的体系是什么样的？

2. 什么是物流成本的预算？它有什么作用？

3. 什么是弹性预算？如何编制？

4. 什么是零基预算？编制零基预算要注意哪些问题？

5. 什么是滚动预算？滚动预算与弹性预算有何区别？为什么要编制滚动预算？

6. 什么叫物流成本控制？为什么要对物流成本进行控制？

7. 什么是物流的目标成本？如何确定物流目标成本？

8. 什么是价值工程？它有什么特点？应从哪些方面运用价值工程手段进行物流成本控制？

9. 什么是物流责任成本？如何进行物流责任成本管理？

10. 某物流企业2007年的物流运输周转量为10 000吨公里，有关资料见表4—8。

表 4—8　　物流费用资料表　　金额：元

费用明细项目	物流费用
固定费用	
保管费	10 000
折旧费	5 000
物流管理	15 000
客户服务	12 000
养路费	8 000
小计	50 000
变动费用	
包装费	10 000
燃油费	12 000
装卸费	8 000
搬运费	14 000
修理费	6 000
小计	50 000
总计	100 000

根据以上资料，分别编制 8 000 吨公里，9 000 吨公里，10 000 吨公里，11 000 吨公里，12 000 吨公里的物流弹性预算。

11. 假设某企业根据该部门的讨论协商提出 2008 年预算项目和资金需求如下：

人员工资 8 000 元，折旧费 5 000 元，招待费 10 000 元，办公费 5 000 元，差旅费 6 000元，电话费 5 000 元，广告费 8 000 元，培训费 10 000 元，合计需用资金元，下一年度可用于销售公司的资金为 50 000 万元，已知 2007 年度的广告费和培训费的成本收益率为 1∶10 和 1∶20，利用零基预算法编制 50 000 元的全年费用。

项目技能训练

1. 结合对本项目的理论学习，应该对企业的物流成本的预算和控制有所了解，掌握一些基础计算方法，为今后对企业的预算和实行成本控制奠定基础，下面有一个案例介绍给各位同学，请你对该案例进行分析，他们在物流成本预算及物流成本控制中，哪些项目是符合企业的实际情况的，哪些地方是需要补充和完善的。哪些地方不适应当前市场发展的需求，需要改进的？

2. 结合此案例，再结合企业调研成果，写一篇你认为对企业成本控制有效的报告。

百胜物流降低连锁餐饮企业运输成本之道

对于连锁餐饮这个锱铢必较的行业来说，靠物流手段节省成本并不容易。然而，作为肯德基、必胜客等业内巨头的指定物流提供商——百胜物流公司却抓住运输环节“大做文章”，通过合理地运输安排、降低配送频率、实施歇业时间送货等优化管理方法，有效地实现了物流成本的“缩水”，给业内管理者指出了一条细致而周密的降低物流成本之路。

对于连锁餐饮业（QSR）来说，由于原料价格相差不大，物流成本始终是企业成本竞争的焦点。据有关资料显示，在一家连锁餐饮企业的总体配送成本中，运输成本占到 60%

左右，而运输成本中的55%～60%又是可以控制的。因此，降低物流成本当紧紧围绕运输这个核心环节来展开。

一、合理安排运输排程

运输排程的意义在于，尽量使车辆满载，只要货量许可，就应该做相应的调整，以减少总行驶里程。

由于连锁餐饮业餐厅的进货时间是事先约定好的，这就需要配送中心就餐厅的需要，制作一个类似列车时刻表的主班表，此表是针对连锁餐饮餐厅的进货时间和路线详细规划制定的。

众所周知，餐厅的销售存在着季节性波动，因此主班表至少有旺季、淡季两套方案。有必要的话，应该在每次营业季节转换时重新审核运输排程表。安排主班表的基本思路是：首先计算每家餐厅的平均订货量，设计出若干条送货路线，覆盖所有的连锁餐厅，最终达到总行驶里程最短、所需司机人数和车辆数最少的目的。

规划主班表远不是人们想象的那样简单。运输排程的构想最初起源于运筹学中的路线原理，从起点到终点有多条路径可供选择，每条路径的长度各不相同，要求找到最短的路线。实际问题要比这个模型复杂得多。首先，需要了解最短路线的点数，从图上的几个点增加到成百甚至上千个，路径的数量也相应增多到成千上万条；其次，每个点都有一定数量的货物流需要配送或提取，因此要寻找的不是一条串联所有点的最短路线，而是每条串联几个点的若干条路线的最优组合。另外，还需要考虑许多限制条件，比如车辆装载能力、车辆数目、每个点在相应的时间开放窗口等，问题的复杂度随着约束数目的增加呈几何级数增长。要解决这些问题，需要用线性规划、整数规划等数学工具。目前市场上有一些软件公司能够以这些数学解题方法作为引擎，结合连锁餐饮业的物流配送需求，做出优化运输路线安排的软件。

在主班表确定以后，就要进入每日运输排程，也就是每天审视各条路线的实际货量。根据实际货量对配送路线进行调整，通过对所有路线逐一进行安排，可以去除几条送货路线，至少也能减少某些路线的行驶里程。最终达到增加车辆利用率、增加司机工作效率和降低总行驶里程的目的。

二、减少不必要的配送

对于产品保鲜要求很高的连锁餐饮业来说，尽力和餐厅沟通，减少不必要的配送频率，可以有效地降低物流配送成本。

如果连锁餐饮餐厅要将其每周配送频率增加1次，会对物流运作的哪些领域产生影响。

在运输方面，餐厅所在路线的总货量不会发生变化，但配送频率上升，结果会导致运输里程上升，相应的油耗、过路桥费、维护保养费和司机工时都要上升；在客户服务方面，餐厅下订单的次数增加，相应的单据处理作业也要增加，餐厅来电打扰的次数相应上升，办公用品（纸、笔、电脑耗材等）的消耗也会增加；在仓储方面，所要花费的拣货、装货的人工会增加。如果涉及短保质期物料的进货频率增加，那么连仓储收货的人工都会增加；在库存管理上，如果涉及短保质期物料进货频率增加，由于进货批量减少，进货运费很可能会上升，处理的厂商订单及后续的单据作业数量也会上升。

由此可见，配送频率增加几乎会影响配送中心的所有职能，最大的影响在于运输里程上升所造成的运费上升。因此，减少不必要的配送，对于连锁餐饮企业显得尤其关键。

三、提高车辆的利用率

车辆时间利用率也是值得关注的，提高卡车的时间利用率可以从增大卡车尺寸、改变作业班次、二次出车和增加每周运行天数四个方面着手。

由于大型卡车每次可以装载更多的货物，一次出车可以配送更多的餐厅，由此延长了卡车的在途时间，从而增加了其有效作业的时间。这样做还能减少干路运输里程和总运输里程。虽然大型卡车单次的过路桥费、油耗和维修保养费高于小型卡车，但其总体上的使用费用绝对要低于小型卡车。

运输成本是最大的物流成本，所有别的职能都应该配合运输作业的需求。所谓改变作业班次就是指改变仓库和别的职能的作业时间，适应实际的运输需求，提高运输资产的利用率。否则朝九晚五的作业时间表只会限制发车和收货时间，从而限制卡车的使用。

如果配送中心实行 24 小时作业，卡车就可以利用晚间二次出车配送，大大提高车辆的时间利用率。在实际物流作业中，一般会将餐厅分成可以在上午、下午、上半夜、下半夜 4 个时间段收货，据此制定仓储作业的配套时间表，从而将卡车利用率最大化。

四、尝试歇业时间送货

目前我国城市的交通限制越来越严，卡车只能在夜间时段进入市区。由于连锁餐厅运作一般到夜间 24 点结束，如果赶在餐厅下班前送货，车辆的利用率势必非常有限。随之而来的解决办法就是利用餐厅的歇业时间送货。

歇业时间送货避开了城市交通高峰时间，既没有顾客的打扰，也没有餐厅运营的打扰。由于餐厅一般处在繁华路段，夜间停车也不用像白天那样有许多顾忌，可以有充裕的时间进行配送。由于送货窗口拓宽到了下半夜，使卡车可以二次出车，提高了车辆利用率。

在餐厅歇业时段送货的最大顾虑在于安全。餐厅没有员工留守，司机必须拥有餐厅钥匙，掌握防盗锁的密码，餐厅安全相对多了一层隐患。卡车送货到餐厅，餐厅没有人员当场验收货物，一旦发生差错很难分清到底是谁的责任，双方只有按诚信的原则妥善处理纠纷。歇业时间送货要求配送中心和餐厅之间有很高的互信度，如此才能将系统成本降低。所以，这种方式并非在所有地方都可行。

项目五　运输成本管理

项目说明

运输作为物流的基本功能之一，其成本在物流总成本中占有相当大的比例，通过对运输成本的有效管理对降低物流总成本具有重要的作用。通过对运输成本的衡量和优化，找到降低运输成本的方法具有重要意义。

项目目标

√ 了解运输成本的含义；
√ 理解五种基本的运输方式及其特点；
√ 理解运输成本的构成；
√ 掌握运输成本的核算方法。

项目案例

沃尔玛降低运输成本的经验之谈

沃尔玛是世界上最大的商业零售企业。在物流运营过程中，尽可能地降低成本是其成功经营的策略之一。

沃尔玛有时采用空运，有时采用船运，还有一些货物采用卡车公路运输。在中国，沃尔玛百分之百地采用公路运输，所以如何降低卡车运输成本，是沃尔玛物流管理面临的一个重要问题，为此他们主要采取了以下措施。

(1) 沃尔玛使用一种尽可能大的卡车，大约有 16 米加长的货柜，比集装箱运输卡车更长或更高。沃尔玛把卡车装得非常满，产品从车厢的底部一直装到最高，这样非常有助于节约成本。

(2) 沃尔玛的车辆都是自有的，司机也是他的员工。沃尔玛的车队大约有 5 000 名非司机员工，还有 3 700 多名司机，车队每周每一次运输可以达 7 000—8 000 公里。

沃尔玛知道，卡车运输是比较危险的，随时可能会出交通事故。因此，对于运输车队来说，保证安全是节约成本最重要的环节。为保证安全，沃尔玛一贯坚持是“安全第一，礼貌第一”，而不是“速度第一”。所以在运输过程中，卡车司机们都非常遵守交通规则。

沃尔玛也会定期在公路上对运输车队进行调查，卡车上面都带有公司的号码，如果看到司机违章驾驶，调查人员就可以根据车上的号码，以便对其进行惩处。由于狠抓了安全驾驶，运输车队已经成功创造了300万公里无事故的纪录。

(3) 沃尔玛采用全球定位系统对车辆进行定位。因此在任何时候，调度中心都可以知道这些车辆在什么地方、离商店有多远、还需要多长时间才能运到商店，并且，这种估算可以精确到小时。这样做可以大大提高整个物流系统的效率，有助于降低成本。

(4) 沃尔玛的连锁商场的物流部门，24小时进行工作，无论白天或晚上，都能为卡车及时卸货。另外，沃尔玛的运输车队利用夜间进行从出发地到目的地的运输，从而做到了当日下午进行集货，夜间进行异地运输，翌日上午即可送货上门，保证在15～18个小时内完成整个运输过程，这是沃尔玛在速度上取得优势的重要措施。

(5) 沃尔玛的卡车把产品运到商场后，商场可以把它整个的卸下来，而不用对每个产品逐个检查，这样就可以节省很多时间和精力，加快了沃尔玛物流的循环过程，从而降低了成本。这里有一个非常重要的先决条件，就是沃尔玛的物流系统能够确保商场所得到的产品是与发货单完全一致的产品。

(6) 沃尔玛的运输成本比供货厂商自己运输产品要低，所以厂商也使用沃尔玛的卡车来运输货物，从而做到了把产品从工厂直接运送到商场，大大节省了产品流通过程中的仓储成本和转运成本。

沃尔玛的集中配送中心把上述措施有机地组合在一起，做出了最经济合理的安排，从而使沃尔玛的运输车队能以最低的成本高效率地运行。

问题：

1. 结合案例资料和所学知识，简述物流运输合理化的途径和要素。
2. 通过该案例分析，如何从综合物流系统的角度来降低运输成本。

任务一　了解运输成本

一、运输成本的概念与构成

(一) 运输成本的概念

通常，成本的内涵是指企业在生产商品或提供服务过程中发生的各种耗费和支出。在不同的运输方式下，运输企业（公司）为完成一定的运输量而支付的各种生产费用的总和称为各自的运输总成本，分摊到各自单位产品上的成本为该运输方式的单位成本。

(二) 运输成本的构成

根据《运输企业财务制度的规定》，构成运输企业营运成本的内容包括以下几个方面。

(1) 企业在营运生产过程中实际消耗的各种燃料、材料、润料、备品配件、航空高价周转件、垫隔材料、轮胎、专用工器具、动力照明及低值易耗品等支出。

(2) 企业直接从事营运生产活动人员的工资、福利费、奖金、津贴和补贴。

(3) 企业在营运生产过程中发生的固定资产折旧费；修理费；租赁费（不包括融资租赁费）；铁路线路灾害防治费（每处不超过 5 000 元）；铁路线路绿化费；铁路护路护桥费；熟练飞行训练费、港口费（包括引水、港务、拖轮、停泊等费用，代理、理货、开关舱、扫舱、洗舱、烘舱及翻舱等费用）；集装箱费用（包括空箱保管费、清洁费及熏箱费等）；转口费；倒载费；破冰费；航道养护费；水路运输管理费；船舶检验费；灯塔费；速遣费；航行国外及港澳地区船舶发生的吨税、过境税、运河费、行车杂费、车辆牌照检验费、车辆清洗费、车辆冬季预热费、养路费、公路运输管理费、过路费、过桥费、过隧道费、过渡费、司机途中宿费、取暖费、水电费、办公费、差旅费、保险费、设计制图费、试验检验费、劳动保护费、职工福利费、修理期间的停工损失、事故净损失等支出。

企业的下列支出，不得列入成本及费用，包括：为购置和建造固定资产、无形资产和其他资产的支出；对外投资的支出；被没收的财物；支付的滞纳金、罚款、违约金、赔偿金以及企业赞助、捐赠支出；国家法律、法规规定以外的各种付费；国家规定不得列入成本、费用的其他支出。

二、运输方式及特点

运输是物流的重要功能之一，它承担着“物”的空间位移任务。通过运输，使物品的潜在使用价值变为满足社会需要的现实使用价值。一般按照运输设备和工具将运输方式分为以下五种。

(1) 公路运输。公路运输是现代交通运输中陆路运输的方式之一，在物流管理系统中，公路运输一般指汽车货物运输，主要承担中、短途货物运输，是内陆及城市物流的主要交通工具。

公路运输的主要优点是灵活性强、可以实现“门到门”运输、运输速度快、物品损耗少等。公路运输的主要形式有整车运输、零担运输和集装箱运输。由于公路基本建设投资相对较少，修建公路的材料和技术比较容易解决，因此其运输网络比较发达，它一方面对水运、铁路和航空运输起着货物集散作用；另一方面在一些缺乏铁路和水路的干线地区承担干线运输任务。相对于铁路、水路和航空运输而言，公路运输也有缺点，即运输能力较低、能耗和运输成本高、长距离运输费用高、运行持续性差、受自然条件影响较大、安全性较低及不适宜运输大宗物资等。

(2) 铁路运输。铁路运输也是陆路运输的方式之一，其优点是运行速度较快、运距较长、运输能力大、连续性强、较少受自然条件的影响、可以常年运行、可以进行各种物品运输、安全性较好、运输成本相对较低等。由于受运行线路和站点固定的限制，铁路运输具有灵活性较差、发车频率比公路运输低、近距离运输成本较高等缺点。

(3) 水路运输。水运主要包括沿海运输、远洋运输和内河运输三种形式，其优点是：运输能力大，几乎不受限制，拖船船队可以载运万吨以上货物，海船如油轮最多一次可以载运几十万吨的物品；运距长，只要有宜航水路就能运输；由于航道所需投资较少，水运成本较低。但水运受自然条件影响最大，河流流向、季节以及天气等都会对其造成影响；另外水运速度慢，需要时间较长，安全性和准确性也比较差。水路运输适宜运输大宗的、长距离的、对物品到岸时间要求低以及运费负担能力较低的运输任务。

（4）航空运输。航空运输是各种运输方式中速度最快的一种，可以大大节省运输时间，安全性和准确性都很高。但由于航空运输投资大、能耗高，因此其成本较高，同时受运输工具的限制，运量也有限。因此，航空运输适宜于小批量的贵重物品、邮件及鲜活品的运输。

（5）管道运输。管道运输是目前陆上运输油气的主要运输方式之一，近年来也被用来运输煤炭和精矿等。其优点是：工程小；占地少；运量大；一般不受气候影响，可以全天候运行；损耗也比较小。但其对运输对象要求特别严格，只能用来传送液体、气体和浆状物品。

任务二　掌握公路运输成本核算

一、公路运输成本核算对象与成本计算期

（一）公路运输成本核算对象

公路运输成本核算的对象是企业的运输业务。由于公路运输企业的营运车辆的车型比较复杂，为了考核同类车型成本和大、中、小型车辆的经济效益，可以按照大型平板车、集装箱车、零担车、冷藏车和罐车等作为单独的成本计算对象。挂车运输不单独计算成本，其所发生的费用，随主车计入各分类运输成本。

（二）公路运输成本计算单位和计算期

成本计算单位一般为元/千吨公里。大型车组的成本计算单位可以为元/千吨位小时，集装箱车辆的成本计算单位为元/千标准箱公里。集装箱以 20 英尺为标准箱，小于 20 英尺的，每箱按 1 标准箱计算；40 英尺箱或其他大于 20 英尺的集装箱，每箱按 1.5 标准箱计算。

成本计算期一般为月份、季度和年度。

二、公路运输成本核算项目

汽车在实现货物位移的运输生产过程中，发生的各种耗费，如车辆、装卸机械、房屋建筑物、燃料、轮胎、配件以及驾乘人员工资等，构成了公路运输成本（见表 5—1）。

表 5—1 公路运输成本费用表

构成	类别	定义
车辆直接费用	工资	按规定支付给营运车辆司机和助手的基本工资、工资性津贴和按规定计算的各种奖金等
	职工福利费	按照规定的工资总额和比例计提的职工福利费
	燃料	营运车辆运行过程所耗用的各种燃料，如汽油、柴油等。自卸车时及装有空调的车辆使用空调时所耗用的燃料，也在本项目核算
	轮胎	营运车辆耗用的外胎、内胎、垫带、轮胎翻新和修补充气费
	修理费	营运车辆进行各级维护和修理所发生的工料费用、修复旧件费用和行车用机油费用。采用总成互换修理作业的企业，维修部门领用周转总成价值和卸下总成的修理费用，也在本项目内核算
	折旧	营运车辆按规定计提的折旧费
	养路费	营运车辆按规定缴纳的养路费
	运输管理费	按规定向公路运输管理部门缴纳的运输管理费
	车辆保险费	向保险公司交纳的营运车辆的保险费用
	事故损失	营运车辆在营运过程中，因行车事故所发生的损失，扣除保险公司赔偿后的事故费用
	税金	营运车辆按规定缴纳的车船使用税
	其他	营运车辆在营运过程中发生的不属于以上项目的行车杂费等，如过桥费、过路费、过渡费、过隧道费、司机途中宿费、车辆清洗费及营运司机领用的低值易耗品（篷布、工具、保温套等）和劳动保护用品等
营运间接费用	运输企业以下的基层分公司、车队、车站发生的营运管理费用，但不包括企业行政管理部门发生的管理费用	

一般公路运输成本项目主要包括车辆直接费用和营运间接费用两大类。

实行营运车辆租赁经营的公路运输企业，其租赁业务成本所包括的内容没有统一的规定，一般分为两个部分，其主要成本项目见表 5—2。

表 5—2 公路运输企业主要成本项目

构成	类别	定义
企业代收代付规定的费用项目	货运附加费	按照规定向交通管理部门缴纳的货运附加费
	养路费	按规定向公路管理部门缴纳的养路费
	运输管理费	按规定向公路运输管理部门缴纳的运输管理费
企业支付和承担的各项费用项目	车辆保险费	向保险公司交纳的营运车辆的保险费用
	车辆折旧费	租赁车辆按一定方法计提的折旧费
	职工福利保障费	按规定比例计提的承租车辆职工的福利费、劳动保险费、待业保险费等
	日常维护费	企业为使租赁车辆始终处于良好的技术状态，保证行车安全，按计划进行日常检查维护的费用
	营运间接费用	车辆单位发生的营运管理费

三、公路运输成本核算过程

公路运输成本核算程序如图 5—1 所示。

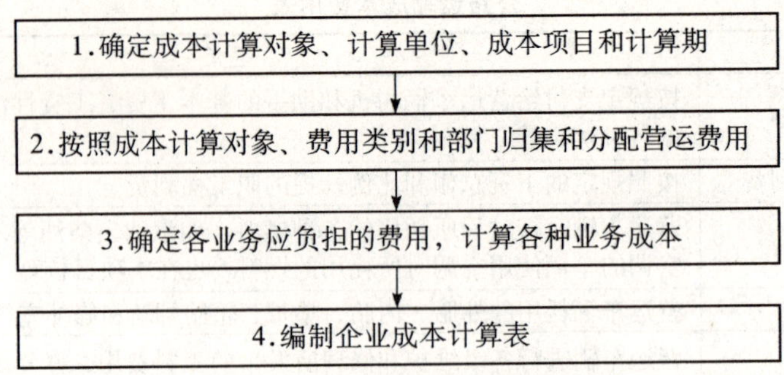

图 5—1 公路运输成本核算程序

公路运输企业的运输成本是通过运输支出、辅助营运费用、营运间接费用等会计账务处理进行归集和分配的，从而计算出运输总成本和单位成本。

总成本是成本计算期内各运输成本计算对象的成本总额之和，单位成本是成本计算期内按成本计算对象完成的单位运输周转量（千吨公里）的成本额。计算公式为：

某运输成本计算对象的单位成本（元/千吨公里）＝该成本计算对象当月运输成本总额÷该成本计算对象当月运输周转量

对于不按吨公里计算运输成本的大型平板车、集装箱专用车等，应按照各自计算生产成本的“千吨位小时”、“千标准箱公里”计算其运输单位成本。

任务三 掌握铁路运输成本核算

一、铁路运输成本核算对象

铁路运输企业为完成货物运输业务而发生的职工工资支出、材料、燃料、电力消耗及固定资产折旧费以及各种服务管理费等，构成了铁路运输成本。铁路运输企业应对一定时期内发生的费用按一定成本计算对象汇集，以计算其运输总成本和单位成本。铁路货物运输成本计算以货物运输业务作为成本计算对象。

二、铁路运输营运成本项目

铁路运输营运成本是指铁路运输企业营运生产过程中实际发生的与营运生产直接有关的各项支出。其项目包括以下几个方面。

（1）工资。指由成本费用负担的运输各类人员的标准（计时）工资、计件工资、职务工资、附加工资、加班加点工资、各种奖金、各种津贴、补贴和其他工资，以及按批准工资结算收入与实际工资支出的差额。

（2）材料。指运输生产经营过程中所耗费的材料、配件、油脂（含清洗用柴油、汽油）、工具备品、劳动保护用品等有实物形态的物品。

材料支出的核算应严格执行定向定量制度，按用途列入有关成本费用科目。对已领未用的材料应在月末办理盘点退料手续，不得发生账外料。对存放在铁路沿线的线上料应加强管理，采取分存制进账，不得一次出账。低值易耗品领用后一次列销，实行账外数量管理。

线上料及其他自购料的材料价差，应按支出用途分别摊入有关成本科目。铁路局物资部门集中供应材料的价差，应按材料供应分类和使用对象分别摊入相关款源项目。

动用备用钢轨或互换配件报废时，应及时补充。在未补充前作为预提费用处理。

(3) 燃料。指运输设备运用、养护和修理及生产过程中所发生的固体、液体及气体等燃料支出。

燃料支出的核算应根据燃料消耗报表及有关记录，严格按规定用途列入有关支出科目，不得一次出账。燃料差价的分摊，应按月编制分摊率计算表，据实反映燃料支出。

(4) 电力。指铁路运输设备运用、修理、动力、照明及其他用电。

(5) 折旧。指铁路运输企业按照规定计提的固定资产折旧。

1) 下列固定资产计提折旧：铁路运输企业生产经营过程中的主要设施、设备、工具等，如房屋建筑物、铁路路基、铁路线路上部建筑和桥梁、隧道、涵洞、铁路机车车辆、机器设备、仪器仪表、工具器具、季节性停用和大修停用的设备、以经营租赁方式租出和以融资租赁方式租入的固定资产。

2) 下列固定资产不计提折旧：房屋建筑物以外的未使用以及不需用的固定资产、以经营租赁方式租入的固定资产、提足折旧的逾龄固定资产继续使用时，破产和关停企业的固定资产、提前报废的固定资产以及以前已经估价单独入账的土地等。

货车、集装箱折旧费由铁道部按该项固定资产平均总值和折旧率统一计提，并按各铁路局运用车数、集装箱运用箱数分配列入营运成本。

(6) 其他。指不属于以上各要素的支出。如按预算管理的支出项目、集中费、差旅费、福利费、职工教育经费、工会经费、职工待业保险金、损失性费用、冲减成本费用的收入以及财务费用和委外加工修理等。

三、铁路运输营运成本计算

铁路运输成本一般按年或按季进行。其计量单位是千计费吨公里。

下列支出在各铁路局（公司）间互不清算：

(1) 对外局机车的整备费（燃料、材料除外）。

(2) 旅客列车中途维修及服务费（更换车轮除外）。

(3) 每笔 200 元以下货运损失赔偿费。

(4) 不足一车的事故倒装费。

任务四 掌握水路运输成本核算

一、海洋运输成本核算

海洋运输包括沿海运输和远洋运输两种，其运输船舶大都是吨位较大的海船，沿海和远洋运输通常都按单船归集船舶发生的费用计算成本，它们的成本计算对象、成本项目、成本计算单位等基本相同，但二者计算成本期不同。

（一）海洋运输业务及成本

1. 沿海运输业务及成本

沿海货物运输指舰艇在近海航线上负责货运业务，沿海运输船舶大部分为吨位较大的机动船舶，很少有拖轮和驳船参加营运。通常情况下，沿海运输运距较短，航次时间也较短，数日内可以往返一次。船舶进出港口，由港口单位提供码头设备和各种服务，航运单位按规定向港口单位支付各种使用费。港口代理的货运业务，海运企业要支付其代理费用。

海运企业可以按照不同的船舶类型设立船队，实行分级管理、分级核算。船舶吨位较大、费用较多的，应以船舶名称归集所发生的费用，计算运输成本。

2. 远洋运输业务及成本

远洋运输业务以经营国际航线运输业务为主，与沿海运输相比，远洋运输船舶往往吨位较大，常在万吨以上，如货轮、集装箱船、油船以及其他专用船舶。其运距较长，每航次时间常在一个月以上，甚至长达数月。因此它具有吨位大、距离远、航次时间长、航线不固定等特点。

远洋运输船舶进出国内港口、使用码头设备与沿海运输相同，按规定向港口单位支付使用费，货运代理业务支付代理费用。进出国外港口，按各港口规定支付港口使用费，国外代理行代理货运业务的，需支付代理费用。船舶通过海峡，须支付海峡通过费。

远洋运输企业的船舶出租，视租船方式的不同，支付的费用也有所区别。期租也称定期租船业务，承租方要按租用时间的长短支付租金，偿付航运企业的船舶固定费用部分；程租也称航次租船，需要按出租航次根据载货吨位和一定费率支付租金，偿付航运企业的船舶固定费用和船舶运行费用。出租船舶航运企业应承担的费用内容，应在租船条款内予以规定。企业租入船舶经营运输业务，在成本计算上和自有船舶相同。

（二）海洋运输成本计算对象

海洋运输成本核算对象一般指货运业务，为了加强成本控制，企业还可以将单船、船舶类型（货轮、油轮、拖轮等）、航次以及航线等作为成本计算对象。在各种成本计算对象中，单船成本是基础，据此可以计算船舶类型成本、货运成本。如果将单船成本进一步按航次分清航次直接费用和间接费用，计算航次成本，也就能够提供计算航线成本的数据。

（三）海洋运输成本项目

海洋运输企业的成本项目可分为航次运行费用、船舶固定费用、船舶租费、集装箱固定费用和营运间接费用等。其中船舶租费在租入船舶运营时使用，集装箱固定费用在集装箱运输时使用。

（1）航次运行费用。指船的在运输生产过程中发生的直接费用，如表 5—3。

表 5—3 航次运行费用

类别	内容
燃料费	船舶在营运期内航行、装卸、停泊等时间内耗用的全部燃料费用
港口费	船舶在营运期内进出港口、航道、停泊港内所发生的各项费用，如港务费、船舶吨税、引水费、停泊费、拖轮费、航道养护费、围油栏费、油污水处理费、船舶代理费、运河费、海峡费、灯塔费、海关检验费、检疫费及移民局费用等
货物费	运输船舶载运货物所发生的应由船方负担的业务费用，如装卸费、使用港口装卸机械费、理货费、开关舱费、扫舱费、洗舱费、验舱费、烘舱费、平翻舱费、货物代理费、货物检验费以及货物保险费等
集装箱货物费	包括集装箱装卸费、集装箱站场费、集装箱货物代理费等
中转费	船舶载运的货物到达中途港口换装其他运输工具运往目的地，在港口中转时发生的应由船方负担的各种费用，如汽车接运费、铁路接运费、水运接运费以及驳载费等
垫隔材料费	船舶在同一货舱内装运不同类别货物需要分票、垫隔或装运货物需要防止摇动、移位及货物通风需要等耗用的木材、隔货网、防摇装置、通风筒等材料费用
速遣费	有装卸协议的营运船舶，提前完成装卸作业，按照协议支付的速遣费用
客运费	船舶为运送旅客而发生的业务费用，如旅客生活设备生活用品费、旅客医药支出以及客运代理费等
事故费用	船舶在营运生产过程中发生海损、机损、货损、货差、火警、污染、人身伤亡等事故的费用，包括施救、赔偿、修理、诉讼、善后等直接损失
航次其他费用	不属于以上各项费用应由航次负担的其他费用，如淡水费、通信导航费、交通车船费、邮电费、清洁费、国外港口招待费、航次兵险费、领事签证费、代理行费、业务杂费以及冰区航行破冰费等

（2）船舶固定费用。指为保持船舶适航状态所发生的费用，如表 5—4。

表 5—4 船舶固定费用

类别	内容
工资	应付船员的各类工资、奖金、津贴、伙食费及补贴等按有关规定由成本负担的支出
职工福利费	根据规定比例、提存范围按实际发放船员工资总额提取的职工福利费
润料费	船舶耗用的各种润滑油剂
物料费	船舶在运输生产中耗用的各种物料、低值易耗品的实际成本
船舶折旧费	企业按确定折旧方法按月计提的折旧费
船舶修理费	已完工的船舶实际修理费支出、日常维护保养耗用的修理料、备品配件等，以及船舶技术改造大修理费摊销的支出
保险费	企业向保险公司投保的各种船舶险、运输船员的人身险及意外伤残险所支付的保险费用
税金	企业按规定交纳的车船使用税
船舶非营运期费用	船舶在非营运期（如厂修、停航、自修、事故停航等）内发生的燃料费、港口费等有关支出
船舶共同费用	（1）工资。指替补公休船员、后备船员、培训船员等按规定支付的工资、津贴、补贴等 （2）职工福利费。指上项各类船员根据国家规定提取的职工福利费 （3）船员服装费。指根据规定发给船员的服装费和零星服装补助费 （4）船员差旅费。指船员报到、出差、学习、公休、探亲、调遣等发生的差旅费

续前表

类别	内容
船舶共同费用	(5) 文体宣传费。指用于船员文娱、体育活动和对外宣传购置的书报杂志、电影片、录像带、幻灯片等支出 (6) 广告及业务活动费。指通过报刊、电台、电视、画册、展览等进行广告、宣传及船舶为疏港、揽货、业务联系支付的业务费 (7) 单证资料费。指客货运输业务印制使用的客运票据、货运提单、舱单、航海图书、技术业务资料及这类单证资料的寄递费用 (8) 船员疗养、休养费。指船员因工作环境特殊，企业为船员安排疗养、休养的支出 (9) 电信费。指通过电台、电缆、卫星、高频电话等通信联络所发生的国内外通信费用 (10) 其他船舶共同费用。包括船员体检费、签证费、油料化验费、技术进步和合理化建议奖等 (11) 其他船舶固定费用。指不属于以上各项的其他船舶固定费用。如船舶证书费、船舶检验费、船员劳动保护费等

(3) 集装箱固定费用。指企业自有或租入的集装箱在营运过程中发生的固定费用，如表 5—5。

表 5—5　　集装箱固定费用

类别	内容
集装箱保管费	空箱存放在堆场所支付的保管费等
集装箱折旧费	自有集装箱按集装箱价值和规定折旧率按月计提的折旧费
集装箱租费	租入集装箱按规定应列入成本的租费
集装箱修理费	集装箱修理用配件、材料和修理费用
集装箱保险费	向保险公司投保集装箱安全险所支付的保险费用
集装箱底盘车费用	企业自有或租入的集装箱底盘车发生的保管费、折旧费、租费、保险费、修理费等
集装箱其他费用	不属于以上项目的集装箱固定费用，如清洁费、熏箱费等

(4) 船舶租费。指企业租入运输船舶参加营运，按规定应支付给出租人的租费。

(5) 营运间接费用。指企业营运过程中所发生的不能直接计算运输成本核算对象的各种间接费用。包括企业各个生产单位（分公司、船队）为组织和管理运输生产所发生的运输生产管理人员工资、职工福利费、折旧费、租赁费（不包括融资租赁）、修理费、材物料消耗、低值易耗品、取暖费、水电费、办公费、差旅费、运输费、保险费、设计费、试验检查费、劳动保护费及其他营运间接费用。

二、内河运输成本核算

内河运输指船舶在江河航线之间经营货运业务。与沿海运输和远洋运输相比，具有船舶吨位较小和成本低等特点。内河运输费用支出一般分为船舶费用和港埠费用。船舶费用指运输船舶的各项费用，包括船员工资、提取修理费、事故损失费和其他费用；港埠费用指为分配由运输船舶负担的港埠费用，以及直接支付给外单位的港口费用。内河运输成本以月、季、年为成本计算期。

一般说来，船舶费用应按不同船舶类型归集，对于吨位较大的船舶也可单独进行单船归集。

港埠费用由各港设立港埠费用明细账进行归集，并按照直接费用的比例分配由运输、装卸、堆存和其他业务负担。内河运输企业各运输种类负担的船舶费用和港埠费用之和就是各运输种类的总成本。将这一总成本除以各自完成的周转量，就可以求得各运输种类的单位成本。月末，内河运输企业应编制内河运输成本计算表。

内河运输业务成本项目包括如下几个方面。

（1）船舶直接费用。指运输船舶在航行中和为保持船舶适航状态所发生的费用，如表 5—6。

表 5—6　　船舶直接费用

类别	内容
工资	按规定支付给船员的工资以及学徒工的生活费等
职工福利费	按规定提取的职工福利费
燃料	运输船舶实际耗用的各种燃料
润料	运输船舶实际耗用的各种润滑油料。退库的废润料应作价冲减本项目
物料	运输船舶在营运中耗用的各种物料
港口费	运输船舶所发生的港口费用
航养费	按规定支付的航道养护费用
过闸费	按规定支付的过闸费用，应由货主负担的过闸费，在计收运费时向货主收回
运输管理费	按规定支付的运输管理费
折旧费	运输船舶按规定计提的折旧费
修理费	应由本期成本负担的运输船舶实际发生的修理费
事故损失	运输船舶在运输过程中发生的事故净损失（扣除过失人和保险公司赔款后的差额）
租费	企业向外单位租入营运船舶按规定应列入本期成本负担的船舶租费
保险费	运输船舶参加财产保险应负担的保险费
税金	企业按规定交纳的车船使用税
劳动保护费	按规定发放给船员的劳动保护用品、安全措施费用等
其他费用	不属于以上项目的船舶其他费用

（2）船舶维护费用。指有封冻、枯水等非通航期的企业在非通航期发生的，应由通航期运输成本负担的船舶维护费用。

（3）集装箱固定费用。指按规定办法分配应由本期运输成本负担的集装箱固定费用。

（4）营运间接费用。指营运过程中发生的不能计入本期成本计算对象但应由本期运输成本负担的各种间接费用。

任务五　掌握航空运输成本核算

一、航空运输成本核算概述

航空运输主要是指货邮运输的民用航空运输。民航企业成本计算对象是各种机型，成本计算期是按月，其成本项目分为直接营运费用和间接营运费用两类，民航运输企业各种机型的直接营运费用和间接营运费用之和组成各机型总成本。将各机型总成本相加就得到民航运输总成本。将民航运输总成本除以运输周转量就得到运输单位成本。

航空运输的成本计算单位为“每飞行小时成本”和“每吨公里成本”。前者指每运输飞行小时所发生的运输成本，后者指每吨公里运输周转量所发生的运输成本。每月月末，民航运输企业应编制民航运输成本计算表。

二、航空运输成本项目

航空运输成本分直接营运费用和间接营运费用。

直接营运费指航空公司在执行航空运输业务过程中发生的能直接计入某一特定机型成本的费用。包括的内容如表5—7。

表5—7　　直接运营费

内容	定义
工资、奖金、津贴和补贴	航空公司支付给空勤人员和机务人员的工资、奖金、津贴、补贴。其中空勤伙食费、地勤伙食费和飞行小时费单列
福利费	按规定提取的用于职工福利的费用
制服费	按规定标准用于当年摊销的空勤人员及机务人员的制服费用，或报告期内直接支出的制服费用
航空油料消耗	飞机在飞行中（含地面滑行）或地面检修试车时所消耗的航空煤油、航空汽油和航空润滑油
航材消耗件消耗	为维修本公司飞机、发动机及零备件而耗用的航材消耗件
高价周转件摊销	按规定年限摊销的高价周转件的价值
飞机、发动机折旧费	飞机、发动机折旧
飞机、发动机日常修理费	为保持飞机、发动机及零部件处于完好状态而发生的维修费用
飞机、发动机大修费	航空公司为进行飞机、发动机大修而按规定预提的大修费
飞机、发动机保险费	航空公司向保险公司投保飞机、发动机航空险，按保险合同所承担的保险费
经营性租赁费	航空公司以经营租赁方式租入的飞机报告期内应向出租人支付的租金
国内（外）机场起降服务费	报告期内航空公司飞机在国内外机场起降，按规定标准或协议支付给机场和空中交通管理部门的各项费用
飞行训练费	航空公司为培养飞行员或保持飞行员技术状态达到规定标准所支付的各项费用，包括学校委培费、招飞费用、熟练飞行费用及改装训练费用等
货物、邮件赔偿费	因航空公司责任造成航班营运中货物或邮件发生破损或丢失，应由航空公司赔偿的费用
其他直接营运费	报告期内直接与运输生产相关、且能直接进入某一特定机型的除上述费用以外的营运费用

间接营运费指航空公司在执行航空运输业务过程中发生的，不能直接计入机型成本，需按照一定标准进行分摊的费用。

任务六　掌握运输成本管理

运输成本是衡量企业经营管理工作质量的一项综合性指标，在很大程度上反映了企业运输经营活动的经济成果。成本管理是企业对生产经营过程中发生的费用和产品成本进行预测与计划、控制与核算、分析与考核工作的总称。其目的是要通过对成本的预测、计划、控制、核算、分析和考核，挖掘企业内部降低成本的潜力，寻找降低成本的途径和方法，以增加企业盈利。尽管各种不同的运输方式在成本核算体制上有区别，但对于成本管理的基本要求是一致的。

一、加强运输成本管理的基础工作

（一）健全原始记录

企业的营运生产活动，都要有正确可靠的原始记录。企业应根据生产管理和成本、费用管理的需要，规定各项原始记录的格式、内容、填制规则、签署和传递程序，审查复核和汇集方法及其管理和保管制度。企业还应建立登记各项原始记录的台账，如运输生产记录、各种运输工具维修作业记录、各类设备利用记录等。

（二）加强定额管理

企业应对各种原材料、燃料、轮胎、配件、电力、航油、航材、高价周转件、工具等建立和健全各项技术经济定额，并应结合技术改进、工艺变动及时修订。对于不能制定定额的各项支出，要定期编制预算，纳入成本、费用计划，实行预算管理。

（三）严格计量和验收制度

企业要配备既符合国家标准又适合企业需要的各种计量工具、仪器及仪表，并经常检验校正，保证其正确无误；物资进库要核实数量、检验质量；交接、出库和消耗都要计量；收发、领退都要具备规定手续，经过有关人员审核、签证，并建立定期和不定期的盘点制度，保证账物完全相符；旧料要按质估价；物资报废要经过鉴定；变质、短缺、毁损要查明原因，责任性事故要追究责任。

（四）不断完善成本及费用信息系统

企业各部门应广泛收集企业营运生产活动中各项与成本、费用有关的统计资料，收集国内外有关的成本、费用资料，并及时记录、整理，建立完整的成本、费用信息系统。同时，企业内部各部门、各单位也应加强联系，及时分享信息以充分发挥成本、费用信息在经营决策中的作用。

二、严格控制成本开支范围

控制成本开支范围，区分营业费用与基建费用的界限及营业开支与营业外支出的界限，监督各项燃料、材料、低值易耗品消耗定额以及劳动定额和各项费用定额的执行，促使企业在营运生产过程的各个环节厉行节约，降低成本。

三、落实成本管理责任

企业要根据全员管理的原则，将成本、费用计划及各支出项目指标归口，分级落实到有关部门。要建立和健全成本管理责任制，使各职能部门、各单位在成本管理中做到分工明确，职责清楚，赏罚分明（详见表5—8）。

（一）企业经理（局长、段长）对成本费用管理应负的职责

（1）贯彻执行国家方针、法令和法规，遵守财经纪律制度。

（2）组织各职能部门和基层单位建立成本、费用管理责任制，按部门、单位分解落实成本、费用指标，实行归口，分级管理。

（3）组织各部门、各单位努力增产节约，提高质量，降低成本费用，完成各自负责的成本、费用计划。

（二）总会计师对成本费用管理应负的职责

（1）宣传国家有关成本、费用管理的方针、法令和法规，严格执行财经制度。

（2）协助经理组织领导本企业的成本、费用管理工作，组织执行成本、费用计划，正确核算成本、费用，并对企业核算成果的真实性负责。

（3）组织审查成本、费用计划和重要的财务开支，定期检查各部门、各单位完成成本、费用计划情况，及时组织有关部门研究解决有关问题。

（4）协调各部门、各单位与财务会计部门在成本、费用管理方面的关系，督促本单位有关部门降低消耗，节约费用，提高经济效益。

（5）参与企业重大经济活动的研究调查，有效地控制成本、费用。

表5—8　企业各职能部门的成本、费用管理职责

部门	职责
财务会计部门	负责制定本企业的成本、费用管理制度；配合其他职能部门制定各项消耗定额、储备定额和计划价格；分解下达有关成本、费用指标；进行综合平衡，编制成本、费用计划；指导和组织成本、费用核算，分析、预测、控制等综合工作；提出降低成本、费用的措施
劳动工资部门	负责制定、控制、考核工时消耗定额和人员定额；编制工资和劳动生产率计划；加强工资的日常管理，做好工时记录，正确计算各种工资和奖金，改善劳动组织，平衡、调剂劳动力，严格劳动纪律；严格执行劳保用品的发放标准和范围；按期提供工资费用核算及分析资料

续前表

部门	职责
计划统计部门	负责对基本建设、固定资产的更新改造项目进行可行性研究，保证投资后收到显着的效益；加强统计工作，广泛搜集统计资料，按时、准确、完整地编制各种统计报表，为进行成本、费用预测，编制成本、费用计划，采取降低成本、费用措施提供各种资料
调度部门	负责编制下达运输设备作业计划，并组织实施；合理安排使用营运设备、劳力，提高营运设备利用率，降低成本、费用；减少货损货差，及时提供有关核算、分析资料
商务和货运部门	负责组织货源，控制业务活动费和揽货所需的其他费用；控制保险费用，调查处理重大运输质量事故，处理货损货差事故的赔偿、理算业务，提供保险合同、保险费率及事故统计分析资料
物资管理部门	制订主要物资消耗定额，控制物资供应数量、供应价格、供应费用并进行考核，推动旧废材料的清退和利用，提供物资供应计划和物资管理的统计分析资料
行政管理部门	编制行政管理费用预算，降低费用支出，加强对管理用固定资产和低值易耗品的实物管理；及时提供有关核算、分析资料
审计部门	负责审计，监督计划、定额的制定和执行情况
机电、工艺、修建和安全部门	分别负责制定、修改、控制、考核各自职责范围内的各项消耗定额、费用定额、储备定额、编制用款计划，努力提高设备完好率、利用率，推广使用新工艺、新工具和新技术，加强金属工具的实物管理，积极采用新工艺，及时提供有关的统计、核算、分析资料

任务七　掌握运输成本分析与控制

任务案例

上海通用：循环取货运输成本降三成

上海通用是一个典型的制造型企业，各种车型零部件总量有 5 400 多种。在国内外拥有 180 家供应商，以及北美和巴西两大进口零部件基地。为了达到既能降低库存又能节约运输成本的目的，上海通用启动了 LLM（Leading Logistics Management）项目。具体的规划分成两个部分。

一、分析供应商地点及货物量优化运输路线

路线对于运输成本会产生重大影响。路线的分析与制定采用了软件建模的方式，把所有国产件供应商地点及货物量经过一定的优化后组合成若干运输路线。

目前上海通用 80%的供应商分布在上海市郊，少数供应商分布在江苏与浙江，这些数据都将进入系统。供应商的交货量对建立网络来说是一个非常重要的参数。有些供应商的交货量非常大，那么这些供应商就适合直接送工厂，而另一些供应商由于供货量比较小，就需要在网络中进行整合。然而有时需要考虑装载量及长车使用效率等问题，那些供货量较大的供应商的货物也需整合到网络中，分几次运输。

二、通过系统优化获得卡车货物最佳装载量

三维卡车货物装载优化，这是在汽车运输中降低运输成本的很技术性的层面，同样也是通过软件来进行设计的。

该系统能以图像方式模拟各种货物在卡车中的装载方式，计算各种货物的最佳装载位置，计算整个车辆在多次装载前后的重量、重心位置等，并能通过系统优化获得非常高的装载量，达到增加单车运量、提高安全系数甚至节省燃油的目的。

此外，由于循环取货是24小时工作制，因此司机与卡车的合理安排是非常重要的，这不仅需要考虑工厂生产对货物到达的需求，还需考虑司机工作的时间安排、人体工程等因素，这对于节约成本同样是至关重要的。

从2003年3月起，上海通用开始全面运行该循环取货方式。上海通用的财务分析显示，通过循环取货，零部件运输成本每年可以节约300万元人民币，下降了30%以上。可以看出，循环取货方式是一个优化的物流系统网络，其特色是多频次、小批量、定时性。通过有效的运输路线规划和物流体系设计，起到了降低运输成本的作用。

问题：

结合所学知识，谈一谈上海通用是如何通过运输的合理化来降低物流成本的。

一、运输成本分析的内容

（一）成本计划完成情况和成本降低任务完成情况的分析重点

（1）实际成本、费用与计划成本、费用及上期成本、费用的差异及原因。

（2）实际降低额、实际降低率与计划降低额、计划降低率的差异及原因。

（3）价格、费率、税率、汇率、利率变化对成本、费用的影响。

（4）消耗定额或费用水平变化对成本费用的影响。

（5）产量和各项技术经济指标变化对成本、费用的影响。

（6）货种构成变化对成本、费用的影响。

（二）单位成本的分析重点

（1）单位成本构成变化及实际单位成本与计划单位成本、上期单位成本比较的差异。

（2）成本各项目增减变动对单位成本的影响。

（3）各项技术经济指标变动对单位成本的影响。

（三）营运支出项目的分析重点

（1）工资。着重分析职工人数、平均工资、劳动生产率变动对工资总额及营运支出升降的影响。

（2）燃料、润料、材料、低值易耗品、备品配件、轮胎、机器设备、工具器具、通信导航器材、燃油、航材、周转件等物资及动力费用。着重分析消耗数量变动，价格变动对营运支出的影响。

（3）折旧费和修理费。着重分析增减变动原因和各项固定资产利用率对营运支出项目的影响。

（4）其他费用。重点分析事故损失、劳动保护费增减变动情况及其原因。

二、运输成本分析的方法

运输成本分析的方法要根据成本分析对象、目的、要求以及掌握的资料来决定，一般采用指标对比法和因素分析法。随着现代成本管理技术的发展，在运输成本分析中作业分析方法已经逐渐受到重视。

（一）指标对比法

指标对比法是通过成本指标在不同时期（或不同情况）的数据进行对比，确定差异的成本分析方法。指标分析法通常有以下 3 种形式。

（1）本期实际完成指标与计划指标比较，以确定计划的完成情况。

（2）本期实际指标与上期（或上年同期或历史先进水平）的实际指标进行对比，以了解企业营运管理的发展变化情况。

（3）本单位的实际指标与其他单位特别是先进单位的同类指标对比，以便发现自己的差距，促使企业赶超国内外先进水平。

（二）因素分析法

因素分析法是确定引起某个经济指标变动的各个因素影响程度的一种分析方法。其具体方法包括如下几个方面。

（1）在计算某一因素对一个经济指标的影响时，假定只有这个因素变动而其他因素保持不变。

（2）根据因素对成本的重要程度确定各个要素的替代顺序，然后按照这一顺序分别替代计算。

（3）把所得结果与该因素替代前的指标相比较，以确定该因素变动所造成的影响。

（三）作业分析法

作业分析法是将企业看成是由顾客需求驱动的系列作业组合而成的作业集合体，将价值链分析法在企业成本管理中加以运用，它主要根据产品消耗作业、作业消耗资源的原理，对企业的每项作业进行分析，通过考察作业变动与顾客价值变动的关系，将作业分为增值作业和非增值作业，并将非增值作业剔除，从而达到降低成本的目的。

三、运输成本控制方法

（一）合理选择运输方式

运输的快速性、准确性、安全性和经济性之间是相互制约的，在选择运输方式时，应综合考虑运输的各种目标要求，采用综合评价法进行量化选择。

1. 确定运输方式的评价因素

运输方式的评价因素有快速性、经济性、安全性和准确性。分别用 S_1、S_2、S_3、S_4 表示，如这些因素在选择时的重要性不同，可加上四个评价权数 a_1、a_2、a_3、a_4，则运输方式的综合评价价值 S 表示为：

$$S=a_1S_1+a_2S_2+a_3S_3+a_4S_4$$

2. 建立运输方式的综合评价公式

如分别用 $S(R)$、$S(T)$、$S(F)$ 表示可供选择的公路、铁路和船舶运输方式。则有：

$$S(R)=a_1S_1(R)+a_2S_2(R)+a_3S_3(R)+a_4S_4(R)$$
$$S(T)=a_1S_1(T)+a_2S_2(T)+a_3S_3(T)+a_4S_4(T)$$
$$S(F)=a_1S_1(F)+a_2S_2(F)+a_3S_3(F)+a_4S_4(F)$$

3. 评价各因素

（1）快速性。

运输方式的快速性由运输时间决定。设三种运输方式的运输时间为 $H(R)$、$H(T)$、$H(F)$，求其平均值：

$$H=[H(R)+H(T)+H(F)]/3$$

然后分别求三种运输方式快速性的相对值：

$$S_1(R)=H(R)/H;S_1(T)=H(T)/H;S_1(F)=H(F)/H$$

（2）用类似的方法求出其他因素的相对值。

1）经济性：$S_2(R)=C(R)/C;S_2(T)=C(T)/C;S_2(F)=C(F)/C$。

2）安全性：$S_3(R)=V(R)/V;S_3(T)=V(T)/V;S_3(F)=V(F)/V$。

3）便利性：$S_4(R)=D(R)/D;S_4(T)=D(T)/D;S_4(F)=D(F)/D$。

4. 综合评价和选择

综合评价时，先结合运送的货物特点，并听取实际工作者的意见，确定出各评价因素的权数大小，再将权数和上步中的各因素的评价值代入第二步建立的各种运输方式综合评价价值公式求解，最后应选取结果最大的运输方式进行运输。

（二）合理确定拥有车辆的数量

车辆的拥有数量要根据发货量的多少来安排，当拥有台数过少、发货量多时，难免出现车辆不足的现象，要从别处租车；相反，拥有台数过多、发货量少时就会出现车辆闲置的现象，造成浪费。要在综合考虑自备用车费用、自备用车闲置费用和租车费用等因素。

（三）优化仓库布局

从运输成本控制的角度看，成本的降低是由于使用了仓库以达到最大的集运而取得的。通过优化仓库布局即优化仓库网络可达到运输成本最小化。

保证仓库合理化的基本经济原则是集运。一个制造商通常在广泛的地理市场区域中卖出产品，如果客户的订货是少量的，那么集运的潜力可以使建立一个仓库在经济上是合理的。

（四）开展集运方式

运输成本控制的一个焦点是保留与大批量运输联系在一起的运输经济性。装运量越大，每吨千米的费率就越低。从运作的角度看，有三种可以取得有效货物集运的方法。

（1）自发集运。即将一个市场区域中到达不同客户的小批量运输结合起来，在运输时只是修正而不是间断自然的货物流动。当然，在整个市场上被装运到客户的数量是集运的基础。

（2）计划预定输送。计划预定输送是在每周有选择的日子里将有限的货物输送到特定市场。预定输送计划通常以强调集运互利的方式与客户沟通。如，航运公司向客户做出承诺，对所有在特定截止期前收到的订单都可保证在预定之日送货。

（3）共同输送。参加共同输送计划通常意味着一个货运代理、公共仓储或运输公司为在相同市场中的多个货主安排集运。提供共同输送的公司通常具有大批量送货到目的地的长期送货约定。在这种安排下，集运公司通常为满足客户的需要而提供高附加值的服务，如分类、排序、进口货物的单据处理。

（五）推行直运策略

当货物在当地存货的费用高于直接运送的成本时，应考虑直接运送。当然，企业在决定是否采取直运策略时，必须考虑该产品的特性（如单价、易腐性、季节性等）、所需运送的路程与成本、顾客订货多少与重量、地理位置与方向等因素。

（六）优化运输路线

在实际工作中，常常存在着不合理的运输现象，如对流运输、迂回运输、重复运输、过远运输及无效运输等，造成了运力的浪费，增加了不必要的运输成本。而优化运输路线可以减少不合理运输，降低运输成本。通常优化运输路线的方法有线性规划法、图表分析作业法、表上作业法、节约里程法等。

线性规划法是在运价已知、路程已知的条件下，对 M 个商品生产地和 N 个商品销售地的商品运输建立数学模型，以使满足条件的总运费最小；图表分析作业法是先在图上标注出货物运出地、运入地、调运量及两地距离，然后根据就近供应原则，在图上制订商品调运方案，并不断判优、调整，使运输总路程最短，最后将结果填入商品调运平衡表；表上作业法是已知各地单位运价和各产销地供需量，在表上求解使总运费最低的调运方案。初始调运方案可根据最小费用（运价）法编制，然后进行判优、调整，直到找到总运费最低的方案；节约里程法根据巡回送货总路程小于为每个客户单独送货总路程的原理进行。首先计算各目的地相互间的最短距离，接着计算各目的地的节约里程，并按节约里程大小排序，进而组合成配送路线，然后进行调整得出最优调运方案。

思考与练习

1. 公路运输成本核算项目包括哪些？
2. 结合一家具体的公路运输企业的具体运作过程，简述公路运输成本核算的过程。
3. 铁路运输成本核算包括哪些项目？
4. 结合一个具体的铁路运输例子，试着进行铁路运输成本的核算。
5. 简述海洋运输成本核算的要点。

6. 内河运输成本核算的内容包括哪些?
7. 运输成本分析的内容包括哪些?
8. 运输成本分析的方法有哪些?
9. 运输成本控制的方法有哪些?

项目技能训练

实地调研当地的一家运输企业，分析一下该公司是如何进行运输成本核算与管理的，看看其实际运作中是否存在不合理的地方。如果有，请结合所学知识，谈一谈如何改进该公司的运输成本管理核算。

项目六　配送成本管理

项目说明

物流是企业的“第三利润源”，处于物流末端的配送是直接面对服务对象的，具有提高物流经济效益、优化和完善物流系统、改善服务、降低成本的功能，在物流系统中占有重要地位。随着经济的发展和市场的变化，配送的内涵也在不断发生变化。为此，必须首先了解配送及配送成本。

1. 配送的含义

配送是物流运动中“配”和“送”两项活动的有机结合。所谓“配”是指物品的分拣和配送等活动；所谓“送”则是指各种送货方式和送货行为。从资源配置的角度出发，配送是以现代形式实现资源配置的经济活动；从实物运动形态的角度出发，配送是按客户订货要求，在配送中心或物流站点进行物品配备，并以最合理的方式送交用户的经济活动。

根据我国 2001 年发布的《物流术语》国家标准（GB/T18354—2001）的定义，配送是指在经济合理范围内，根据客户要求，对物品进行拣选、加工、包装、分割、组配等作业，并按时送达指定地点的物流活动。配送是物流系统中一种特殊的、综合的活动形式，是物流和商流的紧密结合。

2. 配送成本的含义

配送成本是指在配送活动的备货、储存、分拣、配装、送货及配送加工等环节所发生的各项费用的总和，是配送过程中所消耗的各种活劳动和物化劳动的货币表现。配送过程中发生的费用，如人工费用、作业消耗、物品损耗、利息支出、管理费用等，按一定对象进行汇集就构成了配送成本。

配送成本的高低直接关系到配送中心的利润，进而影响到企业的利润。因此，如何以最少的配送成本“在适当的时间将适当的物品送到适当的地方”，是摆在企业面前的一个重要问题，对配送成本进行管理控制就显得非常重要。

项目目标

- √ 了解有关配送的基本概念、特点；
- √ 理解配送成本的内容构成；
- √ 掌握配送成本的技术、分析和控制。

任务一 了解配送成本管理

一、配送成本的特点

配送成本和企业其他的物流成本相比，在实践中具有如下特点。

（一）配送成本具有隐蔽性，财务会计分解难度大

由于企业现在没有单独设置“配送费用”会计科目来专门核算企业对内对外发生的配送费用，所以通常的财务会计不能完全掌握配送成本。企业只是把对外支付的配送费用记录在“营业费用”“管理费用”等会计科目中，财务会计只是反映了全部配送成本的一部分，很大一部分配送费用都隐藏在其他会计科目中。例如，与配送有关的利息计入“财务费用”科目，配送发生的人工费用计入“营业费用”或“管理费用”科目。由于对配送费用甚至整个物流费用尚没有制度规范，如果要分解这些隐藏的费用，在操作上存在很大的难度，操作成本也较高，成本不明晰，考核配送中心或站点的绩效也不容易。

（二）配送成本对于提高企业效益的潜力巨大

随着企业间竞争日益激烈，传统竞争方式如提高销售额、降低成本、提高产品科技含量等对提高企业经济效益的作用已经变得不明显。物流作为企业的“第三利润源”，降低物流成本尤其是作为物流终端的配送成本，对于提高企业效益起着不可估量的作用。例如，某企业的销售利润率为2%，销售额为2 000元，配送成本为100元。如果配送成本降低10元，企业利润可增加10元。而如果依靠提高销售额来增加10元的利润，销售额要提高500元。也就是说，降低10%的配送成本对提高企业效益的作用相当于销售额增加40%。由此可见，加强配送成本管理对提高企业效益具有巨大的潜力。

（三）配送成本与其他物流系统成本存在“效益背反”关系

“效益背反”是指同一资源的两个方面处于相互矛盾的关系之中，要达到一方面的目的必然要损失另一方面的利益，要追求一方，必然要以牺牲另一方为代价。这种“效益背反”关系在物流系统各功能要素中普遍存在，尤其是配送成本和仓储、运输、装卸、包装等其他物流系统成本。例如，如果企业为了降低保管费用，减少仓库数量和每个仓库的库存量，将引起库存补充频繁，运输次数增加，仓库减少也会导致配送距离变长，运输费用进一步增大。这个例子中，保管费和运输费之间就是“效益背反”关系。企业在进行配送成本管理时，必须把相关成本拿到同一场所用“总成本”来衡量，即配送成本的降低额必须超过另一个物流系统要素的成本增加额，从而使得物流总成本降低。

二、配送成本的构成

为了有效地计算和控制、分析配送成本，必须先了解配送成本的构成。从不同角度来

分析，配送成本的构成项目也不同。

（一）从支付形态角度分析

从支付形态角度分析，配送成本由材料费、人工费、公益费、维护费、一般经费、特别经费、对外委托费、其他费用等项目构成（见表 6—1）。

表 6—1　　从支付形态角度分类

内容	定义
材料费	指因物料消耗而发生的费用，由物资材料费、燃料费、消耗性工具费、低值易耗品摊销及其他物料消耗费构成
人工费	指因劳动力的消耗而发生的费用，包括工资、奖金、补贴、津贴、福利费、劳保费、职工教育培训费以及其他一切用于职工的费用
公益费	指向电力、煤气、自来水、绿化、热力等公益服务部门支付的费用
维护费	指土地、房屋建筑物、机器设备、车船、搬运工具等固定资产的使用、运转和维修保养所发生的费用。包括维修保养费、折旧费、租赁费、保险费，还包括这些固定资产每年缴纳的房产税、车船使用税、城镇土地使用税等税金
一般经费	指差旅费、交通费、资料费、零星购进费、邮电费、城市维护建设税、教育费附加等，还包括商品损耗费、事故处理费及其他杂费等一般项目支出
特别经费	指采用不同于财务会计的计算方法计算出来的配送费用，包括企业内利息和按实际使用年限计算的折旧费等项目
对外委托费	指企业对外支付的包装费、运费、保管费、装卸费、手续费等
其他费用	在配送成本中还应包括向其他企业支付的费用和其他企业自己负担的配送费用。比如商品购进采用送货制时包含在购买价格中的运费和商品销售采用提货制时因顾客自己取货而从销售价格中扣除的运费，在这些情况下，虽然实际上本企业内并未发生配送活动，但这些属于机会成本，也应把其作为配送成本计算在内

（二）按配送活动环节分析

由于配送活动是各个配送环节的组成，所以配送成本费用的计算由组成配送活动的配送运输环节成本、分拣环节成本、配装环节成本和流通加工环节成本构成。各个环节成本又有其具体的成本构成项目。

1. 配送运输成本项目及内容

（1）配送运输成本是指配送车辆和人员在完成配送货物过程中发生的各种直接费用和间接费用。

（2）配送直接费用主要包括配送人员的工资、福利费；配送车辆运行所耗用的燃料、轮胎费；配送车辆提取的折旧费、日常修理和大修费用、清洗费；配送车辆向公路管理部门缴纳的营运车辆养路费、向运输管理部门缴纳的营运车辆管理费、向税务部门缴纳的车船使用税；配送车辆行车事故损失；其他项目如行车杂支、随车工具费、防滑链条费、司机和助手劳动保护用品费、冬季预热费等。

（3）配送间接费用是指配送运输管理部门为管理和组织配送运输生产所发生的各种管理费用和业务费用，包括配送运输管理部门管理人员的工资及福利费；配送运输部门为组织运输生产活动所发生的管理费用及业务费用，如办公费、差旅费、保险费、水电费、取暖费等；配送运输管理部门使用的固定资产的折旧费、修理费；直接用于配送运输生产活动，构成营运成本但不能直接计入成本项目的其他费用。

一般企业的配送运输成本要占配送总成本的60%以上，企业应对此重点管理。

2. 配送分拣成本项目及内容

（1）配送分拣成本是指分拣机械和人员在完成货物分拣过程中所发生的各种费用，由分拣直接费用和间接费用构成。

（2）分拣直接费用由分拣作业人员的工资、福利费和分拣机械的维修、折旧费等构成。

（3）分拣间接费用是指分拣管理部门为管理和组织分拣生产而发生的各项管理费用和业务费用。

3. 配送配装成本项目及内容

（1）配装成本是指在完成配装货物过程中所发生的各种费用，由直接费用和间接费用两部分构成。

（2）配装直接费用由配装作业人员的工资、福利费，配装过程中消耗的各种直接材料费用，如纸、箱、桶等的成本，各种辅助材料费用，如标志、标签等成本及其他费用构成。

（3）配装间接费用指配装管理部门为管理和组织配装生产所发生的各项管理费用和业务费用等。

4. 配送流通加工成本项目及内容

（1）配送流通加工环节和一般生产过程比较类似，其成本项目由直接材料费用、直接人工费用和制造费用构成。

（2）直接材料费用是指流通加工产品加工过程中发生的直接消耗材料、辅助材料、包装材料以及燃料和动力等费用，这部分费用占流通加工成本的比重不大。

（3）直接人工费用是指直接进行加工生产的生产工人的工资和福利费等。

（4）制造费用指流通加工中心为组织和管理生产加工所发生的各项间接费用，主要包括流通加工中心管理人员的工资、福利费，流通加工中心房屋、建筑物、机器设备等固定资产的折旧费和修理费，固定资产租赁费、物料消耗、低值易耗品摊销、取暖费、水电费、办公费、差旅费、保险费、实验检验费、季节性停工和机器设备修理期间的停工损失以及其他制造费用。

实际核算配送成本时，往往先按照各个配送环节进行计算，各个配送环节内部计算成本时，再按照成本支付形态进行计算。

（三）按配送功能分类

按功能分类即为通过观察配送费用是由配送的哪种功能产生的所进行的分类。按前面所述的支付形态进行配送成本分析，虽然可以得出总额，但还不能充分说明配送的重要性。若想降低配送费用，就应把这个总额按照其实现的功能进行详细区分，以便掌握配送的实际状态，了解在哪个功能环节上有浪费，达到有针对性的成本控制。按照配送功能进行分类，配送成本大体可分为物品流通费、信息流通费和配送管理费三大类。

1. 物品流通费

物品流通费指为了完成配送过程中商品、物资的物理性流动而发生的费用，可进一步细分（见表 6—2）。

表 6—2　　物品流通费用

内容	定义
备货费	指进行备货工作时需要的费用，包括筹集货源、订货、集货、进货以及进行有关部门的质量检验、结算、交接等发生的费用
保管费	指一定时期内因保管商品而需要的费用，除了包租或委托储存的仓储费外，还包括企业在自有仓库储存时的保管费
分拣及配货费	指在分拣、配货作业中发生的人力、物力的消耗
装卸费	指伴随商品包装、运输、保管、运到之后的移动而发生的商品在一定程度上、范围内进行水平或垂直移动所需要的费用。在企业内，一般都未单独计算过装卸费，而是根据其发生的时间将其计入相关的运杂费、保管费、进货费中。如果在实务中分离很困难，也可将装卸费分别计算在相应的费用中
短途运输费	指把商品从配送中心转移到顾客指定的送货地点所需要的运输费用，除了委托运输费外，还包括由本企业的自有运输工具进行送货的费用，但要将伴随运输的装卸费用除外
配送加工费	指根据用户要求进行加工而发生的费用

2. 信息流通费

信息流通费指因处理、传输有关配送信息而发生的费用，包括与储存管理、订货处理、顾客服务有关的费用。在企业内处理、传输的信息中，要把与配送有关的信息与其他信息的处理、传输区分开来往往极为困难，但是这种区分在核算配送成本时却是十分必要的。

3. 配送管理费

配送管理费指进行配送计划、调整、控制所需要的费用，包括作业现场的管理费和企业有关管理部门的管理费。

(四) 按适用对象分类

按不同的功能来计算配送成本可实现对配送成本的控制，但作为管理者还希望能分别掌握对不同的产品、地区、顾客产生的配送成本，以便进行未来发展的决策，这就需要按适用对象来计算配送成本。通过按不同对象归集配送成本可以分析出产生不同配送成本的具体对象，进而帮助企业确定不同的销售策略。

1. 按支店或营业所计算配送成本

按支店或营业所计算配送成本就是要算出各营业单位配送成本与销售金额或毛收入的比率，用来了解各营业单位配送中存在的问题，以便加强管理。

2. 按顾客计算配送成本

按顾客计算配送成本可分为按标准单价计算和按实际单价计算两种计算方式。按顾客计算配送成本可以用来作为确定目标顾客、确定服务水平等营销战略的参考。

3. 按商品计算配送成本

把按功能计算出来的成本以各自不同的基准分配给各类商品，以此计算配送成本。这种方法可用来分析各类商品的盈亏，进而为确定企业的产品策略提供参考。在实际应用中，要考虑进货和出货差额的毛收入与商品周转率之间的交叉比率。

任务二 掌握配送成本核算

我国现在对于物流成本以及配送成本的核算均没有统一的标准。参照日本《物流成本统一计算标准》，在计算物流成本时要注意把握住一个基本原则，就是从“按支付形态”入手来计算物流费用。同样，在计算配送成本时也应该从“按支付形态”入手开始进行。企业配送成本核算可按如下程序进行。

一、归集、提取并分配不同支付形态的配送成本

按支付形态来计算配送成本，必须首先从企业会计核算的全部相关科目中抽出所包含的配送成本。诸如运输费、保管费等向企业外部支付的费用，可以全部看做配送成本，把各个支付形态的成本归集到一起。而企业内部的配送费用的计算必须从有关项目中进行提取，这是配送成本核算时比较关键的一个环节，因为提取正确与否关系到计算出来的配送成本的正确性。然后再把各个支付形态的配送成本按一定标准在各个营业所或各顾客、各种商品间分配。

（一）材料费

材料费可以根据进出库记录提取出某一时期用于配送活动中的消耗量，再乘以材料的购进单价而得出。但是这样计算需要出入库账目以物流为主进行记录。当难以通过材料实际支出单据进行统计时，可以采用盘存计算法，即：

本期消耗量＝期初结余＋本期购进－期末结余

材料的购进单价应包括材料的购买费、进货运费、装卸费、保险费、关税、购进杂费等。

（二）人工费

人工费是根据发给配送人员的工资、补贴、奖金等开支或按整个企业职工的平均工资额等费用情况来进行计算的。职工劳保费、按工资总额的14%提取的职工福利费以及按工资总额的1.5%提取的职工教育经费等都需要从企业这些费用项目的总额中把用于配送人员的费用部分抽取出来。当实际费用很难抽取出来进行计算时，也可将这些费用的总额按从事配送活动的职工人数比例分摊到配送成本中。

（三）公益费

公益费包括电费、煤气费、水费、暖气费、绿化费等开支。如果企业想严格计算配送成本，应该为每一个配送设施都安装上计数表，这样计算出来的配送成本才准确可靠。但是，现在一般企业不具备这项条件。作为一种简易方法，也可以从整个企业的上述项目开

支中，按配送设施价值或面积占企业设施总价值或总面积的比例或配送人员占总人数的比例计算得出。

（四）维护费

维护费包括固定资产的使用、运转和维护保养所产生的维修保养费、房产税、土地使用税、车船使用税、租赁费、保险费、按固定资产使用年限提取的折旧费等。维护费应根据本期实际发生额计算，对于经过多个期间统一支付的费用（如租赁费、保险费等），可按期间分摊计入本期相应的费用中。对于配送活动发生的维护费，先提取出能直接掌握的部分，不能直接掌握的部分，可以按配送建筑物面积占企业总面积或配送设备价值占企业设备总价值的比例进行分摊。

（五）一般经费

一般经费相当于财务会计中的一般管理费用。其中，对于差旅费、书报资料费等人员和使用目的明确的费用，属于配送活动发生的，可以直接计入配送成本。不能直接确定的部分，可以按照人员或设备比例进行分摊。

（六）特别经费

特别经费包括按实际使用年限计算的折旧费和企业内利息等。企业内利息实际上是配送活动所占用的全部资金的资金成本。因为这部分资金成本不是以银行利率而是以企业内部利率计算，所以称为企业内部利息。这种企业内利息仅仅是以管理会计中资金成本的形式加到成本中，实质上是对配送活动占用资金的一种以整个企业内部平均利息率来计算的资金成本，它与实际支付的利息不同，实质上它应该看做是一种机会成本。

企业内利息的计算，对配送中使用的固定资产以固定资产的评估价乘以企业内利息率，对存货以账面价值乘以企业内利息率。

固定资产一般要求按照经济使用年限计提折旧，提取的折旧费属于一般经费这一支付形态。对于按照实际使用年限计提折旧的固定资产，其折旧额属于特别经费。

（七）对外委托费

对外委托费根据本期实际发生额进行计算。除此以外的间接委托的费用按一定标准分摊到各功能的费用中。

（八）其他企业支付的费用

其他企业支付的费用虽然不作为本企业费用支付，但对购进商品实际上已经将运费、装卸费包含在进货价格中，如果企业自己到商品产地购进，这部分费用是要由本企业支付的。对销售的商品，买方提货所支付的费用相当于扣减了销售价格，如果销售的商品采用送货制，这部分费用也要由本企业支付。因此，其他企业支付的配送费用实际上是为了弥补应由本企业负担的配送费用而计入配送成本的。该费用的计算以本期发生购进时其他企业支付和发生销售时其他企业支付配送运费的物品重量或件数为基础，乘以费用估价。如果本企业也承担与此相应的配送费用，可用本企业相应的配送费用来代替。

二、填写配送成本计算表

根据计算配送成本的需要，将第一步收集、计算的数据填入配送成本计算表（见表6—4）。

表 6—4　　按范围、形态归类的配送成本计算表

<table>
<tr><th colspan="5" rowspan="2">功能
支付形态</th><th colspan="6">物品流通费</th><th rowspan="2">信息流通费</th><th rowspan="2">配送管理费</th><th rowspan="2">合计</th></tr>
<tr><th>备货费</th><th>保管费</th><th>分拣及配货费</th><th>装卸费</th><th>短途运输费</th><th>配送加工费</th></tr>
<tr><td rowspan="28">企业配送成本</td><td rowspan="26">本企业支付配送费</td><td rowspan="24">企业本身配送费</td><td rowspan="5">材料费</td><td>材料费</td><td></td><td></td><td></td><td></td><td></td><td></td><td></td><td></td><td></td></tr>
<tr><td>燃料费</td><td></td><td></td><td></td><td></td><td></td><td></td><td></td><td></td><td></td></tr>
<tr><td>低值易耗品费</td><td></td><td></td><td></td><td></td><td></td><td></td><td></td><td></td><td></td></tr>
<tr><td>其他</td><td></td><td></td><td></td><td></td><td></td><td></td><td></td><td></td><td></td></tr>
<tr><td>合计</td><td></td><td></td><td></td><td></td><td></td><td></td><td></td><td></td><td></td></tr>
<tr><td rowspan="4">人工费</td><td>工资、津贴、补贴</td><td></td><td></td><td></td><td></td><td></td><td></td><td></td><td></td><td></td></tr>
<tr><td>劳保、福利、教育经费</td><td></td><td></td><td></td><td></td><td></td><td></td><td></td><td></td><td></td></tr>
<tr><td>其他</td><td></td><td></td><td></td><td></td><td></td><td></td><td></td><td></td><td></td></tr>
<tr><td>合计</td><td></td><td></td><td></td><td></td><td></td><td></td><td></td><td></td><td></td></tr>
<tr><td rowspan="5">公益费</td><td>水、电费</td><td></td><td></td><td></td><td></td><td></td><td></td><td></td><td></td><td></td></tr>
<tr><td>煤气费</td><td></td><td></td><td></td><td></td><td></td><td></td><td></td><td></td><td></td></tr>
<tr><td>绿化费</td><td></td><td></td><td></td><td></td><td></td><td></td><td></td><td></td><td></td></tr>
<tr><td>暖气费及其他</td><td></td><td></td><td></td><td></td><td></td><td></td><td></td><td></td><td></td></tr>
<tr><td>合计</td><td></td><td></td><td></td><td></td><td></td><td></td><td></td><td></td><td></td></tr>
<tr><td rowspan="5">维护费</td><td>维修费</td><td></td><td></td><td></td><td></td><td></td><td></td><td></td><td></td><td></td></tr>
<tr><td>消耗性材料费</td><td></td><td></td><td></td><td></td><td></td><td></td><td></td><td></td><td></td></tr>
<tr><td>税金</td><td></td><td></td><td></td><td></td><td></td><td></td><td></td><td></td><td></td></tr>
<tr><td>租赁费、保险费及其他</td><td></td><td></td><td></td><td></td><td></td><td></td><td></td><td></td><td></td></tr>
<tr><td>合计</td><td></td><td></td><td></td><td></td><td></td><td></td><td></td><td></td><td></td></tr>
<tr><td colspan="2">一般经费</td><td></td><td></td><td></td><td></td><td></td><td></td><td></td><td></td><td></td></tr>
<tr><td rowspan="3">特别经费</td><td>折旧费</td><td></td><td></td><td></td><td></td><td></td><td></td><td></td><td></td><td></td></tr>
<tr><td>企业内利息</td><td></td><td></td><td></td><td></td><td></td><td></td><td></td><td></td><td></td></tr>
<tr><td>合计</td><td></td><td></td><td></td><td></td><td></td><td></td><td></td><td></td><td></td></tr>
<tr><td colspan="2">企业本身配送费合计</td><td></td><td></td><td></td><td></td><td></td><td></td><td></td><td></td><td></td></tr>
<tr><td colspan="3">对外委托费</td><td></td><td></td><td></td><td></td><td></td><td></td><td></td><td></td><td></td></tr>
<tr><td colspan="3">本企业支付配送费</td><td></td><td></td><td></td><td></td><td></td><td></td><td></td><td></td><td></td></tr>
<tr><td colspan="4">外企业支付配送费</td><td></td><td></td><td></td><td></td><td></td><td></td><td></td><td></td><td></td></tr>
<tr><td colspan="4">企业配送费总计</td><td></td><td></td><td></td><td></td><td></td><td></td><td></td><td></td><td></td></tr>
</table>

如果想了解按功能、支付形态分类的配送成本的支出情况，可以把上表右端合计栏中的数字转入表 6—5，从表 6—5 中，可以简单地看出配送活动的哪种功能成本最高、费用都发生在哪些配送环节。

表 6—5　　　　按功能、形态归类的配送成本计算表

支付形态 \ 功能					物品流通费						信息流通费	配送管理费	合计
					备货费	保管费	分拣及配货费	装卸费	短途运输费	配送加工费			
企业配送成本	本企业支付配送费	企业本身配送费	材料费	材料费									
				燃料费									
				低值易耗品费									
				其他									
				合计									
			人工费	工资、津贴、补贴									
				劳保、福利、教育经费									
				其他									
				合计									
			公益费	水、电费									
				煤气费									
				绿化费									
				暖气费及其他									
				合计									
			维护费	维修费									
				消耗性材料费									
				税金									
				租赁费、保险费及其他									
				合计									
			一般经费										
			特别经费	折旧费									
				企业内利息									
				合计									
		企业本身配送费合计											
	对外委托费												
	本企业支付配送费												
外企业支付配送费													
企业配送费总计													

如果想求出按范围、功能分类的配送成本，可以把表 6—5 最下端的数字转入表 6—6 中（见表 6—6）。这样，可以了解哪个范围、哪个功能的配送成本最高，并且还能算出销售额与配送成本的比例以及根据销售数量算出的单位配送成本。

表 6—6　　　　按功能、范围归类的配送成本计算表

范围 \ 功能	物品流通费						信息流通费	配送管理费	合计
	备货费	保管费	分拣及配货费	装卸费	短途运输费	配送加工费			
营业所									

续前表

功能 范围	物品流通费						信息流通费	配送管理费	合计
	备货费	保管费	分拣及配货费	装卸费	短途运输费	配送加工费			
顾客									
商品									
占销售额成本比重									
占销售金额比重									

计算配送成本时要注意，每进行一次配送成本计算，都要明确计算范围，以使结果具有可比性。明确计算范围的方法，就是直接利用上述计算表格。因为这些表能够计算出配送成本的总额。当实际计算过程只计算部分成本时，同样可以利用这些计算表，只需将非计算对象在成本栏中空出。这样，就能通过把本年度的计算结果与上一年度相比较，看出计算范围上的差别。

此外，由于配送成本计算的范围明确了，在与其他企业进行比较或进行时间序列分析时，也可消除因计算范围不同所引起的成本计算结果上的差别。

任务三　掌握配送成本分析

配送成本核算出来以后，配送中心必须及时进行分析，找出影响配送成本的关键因素，尤其是导致成本上升的不利因素，只有经过分析才能确知配送需要改善的方面，然后由相关部门采取相应措施加以优化控制。

配送成本分析可以从配送具体成本和配送总成本两个角度来进行。

一、配送具体成本分析

(一) 配送成本指标分析

为了考核配送各作业环节成本费用的合理状况，可以通过配送成本核算时计算出来的成本数据进行分析。把具有关联性的成本指标进行对比分析，比如，把本期成本数据和标准成本、上一年同期数据或历史最好水平进行对比，在对比过程中，不但要分析总成本的变化情况，还要注意分析构成总成本的各个项目的变化，找出导致成本变化的关键因素，然后有针对性地实施重点控制，加强成本管理，降低成本费用，提高企业经济效益。

在分析过程中，在条件许可的情况下，应从多个角度进行分析。分析不同形态的配送成本占总成本比重的变化情况、不同功能的配送成本占总成本比重的变化情况、不同商品所发生的配送成本的变化情况、不同营业所的配送成本变化情况等。

1. 单位配送成本率

单位配送成本率＝配送成本÷企业总成本×100％

单位配送成本率用来评价配送成本占企业总成本的比例。在用该指标进行分析时，应把配送部门作为一个成本中心来考核。实际执行时，一般把该指标作为考核企业内部配送合理化或检查企业是否达到合理化目标的指标来使用。该指标越大，说明配送成本在企业总支出的比例越大，应分析原因，找出改进的方法。

2. 物流配送职能成本率

物流配送职能成本率＝配送成本÷物流总成本×100％

物流配送职能成本率用来分析配送成本占企业物流总成本的比例。通过把该指标和企业其他物流职能成本率进行比较，可以看出企业物流配送职能发挥的好坏程度。

3. 配送成本率

配送成本率＝配送成本÷销售额×100％

配送成本率用来分析每单位销售额需要支出的配送成本。该指标越高则其对价格的弹性越低，说明企业单位销售额需要支出的配送费用越高。从企业历年的资料中，大体可以了解其动向，另外，通过与同行业和行业外进行比较，可以进一步了解企业的配送成本水平。

4. 单位营业费用配送成本率

单位营业费用配送成本率＝配送成本÷（营业费用＋一般管理费用）×100％

单位营业费用配送成本率用来分析配送成本占营业费用的比例。通过配送成本占营业费用的比例，可以判断企业配送成本的大小，而且这个成本率不受进货成本变动的影响，得出的数值比较稳定，适合于作为企业配送合理化的评价指标。

5. 配送成本利润率

配送成本利润率＝利润总额÷配送成本×100％

配送成本利润率用来分析一定时期销售一定数量产品所发生的配送成本与获得的利润总额的比例，表明在配送活动中，耗费一定量的资金所获得的经济效益的能力。如果企业配送效率高，市场竞争力强，产品成本水平低，则赢利能力增强，该指标也相应提高。通过不同时期或与计划指标的比较，可以说明企业资金耗费经济效益的状况。

6. 配送效用增长率

配送效用增长率＝配送成本本年比上年增长率÷销售额本年比上年增长率×100％

配送效用增长率用来说明企业配送成本与销售额之间的变化关系。该指标合理值应该为1，如果企业该指标大于1，说明配送成本增加的速度超过了销售额的增加速度，应引起企业的重视。

（二）配送成本汇总表分析

由于配送成本是由多环节的成本组成的，因此，对配送成本的分析也应当按照各环节成本进行分项分析，通过分析能够真正揭示配送费用预算和成本计划的完成情况，查明影响计划或预算完成的各种因素变化的程度，寻求降低成本、节约配送费用的方法。

配送成本汇总表是反映配送环节在一定时期（年、季、月）的成本构成、成本水平和成本计划执行情况的综合性指标报表。利用配送成本汇总表，可以分析、考核各项计划执行情况和各种消耗定额完成情况，研究降低成本的途径，从而不断改善经营管理，提高配送赢利水平。

下面以配送过程中的分拣环节成本为例进行分析。

(1) 配送分拣成本汇总表的内容与编制。配送分拣成本汇总表是总括反映配送部门在月份、季度、年度内配送分拣成本的构成、水平和成本计划执行结果的报表（见表6—7）。配送分拣成本计算表是月报表，表内列有各成本项目的计划数、本月实际数和本年累计实际数。计划数只在12月填列，实际数根据“配送支出”月终余额填列，分拣量根据统计部门提供的资料填列，成本降低额和成本降低率的计算公式为：

配送分拣成本降低额＝配送分拣上年实际单位成本×本年分拣实际数量－本年分拣实际成本

配送分拣成本降低率＝成本降低额÷配送分拣上年实际单位成本×本年分拣实际数量

表6—7　配送分拣成本汇总表

项目	计划数	本期实际数	本年累计实际数
一、分拣费用	5 140 600		5 144 188
1. 工资	288 700		288 215
2. 职工福利基金	60 700		62 936
3. 材料	1 691 900		1 759 126
4. 修理费	1 366 600		1 339 017
5. 折旧费	1 245 700		1 216 934
6. 其他	487 000		477 960
二、分拣管理费用	967 000		933 254
三、配送分拣总成本	6 184 100		6 072 442
四、分拣量	43 452 625		43 395 134
五、单位成本	0.142 3		0.139 9
六、成本降低额	65 601		167 778
七、成本降低率（%）	1.05		2.69

已知该企业上一年配送分拣单位成本为0.143 8，除此以外，表中还要列出一些“补充资料”，包括上年配送分拣总成本、上年周转量以及配送总行程等项目，以供进行成本分析之用。

(2) 配送分拣成本汇总表的分析。配送分拣成本汇总表的一般分析，主要是根据表中所列数值，采用比较分析法，计算比较本年计划、本年实际与上年实际成本升降情况，结合有关统计、业务、会计核算资料和其他调查研究资料，查明成本水平变动原因，提出进一步降低物流配送成本的意见。

解：现以表中所示数值为例进行分析：

配送分拣成本降低额＝0.143 8×43 395 134－6 072 442＝167 778（元）

配送分拣成本降低率＝167 778÷（0.143 8×43 395 134）＝2.69%

本年度计划配送成本要求比上年实际降低1.05%，成本降低额65 601元。实际成本降低167 778元，成本降低率2.69%，成本降低额大大超过计划要求，主要原因是配送单位成本的降低，分拣成本和分拣管理费用实际比计划都有一定程度的降低，当然企业还可以根据具体的降低数量进一步分析具体原因。

配送分拣成本的这种一般分析，只能了解成本水平升降的大概情况，为了进一步揭示成本变动的具体原因，需要从以下几个方面作比较深入的分析。

第一，各种材料用量、材料价格和一些费用比率（如折旧率、大修理基金提存率等）变动对成本水平的影响。

第二，各项消耗定额和费用开支标准变动对成本水平的影响。

第三，配送分拣数量及设备运用效率高低对成本水平的影响。

二、配送总成本分析

配送中心的物流管理强调综合物流，其中基本的就是以总成本的观点来考察物流绩效。这样做的好处在于，在以单个物流活动为基础进行的成本——效益分析时认为是不合理的物流决策，从总成本的角度分析却是可行的。例如，在使用航空运输时，运输成本很高，但是使用航空发送可以加快运输速度，从而减少仓库和库存费用，这样高运输成本的航空运输将会由于较低的总成本而被视为是合理的。这个例子揭示了配送活动各功能成本的互换性，即存在“效益背反”定律。它也说明了通过精心策划配送中心的物流活动，虽然某些具体的配送功能可能因此而增加成本，但可以降低总成本。所以在判断一项决策的可行性时，要从物流总成本角度考虑。

（一）配送活动各环节之间存在“效益背反”关系

配送活动的各个环节，在大多数场合下都处于“效益背反”状态，所以在对配送活动进行成本管理时必须把相关成本拿到同一场所用“总成本”来评价其损益，从而实现整体配送活动的合理化。比如，减少仓库数量以及各仓库的库存量，库存保管费将降低，但同时也会导致配送距离变长，运输费用增大。这个方案是否可行取决于总成本的变化。如果运输费的增加超过保管费的降低部分，总成本增加，方案不可行；如果运输费的增加未超过保管费的降低部分，总成本降低，这个方案就可行。

（二）配送成本和配送服务之间存在“效益背反”关系

以前，人们认为只有降低配送成本才能增加企业效益，现在，人们发现配送还可以作为一种战略工具，为企业带来竞争优势，所以不能简单地降低配送费用，而要考虑配送成本与服务之间的关系。甚至在有些情况下，为了更好地占领市场，还要加大配送投入。

一般而言，提高配送服务，配送成本就会上升，成本与服务之间受“收益递减法则”的支配，当配送服务处于较低水平时，增加成本，配送服务就会有明显的改善。但是当配送服务处于较高水平时，增加成本，配送服务改善就不明显。所以当企业已经拥有高水平的配送服务时，由于配送服务水平不能按成本增加比例相应地提高，企业如果要超过处于竞争状态的其他企业，维持更高水平的配送服务，就需要有更多的投入。

一般情况下，配送服务和成本之间的关系有以下四种。

(1) 配送服务不变，降低配送成本。不改变配送服务水平，通过优化配送系统来降低配送成本。这是一种尽量降低成本来维持一定服务水平的做法。

(2) 在配送成本不变的前提下，提高服务水平。这是一种追求效益的办法，也是一种有效利用配送成本性能的办法。

(3) 为提高配送服务，不惜增加配送成本。这是许多配送中心提高配送服务水平的做法，是企业在服务特定顾客或面临特定竞争时，所采用的具有战略意义的做法。

(4) 用较低的配送成本，实现较高的配送服务。这是为增加销售和效益的一种具有战略意义的做法。

基于配送成本和配送服务之间的这四种关系，企业在决策中究竟应如何作出选择和取舍呢？下面先举一个这方面的例子。日本家用电器行业在第一次石油危机以前的高速增长时期，每天向销售店配送 2～3 次货物，这接近“不管什么时候，都马上送达”这种相当高的服务水平。可是，石油危机后，由于燃料价格高涨，原来的这种高水平服务无法继续进行下去了。于是在征得销售店同意后，改为每天送货一次。结果，配送卡车装载率从过去的 50%左右一举增至 80%以上，从而使配送费用下降了近 30%。仅服务水平这一点点改变，就引起了配送效率的巨大变化。从这一点看，企业在决定配送服务水平时必须慎重。

在服务和成本之间，首先应该肯定服务是第一位的，是前提条件。因为从物流配送的职能来讲，就是要提供满足购销活动所需要的服务，使服务达到一定水平，这是配送管理的第一使命；与此同时，以尽可能低的配送成本达到这种服务水平，则是配送管理的第二使命。所以，首先是服务，其次是成本。企业在进行配送成本管理时，一定要处理好配送成本和配送服务之间的关系。

任务四　掌握配送成本优化控制

企业进行配送成本管理的目的是实现配送成本合理化或优化，以达到较低的配送成本和较高的配送服务之间的最佳搭配。配送成本优化控制即运用一定的方法对配送过程中构成配送成本的一切耗费，进行科学严格的计算、控制和监督，将各项实际耗费限制在预先确定的预算、计划或标准的范围内，并通过分析实际脱离计划或标准的原因，积极采取对策，以实现全面降低配送成本目标的一种管理工作。

而要实现配送成本优化控制，首先必须找出导致配送成本不合理的原因。

一、导致配送成本不合理的原因

(一) 配送计划性不强，设计不合理

配送活动要求有非常高的管理水平来进行系统的统筹规划，把方方面面的工作设计得科学、合理、完善。而在实际工作中，配送活动缺乏计划性、配送路线设计不合理、车辆配载设计不合理，都会造成成本过高。比如，在配送活动中，临时配送、紧急配送或无计划的随时配送等情况由于降低了配送车辆的使用效率，从而大幅度地增加了配送成本。

（二）配送设备落后，分拣效率低下

在配送活动中，分拣、配货等工作要占全部劳动的60%，而且容易发生错误。这些工作如果没有先进的分拣设备，单纯依靠手工操作的话，将会造成效率低下，出错率高，从而导致配送成本提高、服务水平下降、企业信誉降低。

（三）配送资源筹措不合理

配送是通过集中筹措资源的规模效益来降低资源筹措成本，使配送资源筹措成本低于客户自己筹措资源的成本，从而取得优势。配送中心如果不是集中多个客户的同类需要集中进行批量资源筹措，而仅仅是为个别用户代购代筹，客户要多支付代办费，配送中心也加大了配送成本。另外，进货量计划不准确、进货时不考虑建立与商品供应者之间的长期稳定关系也是资源筹措不合理的表现。

（四）库存决策不合理

配送应实现集中库存总量低于各客户分散库存总量，从而降低客户平均分摊的库存成本。如果库存决策不合理，库存量过大，库存成本会增加；如果库存量过少，将会给客户造成缺货损失，影响配送中心的服务水平。

（五）配送价格不合理

一般配送的价格会低于客户自己进货时购买价格加上提货、运输、进货的成本总和，这样才会使客户有利可图。如果配送价格普遍高于客户自己的进货价格，损害了客户利益，就是一种不合理表现；如果价格制定过低，就会使企业处于无利或亏损状态，也是不合理的。

（六）配送价格和配送服务水平之间的关系处理不当

由于配送成本和配送服务水平之间存在着效益背反关系，如果配送中心不考虑客户的承受水平，一味提高服务水平，也会导致配送成本过高，客户会转而寻找其他的合作伙伴。

（七）定额或标准成本制订不合理，对职工没有激励性

在实际工作中，对配送人员的有效激励往往比管理控制更重要。如果作为控制配送成本标准的定额或标准成本制订不合理，超过职工努力而无法达到的程度，职工积极性将会降低，激励机制起不到应有的作用。

（八）配送成本管理不到位

实际配送成本和定额或标准成本的差异在计算出来以后，管理人员要督促落实，以切实降低成本。如果管理松懈，处罚或奖励措施执行不力，也会导致配送成本长期降不下来。分析出导致配送成本不合理的因素后，企业在优化配送成本管理时，要结合自身的经济实力和经营状况，有选择地采取成本优化控制措施。

二、配送成本优化控制的程序

（一）制订物流配送成本标准

成本控制标准或计划是控制成本费用的重要依据，是配送成本控制的准绳，所以配送成本优化控制的第一步就是制定好成本控制标准。配送成本标准首先包括配送成本预算中规定的各项指标，但配送成本预算中的一些指标都比较综合，还不能满足具体控制的要求，这就必须规定一系列具体的标准。确定这些标准的方法大致有以下三种。

（1）计划指标分解法。即将大指标分解为小指标。分解时，可以按部门、单位分解，也可以按功能分解。比如将配送总成本指标分解为物品流通费、信息流通费和配送管理费等具体指标。

（2）预算法。就是用制订预算的办法来制订控制标准。有的企业基本上是根据年度的生产销售计划来制订费用开支预算，并把它作为配送成本控制的标准。采用这种方法特别要注意从实际出发来制订预算。

（3）定额法。就是建立起定额和费用开支限额，并将这些定额和限额作为控制标准来进行控制。在企业里，凡是能建立定额的地方，都应把定额建立起来。实行定额控制的办法有利于配送成本控制的具体化和经常化。

在采用上述方法确定配送成本控优化制标准时，一定要进行充分的调查研究和科学计算，结合配送活动的实际情况进行。不同的配送环节，其成本项目构成也不同。配送作业的成本控制标准和业务数量标准通常由技术部门研究确定，费用标准由财务部门和有关责任部门研究确定，同时要尽可能吸收负责执行标准的一线职工参加各项标准的制订，从而增强标准的可行性和实际执行力。

（二）监督配送成本的形成

就是根据控制标准，对配送成本形成的各个项目，经常地进行检查、评比和监督。不仅要检查指标本身的执行情况，而且要检查和监督影响指标的各项条件，如设备、工作环境等。所以，配送成本日常控制要与生产作业控制结合起来进行。

日常控制不仅要有专人负责和监督，而且要使费用发生的执行者实行自我控制。这些应当在责任制中加以规定，这样才能调动全体职工的积极性和主动性，使配送成本的日常控制有广泛的群众基础。

（三）及时纠正偏差

针对配送成本差异发生的原因，查明责任者，分清轻重缓急，提出改进措施，加以贯彻执行。对于重大差异项目的纠正，一般采用下列程序。

（1）提出课题。从各种配送成本超支的原因中提出降低配送成本的课题。这些课题首先应当是那些配送成本降低潜力大、各方关心、可能实行的项目。提出课题的要求，包括课题的目的、内容、理由、根据和预期达到的经济效益。

（2）讨论和决策。课题选定以后，应发动有关部门和人员进行广泛的研究和讨论。对重大课题，可能要提出多种解决方案，然后对各种方案进行对比分析，从中选出最优方案。

（3）确定方案实施的方法步骤及负责执行的部门和人员。做到方法明确、责任到人，使偏差及时得到纠正。

（4）贯彻执行确定的方案。在执行过程中也要及时加以监督检查。方案实现以后，还要检查方案实现后的经济效益，衡量是否达到了预期的目标。

对配送成本的控制过程就是在提高服务水平与配送成本之间寻求平衡，在一定的配送成本下尽量提高服务水平，或在一定的服务水平下使配送成本降至最低。

三、配送成本优化控制方案

（一）合理选择配送策略

1. 混合策略

混合策略是指配送业务一部分由企业自身完成，另一部分则外包给第三方物流来完成。这种策略的基本思想是：尽管采用纯策略（即配送活动要么全部由企业自身完成，要么完全外包给第三方物流完成）容易形成一定的规模经济，并使管理简化，但由于产品品种多变，规格不一，销量不等等原因，采用纯策略的配送方式超出一定程度不仅不能取得规模效益，反而还会造成规模不经济。而采用混合策略，合理安排企业自身完成的配送和外包给第三方物流企业完成的配送，能使配送成本最低。例如，美国一家干货生产企业为满足全美的 1 000 家连锁店的配送需要，建造了 6 座仓库，并拥有自己的车队。随着经营的发展，企业决定扩大配送系统，计划在芝加哥投资 700 万美元再建一座新仓库，并配以新型的物料处理系统。该计划提交董事会讨论时，却发现这样不仅成本较高，而且就算仓库建起来也还是满足不了配送需要。于是企业把目光投向租赁公共仓库。结果发现，如果企业在附近租用公共仓库，增加一些必要的设备，再加上原有的仓储设施，企业所需的仓储空间就足够了，但总投资只需 20 万美元的设备购置费，10 万美元的外包运费，即使再加上租金，也比 700 万美元低很多。

2. 差异化策略

差异化策略的指导思想是产品特征不同，顾客服务水平也不同。当企业拥有多种产品线时，不能对所有产品都按同一标准的顾客服务水平来配送，而应按产品的特点、销售水平，来设置不同的库存、不同的运输方式以及不同的储存地点，忽视产品的差异性会增加不必要的配送成本。例如，一家生产化学品添加剂的公司，为降低成本，按各种产品的销售量比重进行分类：A 产品的销售量占总销售量的 70%以上，B 产品占 20%左右，C 产品则为 10%左右。对 A 类产品，公司在各销售网点都备有库存，B 类产品只在地区分销中心备有库存而在各销售网点不备有库存，C 类产品连地区分销中心都不设库存，仅在工厂的仓库才有存货。经过一段时间运行，事实证明这种方法是成功的，企业总的配送成本下降了 20%之多。

3. 合并策略

合并策略包含两个层次：一是配送方法上的合并；二是共同配送。

（1）配送方法上的合并。企业在安排车辆完成配送任务时，充分利用车辆的容积和载重量，做到满载满装，是降低成本的重要途径。由于产品品种繁多，不仅包装形态、储运性能不一，在容重方面，也往往相差很远。一辆车上如果只装容重大的货物，往往是达到了载重量，但容积空余很多；如果只装容量小的货物，看起来车装得很满，实际上并未达到车辆的载重量。上述两种情况实际上都造成了浪费。实行合理的轻重配装、容积大小不同的货物搭配装车，就可以不但在载重方面达到满载，而且也可以充分利用车辆的有效容积，取得最优效果。

(2) 共同配送。共同配送是一种产权层次上的共享，也称集中协作配送。它是几个企业联合小量为大量共同利用同一配送设施的配送方式。其标准运作形式是：在中心机构的统一指挥和调度下，各配送主体以经营活动（或以资产为纽带）联合行动，在较大的地域内协调运作，共同对某一个或某几个客户提供系列化的配送服务。这种配送有两种情况：一是中小生产、零售企业之间分工合作实行共同配送，即在同一行业或同一地区的中小型生产、零售企业单独进行配送的运输量少、效率低的情况下进行联合配送，这样不仅可以减少企业的配送费用，配送能力得到互补，而且有利于缓和城市交通拥挤，提高配送车辆的利用率；二是几个中小型配送中心之间的联合，针对某一地区的用户，由于各配送中心所配货物数量少，车辆利用率低等原因，几个配送中心将用户所需货物集中起来共同配送，以节省成本费用。

4. 延迟策略

传统的配送计划安排中，大多数的库存是按照对未来市场需求的预测量设置的，这样就存在着预测风险，当预测量和实际需求量不符时，就出现库存过多或过少的情况，从而增加配送成本。延迟策略的基本思想就是对产品的外观、形状及其生产、组装、配送应尽可能推迟到接到顾客订单后再确定，一旦接到订单就要快速反应，因此采用延迟策略的一个基本前提是信息传递要非常快。一般来说，实施延迟策略的企业应具备以下几个基本条件。

(1) 产品特征。包括模块化程度高、产品价值密度大、有特定的外形、产品特征易于表述、定制后可改变产品的容积或重量。

(2) 生产技术特性。包括模块化产品设计、设备智能化程度高、定制工艺与基本工艺差别不大。

(3) 市场特征。包括产品生命周期短、销售波动性大、价格竞争激烈、市场变化大、产品的提前期短。

实施延迟策略常采用两种方式，即生产延迟和物流延迟。配送中心往往存在着加工活动，所以实施配送延迟策略既可以采用生产延迟方式，也可以采用物流延迟方式。具体操作时，常常发生在诸如贴标签（生产延迟）、包装（生产延迟）、装配（生产延迟）和发送（物流延迟）等领域。例如，美国一家生产金枪鱼罐头的企业就通过采用延迟策略改变配送方式，降低了库存水平。这家企业为提高市场占有率，曾针对不同的市场设计了几种标签，产品生产出来后运到各地的分销仓库储存起来。由于顾客偏好不一，几种品牌的同一产品经常出现某种品牌畅销缺货而另一些品牌却滞销压仓的问题。为解决这个问题，该企业改变以往的做法，在产品出厂时都不贴标签就运到各分销中心储存，当接到各销售网点的具体订货要求后，才按照各网点指定的品牌标志贴上相应的标签，这样就有效地解决了此缺彼涨的矛盾，从而降低了库存。

5. 标准化策略

标准化策略就是尽量减少因品种多变而导致附加配送成本，尽可能多地采用标准零部件、模块化产品。如服装制造商按统一规格生产服装，直到顾客购买时才按顾客的身材调整尺寸大小。

采用标准化策略要求厂家从产品设计开始，就要站在消费者的立场考虑怎样节省配送成本，而不要等到产品定型生产出来以后才考虑采用什么技巧来降低配送成本。配送成本控制除了采用合理配送策略外，还可以利用标准成本法控制配送成本。

（二）利用标准成本法控制配送成本

1. 制定控制标准

成本控制标准是控制成本费用的重要依据，物流配送的成本标准的制订，应按实际的配送环节分项制订。不同的配送环节，其成本项目是不同的。物流配送流通加工等环节的标准成本，应按配送的实际环节进行制订。在进行标准成本制订过程中要充分考虑各环节的实际情况。配送作业的成本控制标准和业务数量标准通常由技术部门研究确定，费用标准由财务部门和有关责任部门研究确定，同时尽可能吸收负责执行标准的一线职工参加各项标准的制订，从而使所制订的标准符合实际配送活动的要求。

2. 揭示成本差异

成本的控制标准制订后要与实际费用比较，及时揭示成本差异。差异的计算与分析也要与所制订的成本项目进行比较。

3. 成本信息反馈

成本控制中，成本差异的情况要及时反馈到有关部门，以便及时得到控制与纠正。

配送各环节的成本控制应该在控制配送总成本的基础上分项控制，由于各环节的成本差异很大，在选用成本控制标准时应遵循合适的原则，对不同的环节采用不同的控制标准。比如，配送流通加工环节、分拣环节、配装环节等由于运作具有常规性，可以采用标准成本控制制度；对配送运输环节，根据其特点可以采用计划成本控制制度等。对运输环节采用计划成本控制制度的原因是：运输环节的作业主要依靠汽车、轮船进行，运输费用容易受驾驶水平、道路条件、车船性能的影响，不确定性因素很多。所以，对配送运输成本的控制应采用计划成本控制制度，对配送运输成本应建立定额管理制度，事先制订技术经济定额，如行车燃料消耗定额、轮胎使用胎公里定额、大修和各级保养间隔里程定额、各种配件材料消耗定额、车辆保修费定额与工时定额等，这些定额就是运输成本计划管理的依据。

思考与练习

1. 简述配送成本的一般特征。
2. 配送过程中配送不合理的表现有哪些？
3. 配送成本的控制方法有哪些？
4. 配送成本的控制策略有哪些？

项目技能训练

结合样本企业的实际情况，了解配送成本在不同类型企业中的会计处理方式，例如物流企业中流行的包干一条龙服务的处理。

项目七　仓储成本管理

项目说明

现代物流科学的发展，为企业的发展带来了巨大的经济效益，物流已被喻为“第三利润源”，因而受到企业的高度重视。仓储活动作为现代物流系统中的一个重要环节，涉及物流管理和技术等多学科领域，对保持企业再生产的顺利进行起着重要的作用。

仓储是以改变“物”的时间状态为目的的活动，以克服产需之间的时间差异，而获得更好的效用。仓储成本是指物流活动中所消耗的物化劳动和活劳动的货币表现，是伴随物流活动而发生的各种费用。仓储成本管理的任务是用最低的费用在适当的时间和适当的地点取得适当数量的存货。在采购、生产、销售的不断循环过程中，库存使各个环节相对独立的经济活动成为可能。所以仓储可以调节各个环节之间由于供求品种及数量的不一致而发生的变化，使采购、生产和销售等企业经营的各个环节连接起来，起到“润滑剂”的作用。

物流仓储成本主要由仓储持有成本、定货或生产准备成本、缺货成本和在途库存持有成本等构成。

现代仓储是保证社会再生产顺利进行的必要条件，是国家满足急需特需的保障，是平衡市场供求关系、稳定物价的重要条件，是物资供销管理工作的重要组成部分，是保持物资原有使用价值的重要手段。但是，仓储需要一定的成本。因此，要对仓储的成本进行周密的计算、分析与控制。

项目目标

- √ 了解仓储在物流企业成本管理中的作用和地位；
- √ 理解物流仓储成本的构成；
- √ 掌握仓储成本核算的方法；
- √ 掌握仓储成本控制的策略和仓储成本优化的措施。

项目案例

上海通用通过库存环节有效降低物流成本

库存是供应链环节的重要组成部分，指一个组织所储备的所有物品和资源。从 1977

年到2000年，典型的高科技公司的库存绩效得到成倍增长，周转次数从2.5次增加到了5次。某些公司，如苹果和戴尔，现今其库存的运作时间甚至只有6～8天（相应的周转次数分别为61次和46次）。这意味着，公司运营其业务所需的库存较20年前减少了50%。

如果库存量可减少到1 000万美元，直接在账面上的反映，该公司可以节约300多万美元。也就是说，减少库存而节约的成本可看作是利润的增加。同时高技术企业产品因为生命周期短和物流运作条件要求高，其存货持有成本应明显高于一般企业产品。具体如何实现降低库存，不同类型的企业有着不同的库存策略。各家企业为了获得竞争优势，也纷纷推出独一无二的绝招。上海通用就是利用“牛奶取货”方式，降低库存成本，不失为其中一种行之有效的策略。

上海通用目前主推四种车型，除去其中的一种刚刚上市的车型之外，另外三种车型零部件需求共有5 400多种。上海通用在国内外还拥有180家供应商，拥有北美和巴西两大进口零部件基地。那么，上海通用是怎么提高供应链效率、减少新产品的导入和上市时间并降低库存成本的呢？

通用的部分零件是本地供应商所生产的，通用会根据生产的要求，在指定的时间直接送到生产线上去生产。这样，因为不进入原材料库，所以保持了很低或接近于“零”的库存，省去大量的资金占用。对于有些用量很少的零部件，为了不浪费运输车辆的运能，充分节约运输成本，上海通用使用了叫做“牛奶圈”的小技巧：每天早晨，上海通用的汽车从厂家出发，到第一个供应商那里装上准备的原材料，然后到第二家、第三家，依次类推，直到装上所有的材料，然后再返回。这样做的好处是，省去了所有供应商空车返回的费用。传统的汽车生产厂商，以前的做法是要么有自己的运输队，要么找运输公司把零件送到公司，由于这种方式并不是根据需要来供给，因此有几方面的缺点：有的零件根据体积或数量的不同，并不一定正好能装满一卡车。但为了节省物流成本，他们经常装满一卡车才给你，这样就造成了库存高，占地面积大。而且，不同供应商的送货缺乏统一的标准化的管理，在信息交流、运输安全等方面，都会带来各种各样的问题。通用改变了这种做法，聘请一家第三方物流供应商，由他们来设计配送路线，然后到不同的供应商处取货，再直接送到上海通用。

“利用‘牛奶取货’或者‘循环取货’的方式解决了这些难题。通过循环取货，我们的零部件运输成本可以下降30%以上。”这种做法的优点是非常显而易见的，同时这也体现了上海通用的一贯宗旨：把低附加价值的东西外包出去，集中精力做好制造、销售汽车的主营业务，即精干主业。

与供应商共赢，建立供应链预警机制。上海通用所有的车型国产化都达到了40%以上，有些车型已达到60%甚至更高。“这样可以充分利用国际国内的资源优势，在短时间内形成自己的核心竞争力。”所以，上海通用非常注意协调与供应商之间的关系。上海通用采取的是“柔性化生产”，即一条生产流水线可以生产不同平台多个型号的产品。比如它可以在同一条生产流水线上同时生产别克标准型、较大的别克商务旅行型和较小的赛欧。这种生产方式对供应商的要求极高，即供应商必须时常处于“时刻供货”的状态，这样就会给供应商带来很高的存货成本。而供应商一般不愿意独自承担这些成本，就会把部分成本打在给通用供货的价格中。如此一来，最多也就是把这部分成本赶到了上游供应商那里，并没有真正地降低整条供应链的成本。为了克服这个问题，上海通用与供应商时刻保持着信息沟通。“我们有一年的生产预测，也有半年的生产预测，我们的生产计划是滚动式的，基本上每个星期都有一次滚动，在滚动生产方式的前提下我们的产量在做不断的调整，这个运行机制的核心要让供应商也要看到我们的计划，让其能根据通用的生产计划安排自己的存货和生产计划，减少对存货资金的占用。如果供应商在原材料、零部件方面有种种原因造成问题，他也要给我们提供预警，这是一种双向的信息。万一某个零件预测出现了问题，在什么时候跟不上需求了，我们就会利用上海通用的资源，甚至全球的资源来做出响应。”

问题：

上海通用如何利用库存降低物流成本的？

任务一　了解仓储成本

一、物流仓储的概念

“仓”也称为仓库，为存放物品的建筑物和场地，可以为房屋建筑、大型容器、洞穴或者特定的场地等，具有存放和保护物品的功能；“储”表示收存以备使用，具有收存、保管、交付使用的意思，当适用有形物品时也称为储存。“仓储”则为利用仓库存放、储存未即时使用的物品的行为。简言之，仓储就是在特定的场所储存物品的行为。

仓储管理就是对仓库及仓库内的物资所进行的管理，是仓储机构为了充分利用所具有的仓储资源提供高效的仓储服务所进行的计划、组织、控制和协调过程。

在物流科学体系中，经常涉及库存、储备和仓储三个概念，它们虽有共同之处，但仍然有所区别。

(1) 库存。是指处于存储状态的物品，广义的库存还包括处于制造加工状态和运输状态的物品。

(2) 储备。是指储存起来以备急需的物品。库存和储备这两者的本质区别在于，明确了物品停滞的位置，储备这种停滞所处的地理位置比库存广泛的多。第一，储备的位置可能在生产及流通中的任何节点上，可能是仓库中的储备，也可能是其他形式的储备；第二，储备是有目的的、主动的行为，而库存有可能不是有目的的，甚至有可能完全是盲目和被动的。

(3) 仓储。是指保护、管理、储藏的物品。仓储是包含库存和储备在内的一种广泛的经济现象，是一切社会形态都存在的经济现象。但在一般情况下，仓储和储备两个概念是不作区分的。

二、仓储在物流中的地位和作用

(一) 仓储在物流中的地位

仓储管理已成为供应链管理的核心环节，这是因为仓储总是出现在物流各环节的结合部。例如采购与生产之间、生产的初加工与精加工之间、生产与销售之间、批发与零售之间、不同运输方式转换之间等。仓储是物流各环节之间存在不均衡性的表现，仓储也正是解决这种不均衡性的手段。仓储环节集中了上下游流程整合的所有矛盾，仓储管理就是在实现物流流程的整合。如果借用运筹学的语言来描述仓储管理在物流中的地位，可以说就是在运输条件为约束力的情况下，寻求最优库存（包括布局）方案作为控制手段，使得物流达到总成本最低的目标。在许多具体的案例中，物流的整合、优化实际上归结为仓储的方案设计与运行控制。

这里必须说明一点，传统物流与现代物流差别最大的也是体现在库存环节上。传统的仓储业是以收保管费为商业模式的，希望自己的仓库总是满满的，这种模式与物流的宗旨背道而驰。现代物流以整合流程、协调上下游为己任，静态库存越少越好，其商业模式也建立在物流总成本的考核之上。由于这两类仓储管理在商业模式上有着本质区别，但是在具体操作上如入库、出库、分拣、理货等方面又很难区别，所以在分析研究必须注意它们的异同之处，这些异同也会体现在信息系统的结构上。

（二）仓储在物流中的积极作用

作为控制和调节企业物流“流速”的仓储活动，在物流系统中具有非常重要的积极作用，主要表现在以下几个方面。

1. 降低成本，提高效率

在供应物流方面，企业通常是从多个供应商分别购进商品并运入仓库，经过必要加工处理整批运至下一道工序（或客户）。或者将商品从工厂运至仓库，然后根据客户要求加工处理后小批量运送至市场或客户。因此，这将大大降低运输成本，调节运力差异，提高运输效率。

2. 有利于商品整合，提高附加值

如果考虑到颜色、形状、大小等因素，企业的一个生产线包括了成百上千种零部件，这些部件通常在不同的工厂生产，企业可以根据客户的需求，将商品在自己的仓库中进行加工、分拣、包装、配套等，然后送给客户。单纯的储存和保管型仓库，已经不能适应生产和市场的需要，增加上述配送和流通加工的功能，向流通型仓库方向发展，是现代仓储管理的趋势。

3. 调节供需为销售服务

生产和消费之间会或多或少存在时间、空间上的差异，仓储可以提高商品的时间效用，调整均衡生产和集中消费或均衡消费和集中生产在时间上的矛盾。同时，仓库合理的靠近客户，使商品更适时的送达客户手中，将有利于提升客户的满意度并扩大企业销售，这一点对于企业产成品仓库来说尤其重要。

（三）仓储在物流中的消极作用

在物流系统中，仓储是一种必要的活动。但因为其特点也经常存在冲减物流系统效益，恶化物流系统运行的消极作用。所以有人明确提出，仓储中的库存是企业的“癌症”，主要原因就是仓储的成本太高。

1. 固定费用支出

仓库建设、仓库管理、工作人员工资、福利费用等开支会必然发生，对企业来说占用的资金额不是一个小数目。

2. 利息损失和机会损失

仓储占用的资金所付出的利息以及这部分资金如果用于另外的项目将可能获得的更高的收益，这就是利息损失与机会损失。

3. 陈旧损失与跌价损失

物资在作为库存期间，可能发生各种物理、化学、生物、机械等损失，严重的情况会失去部分甚至全部价值和使用价值。随着库存时间的增加，存货无时无刻不在发生折旧变质，一旦错过有利的销售期，就不可避免的产生跌价损失。

4. 保险费用支出

近年来，我国已经开始对库存物资采取投保缴纳保险费的方法分担企业经营风险，保险费的支出在某些国家和地区已经达到相当大的比例。随着社会发展，社会保障体系日益完善，这方面费用支出的比例还会呈现上升的趋势。

5. 进货、验收、保管、发货、搬运等项目支出

进货、验收、保管、发货、搬运等项目费用支出都是降低企业效益的因素，加上企业在全部运营活动中，仓储对流动资金的占用达到了40%～70%甚至更高的比例，这些常常会阻滞企业的正常运转。所以有些经济学家和企业家将仓储看做是“洪水猛兽”也就不足为奇了。相反，这却证实了一个在日常生活中常见的“效益背反”理论，仓储有利及有害的两重性。物流科学的研究，就是要在物流系统中充分发挥仓储的积极作用而控制弱化其消极负面的作用。

三、物流仓储成本的构成

仓储成本主要包括以下方面：仓储持有成本、订货或生产准备成本、缺货成本和在途库存持有成本。

（一）仓储持有成本

1. 仓储持有成本的含义

仓储持有成本是指为保持适当的库存而发生的成本，它可以分为固定成本和变动成本。固定成本与一定限度内的仓储数量无关，如仓储设备折旧、仓储设备维护费用、仓库职工工资等；变动成本与仓储数量的多少有关，如库存占用资金的利息费用、仓储物品的损毁和变质损失、保险费用、搬运装卸费用、挑选整理费用等。

变动成本主要包括资金占用成本、仓储维护成本、仓储运作成本、仓储风险成本。

（1）资金占用成本。

资金占用成本也称利息费用或机会成本，是仓储成本的隐含费用。资金占用成本反映的是失去的赢利能力，如果资金投入到其他方面就会要求相应的投资回报，因此资金占用成本就是这种尚未获得的回报的费用。为了核算上的方便，一般情况下，资金占用成本指占用资金支付的银行利息。

（2）仓储维护成本。

仓储维护成本主要包括与仓库有关的租赁、取暖、照明、设备折旧、保险费用和税金费用等。仓储维护成本随企业采取的仓储方式不同而有变化，如果企业利用自有的仓库，大部分仓储维护成本是固定的；如果企业利用的是公共仓库，则有关部门仓储的所有成本将直接随库存数量的变化而变化。在作仓储决策时，这些成本都应考虑。

另外，根据产品的价值和类型，产品丢失或损坏的风险高，就需要较高的保险费用，同时，许多国家将库存列入应税财产，高水平库存因此导致高税费。保险费用和税金将随产品不同而有很大变化，在计算仓储维护成本时，必须考虑它们。

（3）仓储运作成本。

仓储运作成本主要与商品的出入库有关，即通常所说的搬运装卸成本。

（4）仓储风险成本。

仓储风险即由于企业无法控制的原因，造成库存商品贬值、损坏、丢失、变质等。

2. 仓储持有成本的计算项目

（1）固定成本的计算。由于仓储持有成本中的固定成本是相对固定的，在一定限度内与库存数量没有直接关系，因此固定成本的成本项目主要包括租赁费用、取暖费用、照明费用、设备折旧费用、保险费用与税金等。

（2）变动成本的计算。计算一种单一库存商品的仓储持有变动成本的步骤如下：

第一步，确定库存商品的成本。企业可以采用先进先出法、后进先出法、移动加权平均法、加权平均法、个别计价法等存货计价方法计算存货的成本。

第二步，估算每一项仓储成本占库存商品价值的比例。仓储持有成本的确定方法见表7—1。

表7—1　　仓储持有成本的确定表

成本类别	仓储成本比例（%）
1. 仓储成本：仓库租金、仓库折旧、税金、保险费等	3～10
2. 作业成本：搬运装卸费用、设备折旧、能源消耗、人工费用等	1～5
3. 其他成本：资金占用成本、库存商品损坏、丢失、变质等	8～25
所有的持有成本	12～40

第三步，用全部储存成本占库存商品价值比例乘以商品价值，可以估算出保管一定数量商品的年库存成本。

（二）订货或生产准备成本

订货或生产准备成本是指企业向外部的供应商发出采购订单的成本，或指企业内部的生产准备成本。

1. 订货成本

订货成本是指企业为了实现一次订货而进行的各种活动的费用，包括处理订货的差旅费、办公费等支出。订货成本中有一部分与订货次数无关，如常设机构的基本开支等，称为订货的固定成本；另一部分与订货的次数有关，如差旅费、通信费等，称为订货的变动成本。

具体来说，订货成本包括与下列活动有关的费用。

（1）检查存货费用。

（2）编制并提出订货申请。

（3）对多个供应商进行调查比较，选择最合适的供应商。

（4）填写并发出订单。

（5）填写并核对收货单。

（6）验收发来的货物。

（7）筹集资金并进行付款。

这些成本很容易被忽视，但在考虑涉及订货、收货的全部活动时，这些成本就显得很重要。

2. 生产准备成本

生产准备成本，是指当库存的某些产品不由外部供应而是由企业自己生产时，企业为生产一批货物而进行准备的成本。其中，更换模具、增添某些专用设备等属于固定成本，而与生产产品数量有关的费用如材料费、加工费、人工费等属于变动成本。

3. 仓储持有成本与订货成本的关系

仓储持有成本与订货成本随着订货次数和订货规模的变化呈反方向变化。起初随着订货批量的增加，订货成本的下降比持有成本增加的要快，即订货成本的边际节约额比持有成本的边际增加额要多，使得总成本有所下降。当订货批量增加到某一临界点时，订货成本的边际节约额比持有成本的边际增加额相等，这时总成本最小。此后，随着订货批量的不断增加，订货成本的边际节约额比持有成本的边际增加额要小，导致总成本不断增加。由此可见，总成本呈U形变化。

（三）缺货成本

缺货成本是指由于库存供应中断而造成的损失，包括原材料供应中断造成的停工损失、产品库存缺货造成的延迟发货损失和丧失销售机会的损失以及商誉的损失等。如果生产企业用紧急采购代用材料来解决库存材料的中断之急，那么缺货成本就表现为紧急额外购入。当一种产品缺货时，客户就会购买竞争对手的产品，这就会对企业产生直接的利润损失。如果失去客户，还有可能为企业造成间接或者长期的损失。在供应物流方面，原材料、半成品或零配件的缺货，则意味着机器空闲甚至停产。

1. 保险库存的持有成本

大部分企业会考虑保有一定数量的保险库存及缓冲库存，以防止在需求方面的不确定性。零售型企业保有保险库存，可以在客户的需求不规律或不可预测的情况下起到保障作用；生产企业保有产成品保险库存，可以在零售和中转仓库的需求量超过平均值时，有能力补充他们的库存；半成品的额外库存可以在工作负荷不均衡的情况下，使各制造部门间的生产正常化。因此，准备这些追加的库存是要不失时机的为客户及内部需要服务，以保证企业的长期效益。但是困难在于确定某时需要保持多少量的保险库存，一旦保险库存太多就意味着多余的库存，而保险库存不足则意味着缺货或者失去销售机会。

保险库存每一追加的增量都将造成效益的递减。超过期望需求量的第一个单位的保险库存，所提供的防止缺货的预防效用的增量最大，第二个单位所提供的预防效能增量就比第一个单位所提供的预防效能增量稍小，依此类推。也就是说，越后一个单位的保险库存在防止缺货方面的边际效用越小。如果保险库存量增加，那么缺货概率就会减小，在某一保险库存水平，储存额外数量的存货成本加期望缺货成本会有一个最小值，这个水平就是库存的最优水平，高于或者低于这一水平，都将产生净损失。

2. 缺货成本

缺货成本是由于外部和内部供应中断而产生的。当企业的客户得不到全部的订货时，叫做外部缺货；而当企业内部的某个部门得不到全部订货时，叫做内部缺货。

（1）发生外部缺货将导致的几种情况。

1）延期交货。延期交货有两种形式，一种是缺货商品可以在下次规则订货时得到补充，另一种是利用快递延期交货。如果客户愿意等到下一次规则订货，那么企业实际上没有什么损失，但如果经常缺货，客户很有可能转向其他的产品供应商。

如果缺货商品延期交货，那么就会发生特殊订单处理和运输费用，延期交货的特殊订单处理费用要比普通处理费用要高。由于延期交货通常是小规模装运，运输费用相对较高，而且，延期交货的商品可能需要从一地区的一个工厂仓库供货，进行长距离运输。另外，可能需要利用速度快、收费较高的运输方式运送延期交货商品。因此，延期交货成本可根据额外订单处理费用的额外运费来计算。

2）失销。尽管一些用户可以允许延期交货，但仍然有客户会转向其他供应商，也就是说，许多企业都有生产替代产品的竞争者，当一个供应商没有客户所需要的商品时，客户就会从其他供应商那里订货。在这种情况下，缺货就导致失去销售机会，对于企业来说，直接损失就是这种商品的利润损失。这样，可以通过计算这批商品的利润来确定直接损失。

关于失销，需要指出以下两点：第一，除了利润的损失，还包括当初负责这批销售业务的销售人员的精力损失，即机会损失；第二，很难确定在一些情况下的失销总量，例如，许多客户喜欢打电话订货，在此情况下，客户只是询问是否有货，在得到缺货的答复之后无须再指明要订货多少，企业因此也就无法知道这次失销的总量是多少。而且，也很难估算一次缺货对一个企业未来销售的影响到底有多深远。

3）失去客户。第三种可能出现的情况是由于缺货而失去客户，也就是说，客户永远转向了另一个供应商。如果失去了客户，企业就等于失去了未来一系列收入，这种缺货造成的损失很难估算，需要用管理科学的技术和市场营销的研究方法来分析和计算。除了利润损失，还有由于缺货造成的商誉损失，商誉很难度量，在仓储决策中常被忽略，但它对未来销售以及企业未来经营活动非常重要。

（2）确定发生缺货而造成损失的步骤。

1）分析发生缺货可能产生的后果，包括延期交货、失销和失去客户；

2）计算与可能结果相关的成本，即利润损失；

3）计算一次缺货的损失。

如果增加库存的成本少于一次缺货的损失，那么就应该增加库存以避免缺货；如果发生内部缺货，则有可能导致生产损失如机器设备和人员闲置和交货期延误；如果因为某项物品的短缺而引起整个生产线停工，这时候的缺货成本可能非常高。为了对保险库存量作出最合理的决策，企业应对由于原材料缺货造成停产的成本有全面的理解。首先确定每小时或每天的生产率，然后计算停产造成的产量减少，最后得出利润的损失量。

(四) 在途库存持有成本

在途库存持有成本不像前面讨论的三项成本那么重要，然而在某些情况下，企业必须考虑这项成本。如果企业以目的地交货价格销售产品，就意味着企业要负责将商品运达客户，当客户收到订购的商品时，商品的所有权才发生转移，从理财的角度看，商品在途过程中仍然是销售方的库存。因为这种在途商品在交给客户之前仍然属于企业所有，运货方式以及所需时间是储存成本的一部分，企业应该对运输成本与在途存货持有成本进行分析。

任务二　掌握仓储成本核算

仓储成本是伴随着物流仓储活动而发生的各种费用，仓储成本的高低直接影响着企业的利润水平，因此仓储成本管理是企业物流管理的一项重要内容。

一、仓储成本核算的意义

(一) 提高对仓储重要性的认识

物流过程需要经过众多的环节，其中仓储过程是最为重要的环节。仓储从传统的物质存储、流通中心，发展到成为物流的节点，作为物流管理的核心环节而存在并发挥着协调整体物流的重要作用。完善仓储环节的成本核算，可以提高人们对仓储重要性的认识，有利于人们寻求降低仓储成本的新途径。

(二) 为合理制定仓储价格提供依据

成本是制定价格的主要依据。同样，仓储成本是物流企业制定仓储价格的主要依据。随着物流业的不断发展，很多以仓储为主要业务的物流企业建立起来。为了考核企业的物流活动与管理绩效，他们在对外、对内提供各种仓储服务的同时，也要求按一定价格进行结算，因此仓储成本就成为企业制定物流价格的主要依据。

(三) 有利于物流管理水平的提高

企业仓储成本是物流成本中最为重要的内容，而物流成本又是全面反映物流企业各项活动的综合性价值指标，物流成本的高低是物流运营质量水平的综合反映。通过完善仓储成本的计算方法，可以提高物流成本整体的管理水平。在揭示企业物流成本的全貌、编制物流成本预算、制定物流目标成本等方面都起到了积极的作用，从而达到改善物流管理、降低物流成本的目的。

二、仓储成本的核算范围

与库存成本不同，货物的仓储成本主要是指货物保管的各种支出，其中一部分为仓储设施和设备的投资，另一部分为仓储保管作业中的活劳动或者物化劳动的消耗，主要包括工资和能源消耗等。根据货物在保管过程中的支出，可以将仓储成本分为以下几类。

(1) 保管费。指为存储货物所开支的货物养护、保管等费用，包括用于货物保管的货架、货柜的费用开支以及仓库场地的房地产税等。

(2) 仓库管理人员的工资和福利费。仓库管理人员的工资一般包括固定工资、奖金和各种生活补贴。福利费可按标准提取，一般包括住房基金、医疗以及退休养老支出等。

(3) 折旧费或租赁费。仓储企业有的是以自己拥有所有权的仓库以及设备对外承接仓储业务，有的是以向社会承包租赁的仓库及设备对外承接业务。自营仓库的固定资产每年需要提取折旧费，对外承包租赁的固定资产每年需要支付租赁费。仓储费或租赁费是仓储企业的一项重要的固定成本，构成仓储企业的成本之一。对仓库固定资产按折旧期分年提取，主要包括库房、堆场等基础设施的折旧和机械设备的折旧等。

(4) 修理费。修理费主要用于设备、设施和运输工具的定期大修理，每年可以按设备、设施和运输工具投资额的一定比率提取。

(5) 装卸搬运费。装卸搬运费是指货物入库、堆码和出库等环节发生的装卸搬运费用，包括搬运设备的运行费用和搬运工人的成本。

(6) 管理费用。管理费用指仓储企业或部门为管理仓储活动或开展仓储业务而发生的各种间接费用，主要包括仓库设备的保险费、办公费、人员培训费、差旅费、招待费、营销费、水电费等。

(7) 仓储损失。是指保管过程中货物损坏而需要仓储企业赔付的费用。造成货物损失的原因一般包括仓库本身的保管条件、管理人员的人为因素、货物本身的物理和化学性能、搬运过程中的机械损坏等。实际工作中，应根据具体情况，按照企业的制度标准，分清责任合理计入成本。

三、仓储成本的核算方法

(一) 仓储成本的计算

一般来说，仓储成本的计算可以采用以下三种方法。

1. 按支付形态计算仓储成本

把仓储成本分别按仓储搬运费、仓储保管费、材料消耗费、人工费、仓储管理费、仓储占用资金利息等支付形态分类，就可以计算出仓储成本的总额。这样可以了解什么是耗用资金最多的项目，从而确认仓储成本控制的重点。

2. 按仓储项目计算仓储成本

按前面所述的支付形态进行仓储成本分析，虽然可以得出总额，但还是不能全面地说明仓储的重要性。若希望降低仓储成本，就应该把这个仓储费用总额按照项目详细划分出来，以便具体掌握仓储的实际状态，了解在哪些功能环节上有成本节约的空间，达到控制成本的目的。

3. 按适用对象计算仓储成本

按不同功能的仓储成本来计算，不仅实现了降低成本，而且还能分别掌握按产品、地区、顾客的不同而产生的仓储成本。这就是一般所说的按适用对象计算仓储成本。由此可以分析出产生仓储成本的不同对象。

按支店或营业所计算仓储成本，就是要算出各营业单位仓储成本与销售金额或毛收入的对比，用来了解营业单位仓储成本中存在的问题，以便加强管理。

按商品计算仓储成本是指把按项目计算出来的仓储费，以各自不同的基准，分配给各类商品，以此计算出仓储成本。

（二）现行仓储成本测算方法

一般物流企业仓储成本主要包括仓库人员（包括管理人员和操作人员）的工资、场地的折旧费、设备的折旧费、相关管理人员的管理费。

例：假设某物流公司为某客户进行为期 3 天的货物存储，3 月份仓储费用基本资料如下：

仓库操作人员日工资（包括工资和福利费）为 35.56 元；仓库管理人员日工资（包括工资和福利费）为 49.23 元；场地日折旧费（通过仓库建造投资额和使用年限测算）为 14.21 元；设备（日折旧费（通过购入叉车投资额和使用年限测算）为 456.87 元；担当日工资（工资及福利费）为 50.48 元；担当办公设备日折旧费（打印机、电脑、办公桌椅设备）为 342.42 元；以上总计费用的 15%作为中高层领导的管理费用支出。

解：由此可以算出每天仓储成本为

日成本＝仓库人员日工资＋场地日折旧费＋设备日折旧费＋担当日工资＋管理费
＝35.56＋49.23＋14.21＋456.87＋50.48＋342.42＋35.56
＋49.23＋14.2＋（456.87＋50.48＋342.42）×15%
＝2 126.08（元）

总成本＝2 126.08×3＝6 378.24（元）

这种方法符合人们的一贯思路，基本囊括了所涉及的成本项目，核算方式简单明了，成本核算工作量相对较少，刚起步的物流公司在业务不多的情况下可以采用这种方法。同样，针对有些物流公司，其客户群有很强的稳定性，在客户类型及数量基本不变的情况下也可以采用这种方法。但这种方法在一定程度上掩盖了仓储成本真实内容，因为仓储成本中大部分都是间接费用，在客户比较多的情况下，需要把很多间接费用在不同客户之间进行分摊。而传统测算方法没有做到这一点。基于这种思想，我们提出采用一种新的成本核算方法——作业成本法。

（三）作业成本法理论

产品消耗作业，作业消耗资源并导致成本的发生。作业成本法突破了物流活动这个界限，而把成本核算深入到作业层次。它以作业为单位收集成本，并把“作业”的成本按作业动因分配到物流项目。首先，界定仓储活动中涉及的各个作业。作业是工作的各个单位，作业的类型和数量会随着企业的不同而不同；确认企业仓储系统中涉及的资源。资源是成本的源泉，资源的界定是在作业界定的基础上进行的，每项作业必涉及相关的资源，与作业无关的资源应从核算中剔除；确认资源动因，将资源分配到作业。作业决定着资源的耗用量，这种关系称做资源动因。资源动因联系着资源和作业，它把总分类账上的资源成本分配到作业；最后，确认成本动因，将作业成本分配到产品或服务中。作业动因反映了成本对象对作业消耗的逻辑关系。以下是作业成本法应用的一个实例。

1. 建立作业中心

假设某物流公司负责两个客户的仓储，在仓储过程中设定四项作业，分别是搬运、仓库管理、存储、信息处理。其中搬运所耗资源有操作工工资及福利费，叉车折旧费；仓库管理所消耗的资源有仓库管理人员的工资福利费、劳动保护用品即办公用品等；存储所消耗的资源包括仓库折旧费等；信息处理所消耗的资源有担当工资及福利费、担当固定资产折旧费、办公费等。

2. 归集资源到作业成本库

这一个环节，主要是汇总费用的过程，依据所建立的作业中心，根据作业中心提示的费用项目，分别归集各种费用，这部分工作由担当和财务人员协调完成后。统计结果如表7—3所示。

表 7—3　　**仓储作业中心费用合计**　　单位：元

作业种类	搬运	仓储管理	存储	信息处理	合计
资费	8 800	5 600	1 500	6 400	23 000

3. 确定作业动因，分配费用

物流企业在选择物流作业动因时，应考虑以下因素：一是与实际成本的相关度。如果物流成本动因计算出的作业消耗与实际消耗相差大，则成本计算不准确。因此，应重新选择相关度大的成本动因，这样的物流成本的计算才更准确；二是对组织行为的影响。某些成本动因可能会影响人们的行为。这种动因若组织目标一致，则能提高员工工作效率，促进效益。反之，可能导致员工工作效率低下。所以，应选择对人的行为作用有益的作业动因。

通过这种方法，我们把所有成本费用都按照各自的标准分配给不同的客户，每个客户都承担了自己应该承担的成本金额，比起传统物流成本的测算方法，作业成本法更为科学合理，能够真实反映不同客户的成本构成。

(四) 关于应用成本法应注意的事项

(1) 注重资源归集。采用作业成本法首先要做的就是全面综合的归集每个资源的成本费用，做到毫无遗漏。如果在某个环节上出现了差错或失误，那么成本核算的真实性将大打折扣，成本核算工作也将失去意义。

(2) 加强成本核算人员的培训工作。对于刚开始采用作业成本法的物流企业，应该主动组织成本核算人员进行相关内容的培训，从作业成本法的理论知识入手。当然，也要注重作业中心建立技巧和成本动因选择技巧的培训。

四、仓储成本管理的发展

从国外企业仓储成本管理的发展来看，大致可以分为以下两个阶段。

（一）仓储成本认识阶段

仓储成本管理在物流管理中占有重要的位置，“第三利润源”的观点说明了仓储成本问题是物流管理初期人们关心的主要问题。所谓“物流是第三利润源”是指通过物流合理化降低仓储成本，成为继降低制造成本和在扩大销售之后企业获取利润的第二种途径。正是由于在物流领域存在着广阔降低成本的空间，物流问题已引起企业经营管理者的重视。

但是，在这个阶段，人们对仓储成本的认识只是停留在概念认识的层次上，还没有依照管理的步骤对仓储成本实施全面管理。

（二）物流项目成本管理阶段

在对仓储成本认识的基础上，根据不同部门、不同领域或不同产品出现的特定物流问题，组织专门的人员研究解决。但是，对于仓储成本的组织化程度，以及对仓储成本的持久把握方面仍存在不足。到了这个阶段，物流管理组织开始出现。

任务三　掌握仓储成本分析的方法

在物流企业中存货占有较大的比重，因此，物流企业的仓储成本管理是一项非常重要的工作。库存物资数量并非越多越好，库存物资数量愈多，虽然愈能满足生产和消费的需要，但却占用大量的资金，仓储保险费用也较多，显然是极不经济的。因此，物流企业仓储成本管理的核心内容是确定合理的库存量。

一、影响仓储成本的因素

物资仓储量的多少，是由许多因素决定的。比如，从物资本身的特征来看，商品本身的性能不稳定，易燃、易爆、易变质的商品的库存量要小一些。时尚性强的商品，库存量要小一些，如时装等。时尚性不强的商品，库存量可以高一些，如香烟等。从物资管理方面来看，运输条件的便利与否也是影响因素之一。从交通方面来看，运输周期长的商品，可以保持较小的库存量。反之，运输不便，运输周期长的商品，应保持较高的库存量；从物资的使用和销售方面来看，一般销售量增加，相应的库存量也要增加。反之，销售量减少，库存量也要减少。但是，在这些影响因素中，我们总可以找到起主要作用的因素，同时也能找到某种形式的指标，对于所要找的指标，应该能综合反映主要因素和其他非主要因素的内在联系。这样就可以通过研究这个指标，实现对问题的解决。在研究物资最佳仓储量时，采购批量的大小是控制仓储量的基础。

影响采购批量的成本因素可以分为以下几种。

（一）取得成本

取得成本包括在采购过程中所发生的各种费用的总和。这些费用大体可以归结为两大类：一是随采购数量的变化而变化的变动费用；二是与采购数量多少关系不大的固定费用。

（二）储存成本

生产销售使用的各种物资，在一般情况下，都应该有一定的储备。储备就会有成本费用发生，这种费用也可以分为两大类：一是与储备资金多少有关的成本，如储备资金的利息、相关的税金、仓储物资合理损耗成本等；二是与仓储物资数量有关的成本，如仓库设施维护修理费、物资装卸搬运费、仓库设施折旧费、仓库管理人员工资、福利费、办公费等。

（三）缺货成本

由于计划不周或环境条件发生变化，导致企业在仓储中发生了缺货现象，从而影响了生产的顺利进行，造成了生产或销售上的损失，这种由于缺货原因所造成的生产损失和其他额外支出称为缺货损失。所以，为了防止缺货损失，在确定采购批量时，必须综合考虑采购费用、储存费用等相关因素，以确定最佳的经济储量。

（四）运输时间

在物资采购过程中，要做到随要随到的情况是有条件的。在一般情况下，从物资采购到企业仓库总是需要一定的时间。所以，在物资采购时，需要将运输时间考虑在相关因素中。

总之，在对上述影响物资采购批量的因素进行综合分析之后，才能正确确定物资的最佳经济采购量，从而进一步确定仓储的最佳经济储量。

二、仓储成本的分析

物流企业的仓储成本分析，应该从取得成本、储存成本、缺货成本三个方面进行。

（一）取得成本分析

取得成本是指为取得存货而支出的成本。取得成本又可以分为订货成本和购置成本，前者是指取得订单的成本，与订货次数有关；后者是存货本身的价值。因此取得成本为：

$$TC_a = F_1 + K_a D/Q + DU$$

式中 TC_a——取得成本；

F_1——订货固定成本；

K_a——每次订货的变动成本；

D——年需求量；

Q——每次订货量；

U——单价。

（二）储存成本分析

储存成本是指企业为保持存货而发生的成本，如仓储费、搬运费、保险费、占用资金的利息等。储存成本可以分为变动成本和固定成本两部分，前者与存货数量的多少有关，后者与存货数量无关。因此储存成本用公式表达为：

$$TC_c = F_2 + K_c Q/2$$

式中 TC_c——储存成本；

F_2——固定储存成本；

K_c——单位变动储存成本。

（三）缺货成本分析

缺货成本是指由于存货不能满足生产经营活动的需要而造成的损失，如失销损失、信誉损失、紧急采购额外支出等。缺货成本用 TC_s 表示。则总成本 TC 为：

$$TC = 取得成本 + 储存成本 + 缺货成本 = TC_a + TC_c + TC_s$$
$$= F_1 + K_a D/Q + DU + F_2 + K_c Q/2 + TC_s$$

如果存货量大，可以防止因缺货造成的损失，减少缺货成本，但相应要增加储存成本；反之，如果存货量小，可以减少储存成本，但相应会增加订货成本和缺货成本。存货管理的目标是使存货的总成本达到最小，即确定经济批量。

（四）经济批量的基本模型

经济订货批量模型最早由 F. W. Harris 于 1915 年提出的，又称整批间隔进货模型 *EOQ* 模型，是目前大多数企业最常采用的货物定购方式。该模型适用于整批间隔进货、不允许缺货的存储问题，即某种物资单位时间的需求量为常 D，存储量以单位时间消耗数量 D 的速度逐渐下降，经过时间 T 后，存储量下降到零，此时开始定货并随即到货，库存量由零上升为最高库存量 Q，然后开始下一个存储周期，形成多周期存储模型（见图 7—1）。

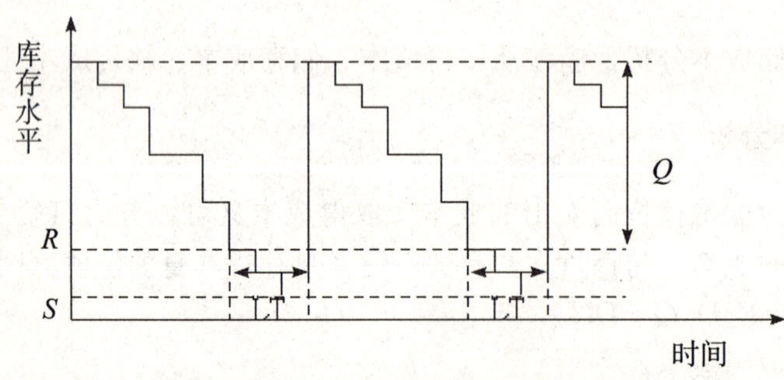

图 7—1 多周期存储模型

该模型有如下假设：

（1）需求率已知，为常量。

（2）一次订货量无最大最小限制。

（3）采购、运输均无价格折扣。

（4）订货提前期已知，为常量。

（5）订货费与订货批量无关。

（6）维持库存费是库存量的线性函数。

（7）补充率为无限大，全部订货一次交付。

(8) 不允许缺货。

(9) 采用固定量系统。

$TC=$取得成本+储存成本

$=TC_a+TC_C$

$=(F_1+K_aD/Q+DU)+(F_2+K_cQ/2)$

总成本中的 F_1、D、F_2 均为常量，则总成本 TC 大小完全由订货变动成本和储存成本决定，与批量有关的总成本公式为：

$$TC=K_aD/Q+K_cQ/2$$

在 K_a、D、K_c 为已知常数时，TC 的大小取决于 Q，经济批量 Q' 的计算公式为

$$Q'=\sqrt{2K_aD/K_c}$$

根据经济批量公式，还可以推算出每年最佳订货次数的公式：

$$N'=D/Q'$$

最佳储存总成本为

$$TC'=\sqrt{2DK_aK_c}$$

例：甲仓库A商品年需求量为30 000个，单位商品的购买价格为20元，每次订货成本为240元，单位商品的年保管费为10元，求该商品的经济订购批量，最低年总库存成本，每年的订货次数及平均订货间隔周期。

解：经济批量为

$$EOQ=\sqrt{2\times240\times30\,000/10}=1\,200\text{（个）}$$

每年总库存成本为

$$TC=30\,000\times20+10\times1\,200=612\,000\text{（元）}$$

每年的订货次数为

$$N=30\,000\div1\,200=25\text{（次）}$$

平均订货间隔周期为

$$T=365\div25=14.6\text{（天）。}$$

（五）保险储备

上述经济批量模型均假设存货的供需是稳定的，即每日需求量不变。但实际情况并非完全如此，需求量经常会发生变化，交货时间由于各种原因也可能延误。这些不确定因素的存在，要求企业要持有一定的保险储备，以防止延误、存货短缺等造成的损失。此时，存货的再订货点为：

$$R=LD+B$$

式中 R——再订货点。

L——交货时间。

D——平均每日需要量。

B——保险储备。

同时，建立保险储备的代价是储存成本的增加。保险储备大，因缺货造成的损失小，但相应的储存成本大；保险储备小，储存成本小，但可能因缺货造成的损失大。最佳保险

储备的确定，就是在存货短缺所造成的损失和保险储备的储存成本之间做出权衡，要使总成本达到最小。总成本公式为：

$$TC（S，B）=C_s+C_B=KuSN+BK_C$$

式中 $TC（S，B）$——与保险储备有关的总成本。

C_B——保险储备成本。

C_s——缺货成本。

S——缺货量。

Ku——单位缺货成本。

SN——年订货次数。

KB——保险储备。

K_C——单位储存成本。

其中，缺货量 S 具有一定的概率分布，其概率可根据历史经验估计。按概率的方法，可以计算不同保险储备量下的缺货量的期望值，进而计算出不同保险储备量下的成本，对成本进行比较，总成本最低时的保险储备即为最佳保险储备量。

例：某汽车配件销售公司主要经营某种汽车零部件，每年的销售量为 400 件，该零件的单位储存成本为 25 元，一次订货成本为 50 元，单位缺货成本 1.5 元。在交货间隔期内的需要量及其概率分布，见表 7—4。

表 7—4　　在交货期间内的需要量及其概率分布

需要量（件）	10	20	30	40	50
概率	0.1	0.2	0.4	0.2	0.1

解：经济批量为

$$Q'=\sqrt{2K_aD/K_c}=\sqrt{2\times50\times400\div25}=40（件）$$

每年最佳订货次数为

$$N'=D/Q'=400/40=10（次）$$

交货期内平均需要量为

$$10\times0.1+20\times0.2+30\times0.4+40\times0.2+50\times0.1=30（件）$$

保险储备如果为 30 件，缺货量为 0，则总成本为

$$TC（S，B）=C_s+C_B=KuSN+BK_C=0+25\times30=750（元）$$

保险储备如果为 20 件，缺货量为 10，则总成本为

$$TC（S，B）=C_s+C_B=KuSN+BK_C=（10\times1.5）+（25\times20）=650（元）$$

保险储备如果为 10 件，缺货量为 20，则总成本为

$$TC（S，B）=C_s+C_B=KuSN+BK_C=（20\times1.5\times10）+（25\times10）=550（元）$$

故应保持 10 件的保险储备。

在通货膨胀期间，购价会经常变化，运输成本会上升，资金成本也会增加，经济批量模型中的许多因素都具有不稳定性，这样的话，最优批量将保持不变。企业的订货时间和订货点具有弹性，特别是物流企业可以看准机会，在价格大幅度上升之前购入存货。因此，在通货膨胀情况下，企业需要更有弹性的仓储管理。

任务四 掌握仓储成本优化控制

任务案例

美国布鲁克林酿酒厂的物流成本管理

一、布鲁克林酿酒厂对运输成本的控制

布鲁克林酿酒厂于1987年11月将它的第一箱布鲁克林拉格运到日本，并在最初的几个月里使用了各种航运承运人。最后，日本金刚砂航运公司被选为布鲁克林酿酒厂唯一的航运承运人。金刚砂公司之所以被选中，是因为它向布鲁克林酿酒厂提供了增值服务。金刚砂公司在其国际机场的终点站交付啤酒，并在飞往东京的商航班上安排运输，金刚砂公司通过其日本报关办理清关手续。这些服务有利于保证产品完全符合保鲜要求。

二、布鲁克林酿酒厂对物流时间与价格进行控制

啤酒之所以能达到新鲜的要求，是因为这样的物流作业可以在啤酒酿造后的1周内将啤酒从酿酒厂直接运送到顾客手中。新鲜啤酒能超过一般的价值定价，比海运装运的啤酒价格高5倍。虽然布鲁克林拉格在美国是一种平价价位的啤酒，但在日本，它是一种溢价产品，获得了极高的利润。

三、布鲁克林酿酒厂对包装成本进行控制

布鲁克林酿酒厂将改变包装，通过装运小桶装啤酒而不是瓶装啤酒来降低运输成本。虽然小桶重量与瓶的重量相等，但减少了玻璃破碎而使啤酒损毁的机会。此外，小桶啤酒对保护性包装的要求也比较低，这也进一步降低了装运成本。

问题：

结合美国布鲁克林酿酒厂的物流成本管理现状，谈谈降低仓储成本的对策及其重要性。

一、物流仓储成本控制的意义

严格意义上的仓储成本控制，是指运用以戒本会计为主的各种方法，预订仓储成本限额，按限额分配储存成本和储存费用，以实际仓储成本与仓储成本限额比较，衡量仓储活动的效果，并以例外管理原则纠正不利差异，以提高工作效率，实现甚至超过预期的仓储成本控制限额。

仓储成本控制有广义与狭义之分。广义的仓储成本控制，是指企业在仓储管理方面，对任何必要的仓储作业方法所采取的控制手段，目的是以最低的储存成本，达到预先规定的储存质量和仓储数量。

狭义的仓储成本控制与广义的仓储成本控制的区别体现在以下几方面。

(1) 狭义的仓储成本控制以完成预定储存成本限额为目标；广义的仓储成本控制以储存成本最小化为标准。

(2) 狭义的仓储成本控制仅限于有储存成本限额的项目；广义的仓储成本控制不受这

种限制，涉及企业的全部活动。

（3）狭义的仓储成本控制是在执行决策过程中努力实现储存成本限额；广义的仓储成本控制还应包括正确选择仓储经营方案，涉及制订仓储决策的过程，包括仓储成本预测和决策分析。

（4）狭义的仓储成本控制是指降低储存成本支出的绝对额，故又称为绝对仓储成本控制；广义的仓储成本控制还包括统筹安排仓储成本分布、最佳经济储存数量和最佳经济采购时间和数量等，实现仓储成本的相对最低，故又称为相对仓储成本控制。

二、仓储成本控制的重要性

仓储成本的重要性主要体现在以下几个方面。

（1）仓储成本控制是企业增加赢利的“第三利润源”，直接服务于企业的最终目标。增加利润是企业的目标之一，也是社会经济发展的原动力。无论在什么情况下，降低成本都可以增加利润。在收入不变的情况下，降低成本可使利润增加；在收入增加的情况下，降低成本可使利润更快增长；在收入下降的情况下，降低成本可抑制利润的下降。

（2）仓储成本控制是抵抗内外压力、求得生存和扩展的主要保障。企业在生产经营活动中，外有同业竞争、政府课税和经济环境逆转等不利因素，内有职工改善待遇和股东要求分红的压力。企业用以抵御内外压力的武器，主要是降低各种成本、提高产品质量、创新产品设计和增加产销量。降低仓储成本可以提高企业价格竞争能力，可以提高安全边际率，使企业在经济萎缩时继续生存下去；提高售价会引发经销商和供应商相应的提价要求和增加流转税负担，而降低仓储成本可避免这类压力。

（3）仓储成本控制是企业持续发展的基础，把仓储成本控制在同类企业的先进水平上，才有迅速发展的基础。仓储成本降低了，可以削减售价以扩大销售，销售扩大后经营基础稳定了，才有力量去提高产品质量，创新产品设计，寻求新的发展。许多企业陷入困境的重要原因之一，是在仓储成本失去控制情况下，一味在扩大生产和开发新产品上冒险，一旦市场萎缩或决策失误，企业很快就垮下去了。同时，仓储成本一旦失控，就会造成大量的资金沉淀，严重影响企业的正常生产经营活动。

三、仓储成本控制的原则

（一）政策性原则

降低仓储成本从根本上说对国家、企业、消费者都是有利的，但是如果在仓储成本控制过程中，采用不适当的手段损害国家和消费者的利益，是极端错误的，应予避免。

（二）经济原则

经济原则主要强调推行仓储成本控制而发生的成本费用支出，不应超过因缺少控制而丧失的收益。

经济原则要求仓储成本控制要能起到降低成本、纠正偏差的作用，并具有实用、方便、易于操作的特点；经济原则要求在仓储成本控制中贯彻“例外原则”，对正常储存成本费用支出可以从简控制，而特别关注各种例外情况；经济原则还要求管理活动遵循重要性原则，将注意力集中于重要事项，对一些无关大局的成本项目可以从略。

（三）分级归口管理原则

企业的仓储控制成本目标，要层层分解，层层归口，层层落实，落实到各环节、各小组甚至个人，形成一个仓储成本控制系统，一般来说，控制的范围越小越好，因为这样可使各有关责任单位明确责任范围，使仓储成本控制真正落到实处。

（四）例外管理原则

例外管理原则是成本效益原则在仓储成本控制中的体现。仓储成本控制所产生的效益，必须大于因进行仓储成本控制而发生的成本耗费，如建立仓储成本控制系统的耗费，保证仓储成本控制系统正常运转的耗费。企业实际发生的费用，不可能每一项都和预算完全一致，如果不管成本差异大小，都要予以详细的记录，查明原因，将不胜其烦。因此根据成本效益原则，仓储成本控制，应将精力集中在非正常金额较大的例外事项上。解决了这些问题，就等于解决了关键问题，仓储目标成本的实现就有了可靠的保证，仓储成本控制的目的也就实现了。

四、仓储成本优化措施

仓储成本管理是仓储企业管理的基础，对提高整体管理水平，提高经济效益有重大影响，但是由于仓储成本与物流成本的其他构成要素，如运输成本、配送成本，以及服务质量和水平之间存在效益背反的现象。因此，降低仓储成本要在保证物流总成本最低和不降低企业的总体服务质量和目标水平的前提下进行，常见的措施包括以下几个方面。

（一）采用“先进先出”方式，减少仓储物的保管风险

“先进先出”是储存管理的准则之一，它能保证每个被储物的储存期不至过长，减少仓储物的保管风险。有效的先进先出方式主要有以下几种方式。

（1）贯通式（重力式）货架系统。利用货架的每层形成贯通的通道，从一端存入物品，另一端取出物品，物品在信道中自行按先后顺序排队，不会出现越位等现象。贯通式（重力式）货架系统能有效地保证先进先出。

（2）“双仓法”储存。给每种被储物都准备两个仓位或货位，轮换进行存取，再配以必须在一个货位中出清后才可以补充的规定，则可以保证实现“先进先出”。

（3）计算机存取系统。采用计算机管理，在存货时向计算机输入时间记录，编入一个简单的按时间顺序输出的程序，取货时计算机就能按时间给予指示，以保证“先进先出”。这种计算机存取系统还能将“先进先出”保证不作超长时间的储存和快进快出结合起来，即在保证一定先进先出的前提下，将周转快的物资随机存放在便于存储之处，以加快周转，减少劳动消耗。

（二）提高储存密度，提高仓容利用率

这样做的主要目的是减少储存设施的投资，提高单位存储面积的利用率，以降低成本、减少土地占用。具体有下列三种方法。

（1）采取高垛的方法，增加储存的高度。具体方法有采用高层货架仓库、集装箱等。比一般堆存方法大大增加了储存高度。

（2）缩小库内通道宽度以增加储存的有效面积。具体方法有采用窄巷道式通道，配以轨道式装卸车辆，以减少车辆运行宽度要求，采用侧叉车、推拉式叉车，以减少叉车转弯所需的宽度。

（3）减少库内通道数量以增加有效储存面积。具体方法有采用密集型货架、采用不依靠通道可进车的可卸式货架、采用各种贯通式货架、采用不依靠通道的桥式起重机装卸技术等。

（三）采用有效的储存定位系统，提高仓储作业效率

储存定位是指被储存物位置的确定。如果定位系统有效，能大大节约寻找、存放、取出的时间，节约大量的物化劳动及活劳动，而且能防止出错，便于清点及实行订货点等的管理方式。储存定位系统可采取先进的计算机管理，也可采取一般人工管理。行之有效的方式主要包括以下两种。

（1）“四号定位”方式。“四号定位”是用一组四位数字来确定存取位置的固定货位方法，是我国手工管理中采用的科学方法。这四个号码是库号、架号、层号和位号。这就使每一个货位都有一个组号，在物资入库时，按规划要求，对物资编号，记录在账卡上，提货时按四位数字的指示，很容易将货物拣选出来。这种定位方式可对仓库存货区事先做出规划，并能很快地存取货物，有利于提高速度，减少差错。

（2）电子计算机定位系统。电子计算机定位系统是利用电子计算机储存容量大、检索速度快的优势。在入库时，将存放货位输入计算机。出库时向计算机发出指令，并按计算机的指示人工或自动寻址，找到存放货，拣选取货的方式。一般采取自由货位方式，计算机指示入库货物存放在就近易于存取之处，或根据入库货物的存放时间和特点，指示合适的货位，取货时也可就近就便。这种方式可以充分利用每一个货位，而不需要专位待货，有利于提高仓库的储存能力，当吞吐量相同时，可比一般仓库减少建筑面积。

（四）采用有效的监测清点方式，提高仓储作业的准确程度

对储存物资数量和质量的监测有利于掌握仓储的基本情况，也有利于科学控制库存。在实际工作中稍有差错，就会使账物不符，所以，必须及时且准确地掌握实际储存情况，经常与账卡核对，确保仓储物资的完好无损，这是人工管理或计算机管理必不可少的。此外，经常的监测也是掌握被存物资数量状况的重要工作。监测清点的有效方式主要包括下面三种。

（1）“五五化”堆码。“五五化”堆码是我国手工管理中采用的一种科学方法。储存物堆垛时，以“五”为基本计数单位，堆成总量为“五”的倍数的垛形，如梅花五、重迭五等。堆码后，有经验者可过目成数，大大加快了人工点数的速度，而且很少出错。

（2）光电识别系统。在货位上设置光电识别装置，通过该装置对被存物的条形码或其他识别装置（如芯片）扫描，并将准确数目自动显示出来。这种方式不需人工清点就能准

确掌握库存的实有数量。

（3）电子计算机监控系统。用电子计算机指示存取，可以避免人工存取容易出现差错的弊端，如果在储存物上采用条形码技术，使识别计数和计算机联结，每次存、取一件物品时，识别装置自动将条形码识别并将其输入计算机，计算机会自动做出存取记录。这样只需向计算机查询，就可了解所存物品的准确情况，因而无需再建立一套对仓储物实有数的监测系统，减少查货、清点工作。

（五）加速周转，提高单位仓容产出

储存现代化的重要课题是将静态储存变为动态储存，周转速度一快，会带来一系列的好处；如资金周转快、资本效益高、货损货差小、仓库吞吐能力增加、成本下降等。具体做法诸如采用单元集装存储，建立快速分拣系统，都有利于实现快进快出、大进大出。

（六）采取多种经营方式，盘活资产

仓储设施和设备的巨大投入，只有在充分利用的情况下才能获得收益，如果不能投入使用或者只是低效率使用，只会造成成本的加大。仓储企业应及时决策，采取出租、借用、出售等多种经营方式盘活这些资产，提高资产设备的利用率。

（七）加强劳动管理

工资是仓储成本的重要组成部分，劳动力的合理使用，是控制人员工资的基本原则。我国是具有劳动力优势的国家，工资较为低廉，较多使用劳动力是合理的选择。但是对劳动进行有效管理，避免人浮于事，出工不出力或者效率低下也是成本管理的重要方面。

（八）降低经营管理成本

经营管理成本是企业经营活动和管理活动的费用和成本支出，包括管理费、业务费、交易成本等。加强该类成本管理，减少不必要支出，也能实现成本降低。当然，经营管理成本费用的支出时常不能产生直接的收益和回报，但也不能完全取消，但是加强管理是很有必要的。

知识链接

ABC（Activity-based Costing）作业成本法

作业包括企业的各种活动，作业成本管理（Activity-Based Costing Management，ABCM）是以作业为中心，通过对作业及作业成本的确认、计量、分析和管理，最终计算产品成本、分析作业、改进作业、为企业增加价值的新型战略成本管理（战略管理会计）方法，它把企业管理深入到作业层次，对所有作业活动追踪并动态反映，为企业决策提供相对准确的成本信息。

利用作业成本信息进行预算管理、生产管理、顾客赢利性分析，这类颇具成效的方法被视为当代战略管理会计和精益生产的基础而受到普遍赞誉和普及，以作业为基础的管理已经成为现代管理会计的核心。

ABC（Activity-based Costing）作业成本法在由于翻译的原因，国内有各种叫法。会计上多数称作业成本法，作业成本核算，其他叫法还有基于活动的成本核算，业务成本核算等。

VMI 供应商管理库存

所谓 VMI（Vendor Managed Inventory）是一种以用户和供应商双方都获得最低成本为目的，在一个共同的协议下由供应商管理库存，并不断监督协议执行情况和修正协议内容，使库存管理得到持续地改进的合作性策略。

这种库存管理策略打破了传统的各自为政的库存管理模式。体现了供应链的集成化管理思想，适应市场变化的要求，是一种新的、有代表性的库存管理思想。目前 VMI 在分销链中的作用十分重要，因此便被越来越多的人重视。供应商管理库存的作用有：

（1）降低存货；

（2）加快项目实施进程；

（3）通过集体采购降低采购单价；

（4）通过需求合作关系的建立减少总采购量；

（5）减少供应商的数目；

（6）通过改进供应商之间、供应商与用户之间的流程节约采购时间；

（7）提高供应链的持续改进能力；

（8）加强供应商的伙伴关系；

（9）降低存货过期的风险；

（10）与供应商合作改进产品性能，提高产品质量；

（11）通过用户对供应商的授权，促进供应商与用户之间的交流；

（12）降低采购订单、发票、付款、运输、收货等交易成本。

思考与练习

1. 请简述物流仓储成本的构成。
2. 仓储在物流成本管理中的作用是什么？
3. 仓储成本的计算通常可以采用哪几种方法？
4. 确认销售商品收入的条件有哪些？
5. 关于存货销货成本的几种计算方法各有哪些特点？
6. 请分析经济批量模型的假设条件及其现实意义。
7. 仓储成本控制的重要性主要体现在哪些方面？
8. 仓储成本控制的原则是什么？它们有什么现实意义？
9. 你知道几种仓储物资的数量控制方法？它们各有什么优劣？

项目技能训练

调查仓储企业中库房折旧费的会计处理与第三方物流公司外包的库房折旧费的会计处理有何不同？

项目八　包装成本管理

项目说明

在物流过程中，大多数商品都必须经过一定的包装后才能进行流转。因而，为了方便商品正常流转，企业通常都会产生一定的包装费用。对于物流企业来说，其包装费用一般有以下几方面构成。

(1) 包装材料费用。它是指各类物资在实施包装过程中耗费在材料费用支出上的费用，称为包装材料费用。常用的包装材料种类繁多，功能也各不相同，企业必须根据各种物资的特性，选择适合的包装材料，既要达到包装效果，又要合理节约包装材料费用。

(2) 包装机械费用。包装过程中使用机械作业可以极大地提高包装作业的劳动生产率，同时可以大幅度提高包装水平。使用包装机械（或工具）就会发生购置费用支出，日常维护保养费支出以及每个会计期间终了计提折旧费用。这些都构成了物流企业的包装机械费用。

(3) 包装技术费用。为了使包装的功能能够充分发挥作用，达到最佳的包装效果，因而在包装时，也需采用一定的技术措施。比如，实施缓冲包装、防潮包装、防霉包装等。这些技术的设计、实施所支出的费用，合称为包装技术费用。

(4) 包装人工费用。在实施包装过程中，必须有工人或专业作业人员进行操作。对这些人员发放的计时工资、计件工资、奖金、津贴和补贴等各项费用支出，构成了包装人工费用支出。但是不包括这些人员的劳动保护费支出。

(5) 其他辅助费用。除了上述主要费用外，物流企业有时还会发生一些其他包装辅助费用，如包装标记、包装标志的印刷、拴挂物费用的支出等。

包装作为生产的终点和物流的起点，其实施过程可能在生产企业，也可能在物流企业。无论是工业包装还是商业包装，都需耗用一定的人力、物力和财力，对于大多数商品，只有经过包装，才能进入流通。据统计，包装费用占流通费用的10%，有些商品特别是生活消费品，其包装费用所占比例高达50%。因而加强其包装费用的管理与核算，可以降低物流成本，进一步提高物流企业经济效益。

包装环节管理的好坏，包装费用支出的节约与否，直接影响着物流企业的经济效益。因而，对于物流企业来说，加强包装费用的管理十分重要。

项目目标

√ 了解包装材料的分类和包装机械的种类；

√ 理解包装的定义和包装技术；
√ 掌握包装材料费的计算方法；
√ 掌握包装成本控制的策略和包装成本优化的措施。

项目案例

我国乳品包装品种与成本分析

乳品包装作为乳品的一个组成部分，深刻影响着乳品业的发展。高质量的包装是乳品生产企业实现本地市场渗透和外地市场扩张的一个必然选择。奶制品的包装，分为：纸盒（如利乐包、康美包、屋顶盒）、玻璃瓶、袋装（如复合塑料袋）、塑料杯、金属罐装等。

液态奶包装主要包括用于超高温灭菌奶包装的利乐包和康美盒、用于超高温瞬时灭菌奶包装的利乐枕、用于微菌奶包装的屋脊包以及无菌复合膜制成的百利宝等塑料袋。玻璃瓶主要用于巴氏杀菌奶、调味奶和酸奶包装。PP杯及PS杯是酸奶的主要包装容器。

从地区分布上看，近几年，以利乐包为代表的高档牛奶包装在南方地区增长迅速。而北方和中西部地区则以经济型牛奶包装为主，塑料袋包装占整个液态奶市场70%，但利乐公司生产的无菌枕和无菌塑料袋在北方市场正快速增长，说明高品质包装日益受到市场欢迎。

不过，包装成本始终是国内乳业企业的一块心病。据调查，使用利乐包，一盒250毫升、价格在2.3元左右的液态奶，包装成本就占了0.5元。"利乐枕"的性价比较高，其成本价为0.30元。目前这种包装被不少国家和地区普遍采用，牛奶在常温下的保质期可达45天。该技术将优质鲜奶经过高达135℃的超高温瞬间灭菌，然后在密封无菌条件下，用六层纸铝塑复合无菌包装材料灌装、封合而成，所有影响牛奶变质的病菌、微生物都有不会与其接触，牛奶在不需加入防腐剂情况下能在常温下保存1个多月。

屋顶盒印刷精美，适合灌装营养价值高及口味新鲜的鲜奶、花色奶、酸奶及乳酸菌饮料等高档产品，但需要冷藏保鲜，保质期也比较短。但包装成本较低，约为0.48元。该包装在大城市越来越受欢迎。整个屋顶盒包牛奶市场2006年的销售量（含酸奶及乳酸菌饮料）与2005年相比上升了30%，达到47万吨，预计2008年销售量可达53万吨。屋顶盒包装材料既有利乐公司和日本产的包装纸，也有国内企业生产的包装纸。

百利包是一种新的低成本包装形式，成本仅为0.12元～0.13元。自2002年夏天以来，这种无菌复合膜包装乳品一直受到市场追捧。不过有业内人士认为百利包包装的产品档次偏低，更多地是针对低端市场投放。

普通塑料袋包装是小型乳品生产企业降低成本的一个选择，塑料袋的成本只有0.04元。此外，湖南万容包装公司推出的"万容包"，配合采用超高温瞬时灭菌及专用无菌灌装设备，可使牛奶在常温下的保质期分别达到30天、60天、90天，成本约为0.05元～0.07元。但这种包装方式还没有被市场普遍接受。

问题：

我国乳品包装有哪些种类？每类的特点是什么？

任务一 了解包装成本管理

包装作为物流企业的构成要素之一，与运输、保管、搬运、流通加工均有十分密切的关系。包装是生产的终点，同时又是物流的起点，因而包装成本在物流成本中占有非常重要的地位。

一、包装概述

（一）包装的定义

包装可以促进商品销售，正所谓“货卖一张皮”。因此，著名的企业，特别是生产与人民生活相关产品，比如食品、饮料、化妆品的厂家，无不十分重视包装。但是，包装不是万能的，真正吸引消费者的，真正能够让消费者认牌消费的，还是要靠过硬的产品质量。

（二）包装的分类

商品包装种类繁多，根据习惯常用下列几种分类方法：按包装形态不同分，有内包装、中包装和外包装；按运输方式不同分，有铁路货物包装、公路货物包装、船舶货物包装和航空货物包装等；按包装在流通中的功能分，有运输包装和销售包装；按包装的材料分，有木箱包装、纸袋包装、麻布袋包装、塑料包装、金属包装、玻璃与陶瓷包装和复合材料包装等；按包装商品分，有食品包装、药品包装、液体包装、粉粒包装、危险品包装等；按包装技术和方法分，有收缩包装、真空包装、充气包装、防潮包装、防锈包装和缓冲包装等。这里将重点介绍物流领域最常见的，也是一种主要的包装种类，即运输包装。

运输包装又称商品的大包装或外包装。主要以方便运输、储存为目的的商品包装。具有保障商品安全、方便贮运装卸和加速交接与点验等作用。运输包装的特点是容积大、结构坚固、标志清晰、搬运方便。合理的运输包装方法应做到在不影响质量的前提下，压缩轻泡商品体积，大型货物拆装，形状相似的商品套装，并加衬垫缓冲材料等。

商品的运输包装一般有散装、裸装和包装三种形式。散装是指不需要也不必要进行包装，而直接将商品装载在运输工具内的包装方式，如石油、煤炭、原盐等均可采用这种方式；裸装是指那些自然成件，产品能抵抗外界作用，在储运过程中可以保持原状，不必包裹的包装方式，如钢板、原木等均可采用这一方式；包装是指需要外加包裹物，使商品形成包、箱、袋、桶或捆件等形状的包装方式。除了可采用散装和裸装的商品外，大多数商品都要经过包装方可运输。常用的运输包装形式主要包括以下四种。

1. 箱型包装

箱型包装主要有纸箱和木箱。纸箱是用瓦楞纸制成的包装箱。包装纸箱的特点是重量轻、成本低、牢固、开启方便、防尘、便于捆扎、搬运、易于折叠平放、占地面积少、可回收复用等；木箱包装是用木板、胶合板或纤维板为原料制成木制箱型包装。木箱的优点是耐压、耐震、体积大、载重量大、可重复使用等。缺点是成本高、重量大、笨重、不易开启、占地面积大等。

2. 桶型包装

运输包装中的桶型包装有金属桶、木桶、纸桶、塑料桶及纸板合成桶等。金属桶有铁桶、马口铁桶、铁塑桶等，金属桶具有坚固耐用、防渗漏、防腐蚀等功能；用作运输包装木桶有胶合板桶、纤维板桶，松木桶等，具有透湿、隔潮的功能；塑料桶主要用于盛装化工产品，特点是质轻、耐腐蚀、不易破碎。

3. 袋型包装

袋装包装主要有麻袋、布袋、纸袋、塑料袋等。广泛应用于谷物、豆类、砂糖、化工原料、化学肥料以及粉状、颗粒状或块状商品的包装。

4. 集合包装

集合包装具有提高港口装卸效率、减轻劳动强度、节省装运费用、保护商品、减少损耗和促进商品包装标准化等优点。主要有集装袋、集装箱，托盘组合包装三种类型。

（1）集装袋是指用塑料重叠丝编织成的包装袋。优点是重量轻，柔软可折叠、体积小，装载量大。每袋可载1～4吨的货物，并能重复使用。

（2）集装箱是用钢材、铝合金板、纤维板等材料制作的集中装载大量货物的大型包装容器。优点是安全、简便、迅速、节约，便于机械和自动化装卸。可载5～40吨各类商品，常用于铁路、公路和海上远程运输。

（3）托盘组合包装是用木材、塑料、金属材料或玻璃纤维等制成的垫板，有平面式托盘、箱式托盘、立柱式托盘、滑片托盘等几种形式。优点是耐腐蚀、卫生、节省费用、减少商品损耗。载重量在0.5～2吨之间。

（三）包装的作用

（1）保护商品。这是最重要的作用，它是指保护被包装的商品，防止风险和损坏，诸如渗漏、浪费、偷盗、损耗、散落、掺杂、收缩和变色等。产品从生产出来到使用之前这段时间，保护措施是很重要的。

（2）提供方便。制造者、营销者及顾客要把产品从一个地方搬到另一个地方，牙膏或钉子放在纸盒内可以很容易在库房里搬动，酱菜和洗衣粉的不方便包装，已被现在的小包装所取代，这时消费者采购和带回家都非常方便。

（3）便于辨别。包装上必须注明产品型号、数量、品牌以及制造厂家或零售商的名称。这些标识能帮助库房管理人员迅速而准确地找到产品，也可帮助消费者找到他想买的东西。

（4）促进某种品牌的销售。在商店里，包装吸引着顾客的注意力，并能把他的注意力转化为兴趣。有人认为，“每个包装箱都是一幅广告牌。”良好的包装能够提高产品的吸引力，包装本身的价值也能引起消费者的购买兴趣。此外，提高包装的吸引力要比提高产品单位售价的代价要低。

二、包装材料的分类

包装材料是指用于制造包装容器、包装装潢、包装印刷、包装运输等满足产品包装要求所使用的材料，它既包括金属、塑料、玻璃、陶瓷、纸、竹本、野生蘑类、天然纤维、化学纤维、复合材料等主要包装材料；又包括涂料、粘合剂、捆扎带、装潢、印刷材料等辅助材料。

（一）包装材料应具备的性能

（1）一定的机械性能。包装材料应能有效地保护产品。因此应具有一定的强度、刚度、韧性和弹性等，以适应压力、冲击、振动等静力和动力因素的影响。

（2）适当的阻隔性能。根据对产品包装的不同要求，包装材料应对水分、水蒸气、气体、光线、芳香气、异味、热量等具有一定的阻挡能力。

（3）良好的安全性能。包装材料本身的毒性要小，以免污染产品和影响人体健康。包装材料应无腐蚀性，并具有防虫、防蛀、防鼠、抑制微生物等性能，以保护产品安全。

（4）合适的加工性能。包装材料应宜于加工，易于制成各种包装容器。应易于包装作业的机械化、自动化，以适应大规模工业生产应适于印刷，便于印刷包装。

（5）较好的经济性能。包装材料应来源广泛、取材方便、成本低廉，使用后的包装材料和包装容器应易于处理，不污染环境、以免造成公害。

（二）按照原材料种类对包装材料进行分类

根据材料功能可将包装材料分为主要包装材料和辅助包装材料。主要包装材料是指用来制造包装容器的器壁或包装物结构主体的材料；辅助包装材料是指装潢材料、粘合剂、封闭物和包装辅助物、封缄材和捆扎材等材料。不同的国家有不同的分类习惯，但按照原材料种类的不同进行分类是被普遍采用的方法。按照原材料种类可把包装材料分为：

（1）纸质材料（纸、纸板、瓦楞纸板）。

（2）合成高分子材料（塑料、橡胶、粘合剂、涂料等）。

（3）金属材料（钢铁、铝、锡、铅等）。

（4）玻璃与陶瓷材料。

（5）复合材料。

（6）纤维材料（天然纤维、合成纤维、纺织品等）。

（7）木材。

（8）其他材料。

（三）按照包装功能对包装材料进行分类

按照包装功能和目的可把常用的包装材料分为7类。

（1）阻隔性包装材料。包括气体阻隔型、湿气（水蒸气）阻隔型、香味阻隔型、光阻隔型等。

（2）耐热包装材料。如微波炉用包装材料。

（3）选择渗透性包装材料。包括氧气选择渗透、二氧化碳气选择渗透、水蒸汽选择渗透、挥发性气体选择渗透等。

（4）保鲜性包装材料。如既有缓熟保鲜功能又有抑菌功能的材料。

（5）导电性包装材料。包括抗静电包装材料、抗电磁波干扰包装材料等。

(6) 分解性包装材料。包括生物分解型、光分解型、热分解型等。

(7) 其他功能性包装材料。包括防锈蚀包装、可食性包装、水溶性包装等。

三、包装机械种类

包装机械不仅可以极大地提高包装的劳动生产率，也可大幅度提高包装水平。随着包装机械的广泛使用，包装机械费用将以折旧为主的方式，转移到包装成本中去。

常见的包装机械有以下几类。

(一) 填充包装机械

填充包装机械是包装机械中最主要的一类，主要有装箱机械、装盒机械、装袋机械、液压产品的灌装机械、固体物品填充机械等（见表 8—1）。

表 8—1　　填充包装机械

类别	定义
装箱机械	装箱机械以纸箱为主。根据机械工作的程序不同，有的是已装订成形的平叠纸箱，有的则是未装订接口的瓦楞平板，在包装过程中边包覆产品、边粘合接口
装盒机械	装盒机械是将单件或多件产品，用真空喂给机构或其他机械，取出预制纸盒胚，并自动打开装入物品以后，使纸坯折合或上胶粘合的机械。装盒机械一般包括纸盒供给、产品输送、装填、折合、成品输出等，有的还附设打印、印刷、封口与检测机构等
装袋机械	装袋机械的主要结构分为张袋机构、计量装置、填充装置和封袋装置。张袋机构主要是将包装袋袋口打开，以接受从漏斗里充填进入的物料。填充装置结构简单，一般有料斗、料槽。填充装置必须接近和插入包装袋口和张袋装置
灌装机械	灌装机械是指灌装液体与半液体产品或液体与固体混合制品的机械，灌装所用的容器主要有桶、罐、瓶、听、软管等。按照灌装产品的工艺可以分为常压灌装机、真空灌装机、加压灌装机等
填充机械	填充机械主要是指填充干燥粉状、颗粒状、块状商品于盒、瓶、罐、听中的机械。

(二) 裹包和捆扎机械

裹包和捆扎机械以及加标机械不同于充填机械，它们是直接使用材料来包装产品，而充填机则是用容器来包装的（见表 8—2）。

表 8—2　　裹包和捆扎机械

内容	定义
裹包机械	裹包机械又称扰性材料裹包机械，主要材料为纸、蜡纸、牛皮纸或用纸、铝箱、塑料薄膜组成的复合材料
捆扎机械	捆扎机械是供纸箱、木箱或包封物品，利用纸、塑料纺织纤维和金属的绳、带等进行捆扎的机械
封条和加标机械	封条加工机是一种封箱贴条机械，多采用机械气动和电气控制来完成封贴工序，既可以用于装箱机流水线的生产使用，又可以做人工装箱后的封箱、贴封条的单机使用
封口机械	封口机械主要是用于各种容器的封口。按封口的工艺分为玻璃加盖机械、布袋口缝纫机械、封箱机械以及塑料袋和纸袋的各种封口机械

（三）产品包装技术机械

由于收缩、拉伸和热成型等包装机械与塑料包装材料和包装容器的工艺特性密切相关，因而统称为包装技术机械（见表 8—3）。

表 8—3 **产品包装技术机械**

内容	定义
收缩包装机械	收缩包装机械是用经过拉伸的热收缩薄膜包装产品，对薄膜进行适当地加热处理，使薄膜收缩而紧裹物品的包装机械
热成型包装机械	热成型包装机械（又称为吸塑包装机械），根据其成型工艺的不同，可以分为泡罩式包装机、贴体包装机、热压成型充填机和真空包装机等
拉伸包装机械	拉伸包装机械是依靠机械装置，在常温下将弹性塑料薄膜围绕着待包装产品件拉伸、裹紧，并在末端进行封合的一种包装机械

三、包装技术

为了使包装的功能能够充分发挥其作用，达到最佳的包装效果，因而包装时也应采用一定的技术措施。这些技术的设计及实施所支出的费用，合称为包装技术费用。

（一）防震保护技术

防震包装又称缓冲包装，在各种包装方法中占有重要的地位。产品从生产出来到开始使用要经过一系列的运输、保管、堆码和装卸过程，置于一定的环境之中。在任何环境中都会有力作用在产品之上，并使产品发生机械性损坏。为了防止产品遭受损坏，就要设法减小外力的影响，所谓防震包装就是指为减缓内装物受到冲击和振动，保护其免受损坏所采取的一定防护措施的包装。防震包装主要有以下三种方法（见表 8—4）。

表 8—4 **防震包装的方法**

方法	定义
全面防震包装方法	全面防震包装方法是指内装物和外包装之间全部用防震材料填满进行防震的包装方法
部分防震包装方法	对于整体性好的产品和有内装容器的产品，仅在产品或内包装的拐角或局部地方使用防震材料进行衬垫即可
悬浮式防震包装方法	对于某些贵重易损的的物品，为了有效地保证在流通过程中不被损坏，外包装容器比较坚固，然后用绳、带、弹簧等将被装物悬吊在包装容器内

（二）防破损保护技术

缓冲包装有较强的防破损能力，因而是防破损包装技术中有效的一类。此外还可以采取以下几种防破损保护技术（见表 8—5）。

表 8—5　　防破损保护技术

类别	定义
捆扎及裹紧技术	捆扎及裹紧技术的作用，使杂货、散货形成一个牢固整体，以增加整体性，便于处理及防止散堆来减少破损
集装技术	利用集装，减少与货体的接触，从而防止破损
选择高强保护材料	通过外包装材料的高强度来防止内装物受外力作用破损

（三）防锈包装技术

防锈包装技术包括防锈油包装技术与气相防锈包装技术，详见表 8—6。

表 8—6　　防锈包装技术

类别	定义
防锈油包装技术	防锈油包装技术就是使金属表面与引起大气锈蚀的各种因素隔绝，即将金属表面保护起来，来达到防止金属被大气锈蚀的目的
气相防锈包装技术	气相防锈包装技术就是用气相缓蚀剂（挥发性缓蚀剂），在密封包装容器中对金属制品进行防锈处理的技术

（四）防霉腐包装技术

在运输包装内装运食品和其他有机碳水化合物货物时，货物表面可能生长霉菌，在流通过程中如遇潮湿，霉菌生长繁殖极快，甚至延伸至货物内部，使其腐烂、发霉、变质，因此要采取特别防护措施。包装防霉烂变质的措施，通常是采用冷冻包装、真空包装或高温灭菌方法。冷冻包装的原理是减慢细菌活动和化学变化的过程，以延长储存期，但不能完全消除食品的变质；高温杀菌法可消灭引起食品腐烂的微生物，可在包装过程中用高温处理防霉。有些经干燥处理的食品包装，应防止水汽浸入以防霉腐，可选择防水汽和气密性好的包装材料，采取真空和充气包装；真空包装法也称减压包装法或排气包装法。这种包装可阻挡外界的水汽进入包装容器内，也可防止在密闭着的防潮包装内部存有潮湿空气，在气温下降时结露。采用真空包装法，要注意避免过高的真空度。以防损伤包装材料。

防止运输包装内货物发霉，还可使用防霉剂，防霉剂的种类很多，用于食品的必须选用无毒防霉剂。机电产品的大型封闭箱，可酌情开设通风孔或通风窗等相应的防霉措施。

（五）防虫包装技术

防虫包装技术即在包装中放入有一定毒性和臭味的药物，利用药物在包装中挥发气体杀灭和驱除各种害虫。常用驱虫剂有茶、对位二氯化苯、樟脑精等。也可采用真空包装、充气包装、脱氧包装等技术，使害虫无生存环境，从而防止虫害。

（六）危险品包装技术

危险品有上千种，按其危险性质，交通运输及公安消防部门规定分为十大类，即爆炸性物品、氧化剂、压缩气体和液化气体、自燃物品、遇水燃烧物品、易燃液体、易燃固体、毒害品、腐蚀性物品、放射性物品等，有些物品同时具有两种以上危险性能。

（1）对有毒商品的包装要标明“有毒”的明显标志。防毒的主要措施是包装严密不漏、不透气。例如重铬酸钾（红矾钾）和重铬酸钠（红矾钠），为红色带透明结晶，有毒，应用坚固附桶包装，桶口要严密不漏，制桶的铁板厚度不能小于1.2毫米。对有机农药一类的商品，应装入沥青麻袋，缝口严密不漏。如用塑料袋或沥青纸袋包装的，外面应再用麻袋或布袋包装。

（2）对有腐蚀性的商品，要注意商品和包装容器的材质发生化学变化。金属类的包装容器，要在容器壁涂上涂料，防止腐蚀性商品对容器的腐蚀。例如，包装合成脂肪酸的铁桶内壁要涂有耐酸保护层，防止铁桶被商品腐蚀，从而商品也随之变质；再如，氢氟酸是无机酸性腐蚀物品，有剧毒，能腐蚀玻璃，不能用玻璃瓶作包装容器，应装入金属桶或塑料桶，然后再装入木箱。

（3）对黄磷等易自燃商品的包装，应将其装入壁厚不少于1毫米的铁桶中，桶内壁须涂耐酸保护层，桶内盛水，并使水面浸没商品，桶口严密封闭，每桶净重不超过50公斤。如遇水易引起燃烧的碳化钙，遇水即分解并产生易燃乙炔气，对其采用坚固的铁桶包装，桶内充入氮气。如果桶内不充氮气，则应装置放气活塞。

（4）对于易燃、易爆商品，如有强烈氧化性的、遇有微量不纯物或受热即急剧分解引起爆炸的产品。防爆炸包装的有效方法是采用塑料桶包装，然后将塑料桶装入铁桶或木箱中，每件净重不超过50公斤，并应有自动放气的安全阀，当桶内达到一定气体压力时，能自动放气。

（七）特种包装技术

特种包装技术主要包括五种方法，见表8—7。

表8—7　特种包装技术

类别	定义
充气包装	充气包装是一种采用二氧化碳气体或氮气等不活泼气体置换包装容器中空气的包装技术，因此也称为气体置换包装
真空包装	真空包装是将物品装入气密性容器后，在容器封口之前抽至真空状态，使密封后的容器内基本没有空气的一种包装方法
收缩包装	收缩包装就是用收缩薄膜裹包物品（或内包装件），然后对薄膜进行适当加热处理，使薄膜收缩而紧贴于物品（或内包装件）的包装技术
拉伸包装	拉伸包装是依靠机械装置在常温下将弹性薄膜围绕被包装件拉伸、紧裹，并在其末端进行封合的一种包装方法
脱氧包装	脱氧包装是在密封的包装容器中，使用能与氧气起化学作用的脱氧剂与之反应，从而去除包装容器中的氧气，以达到保护内装物的目的

任务二　掌握包装材料费的计算

一、购入材料成本的确定

企业的材料除少数自制外，大部分是通过采购取得的。针对购入材料如何计算、哪些项目包括在采购成本之内等问题。财政部门颁布的《企业会计准则》和修订的《工业企业会计制度》对此均有所规定和说明。外购材料的成本包括以下内容。

(一) 买价

即购买价格。对于购货时存在的购货折扣应予以扣除，即购入的材料物资，按扣除折扣后的净额计价。

(二) 材料入库前发生的各种附带成本

包括运杂费（运输费、装卸费、保险费、仓储费等）、在运输中的合理损耗、入库前的挑选整理费用、购入材料负担的不能抵扣的税和其他费用等。

由于每次采购的不止一种材料，因此，外购材料采购成本可按下列程序计算。

对于买价可直接计入各种材料的采购成本及各种附带成本，凡能分清归属的，可直接计入各种材料的采购成本，不能分清的，可根据各种材料的特点，采用一定的分配方法，分配计入各种材料采购成本。其分配方法通常按材料的重量、体积、买价等分配。

例：企业从外购入甲材料 1 000 千克，不含税单价为 10 元，乙材料 2 000 千克，不含税单价为 8 元，共支付运杂费 300 元。运杂费按材料重量比例分摊。

解：甲、乙两种材料的采购成本计算，见表 8—8。

表 8—8　材料采购成本计算表

材料名称	买价（元）	运杂费分配率	应分摊运杂费（元）	总成本（元）	单位成本（元）
甲材料	10 000	$\frac{300}{1\ 000+2\ 000}=0.10$	100	10 100	10.10
乙材料	16 000		200	16 200	8.10

二、发出材料成本的计价

由于企业的各种材料是分次分批分别由不同地点购进的，而每次购进的同种材料单价又往往不同。因此，在每次发料时，就存在到底按哪一批单价计价的问题，企业可以根据不同情况，采用下列方法计价。但是，不论采用哪种方法，都会对企业的财务状况损益计算，直至缴纳所得税的数额产生影响。因而，计价方法一经确定，企业不得随便变动。

（一）先进先出法

此方法是以先购入的材料先发出为假定前提，每次发出材料的单价，要按库存材料中最先购入的那批材料的实际单价计价。采用这种方法要求分清所购每批材料的数量和单价。在发出材料时，除应逐笔登记发出数量外，还要登记余额，并结出结存的数量和金额。

现以甲材料为例，采用先进先出法计算发出材料和期末材料的成本，见表 8—9。

表 8—9 甲材料明细账

2004 年		凭证编号	摘要	收入			发出			结存		
月	日			数量（千克）	单价（元/千克）	金额（元）	数量（千克）	单价（元/千克）	金额（元）	数量（千克）	单价（元/千克）	金额（元）
1	1	—	期初余额	—	—	—	—	—	—	300	50	15 000
	10	略	购入	900	60	54 000	—	—	—	300 900	50 60	15 000 54 000
	11	—	发出	—	—	—	300 500	50 60	15 000 30 000	400	60	24 000
	18	—	购入	600	70	42 000	—	—	—	400 600	60 70	24 000 42 000
	20	—	发出	—	—	—	400 400	60 70	24 000 28 000	200	70	14 000
	23	—	购入	200	80	16 000	—	—	—	200 200	70 80	14 000 16 000
	31	—	本月合计	1 700	—	112 000	1 600	—	97 000	200 200	70 80	14 000 16 000

采用先进先出法，其优点是使企业不能随意挑选材料计价以调整当期利润，有利于均衡核算工作；缺点是核算工作量比较繁琐，而且当物价上涨时，会高估企业当期利润和库存材料价值。在物价持续下跌的情况下，又会使计入产品成本的材料费用偏高，导致低估企业期末库存材料价值和当期利润。先进先出法适用于收发不很频繁的材料计价。

（二）全月一次加权平均法

全月一次加权平均法是以月初结存材料金额与全月收入材料金额之和，除以月初结存材料数量与全月收入材料数量之和，算出以数量为权数的材料平均单价，从而确定材料的发出和库存成本，这种平均单价每月月末计算一次。

其计算公式为：

$$材料月末加权平均单价=\frac{月初结存材料金额+全月收入材料金额}{月初结寸材料数量+全月收入材料数量}$$

本月发出材料成本＝本月发出材料数量×材料加权平均单价

月末库存材料成本＝月末库存材料数量×材料加权平均单价

仍以上述甲材料明细账为例，采用全月一次加权平均法计算发出材料和期末库存材料的成本，见表 8—10。

表 8—10　　甲材料明细帐

2004 年		凭证编号	摘要	收入			发出			结存		
月	日			数量（千克）	单价（元/千克）	金额（元）	数量（千克）	单价（元/千克）	金额（元）	数量（千克）	单价（元/千克）	金额（元）
1	1	—	期初余额	—	—	—	—	—	—	300	50	15 000
1	10	略	购入	900	60	54 000	—	—	—	1 200	—	—
1	11	—	发出	—	—	—	800	—	—	400	—	—
1	18	—	购入	600	70	42 000	—	—	—	1 000	—	—
1	20	—	发出	—	—	—	800	—	—	200	—	—
1	23	—	购入	200	80	16 000	—	—	—	400	—	—
1	31	—	本月合计	1 700	—	112 000	1 600	63.50	101 600	400	63.50	25 400

$$材料月末加权平均单价=\frac{15\ 000+54\ 000+42\ 000+16\ 000}{300+200+600+200}元=63.5\ (元)$$

本月发出甲材料成本＝1 600×63.50＝101 600（元）

月末甲材料库存成本＝400×63.50＝25 400（元）。

采用加权平均法，只在月末一次计算加权平均单价，可以大大简化核算工作，而且在市场价格上涨或下跌时所计算出来的单位成本比较平均化，对材料成本的分摊较为折中。但是，这种方法平时在账上无法提供发出和结存材料的单价和金额，不利于材料的日常管理。同时，材料计价工作集中在月末进行，容易影响材料核算工作的均衡性和及时性。该方法适用于各期材料成本变动不大的情况下采用。

（三）移动加权平均法

移动加权平均数是以原结存材料金额与本批材料收入金额之和，除以原结存材料数量与本批收入材料数量之和，算出以数量为权数的材料平均单价，作为日常发料的单价。收入材料单价变动一次，就要计算一次加权平均单价。其计算公式为：

$$移动加权平均单价=\frac{原结存材料金额+本批收入材料金额}{原结存材料数量+本批收入材料数量}$$

仍以前述甲材料资料为例，采用移动加权平均法计算发出材料和期末库存材料和期末库存材的成本，见表 8—11。

表 8—11　　甲材料明细帐

2004 年		凭证编号	摘要	收入			发出			结存		
月	日			数量（千克）	单价（元/千克）	金额（元）	数量（千克）	单价（元/千克）	金额（元）	数量（千克）	单价（元/千克）	金额（元）
1	1	—	期初结存	—	—	—	—	—	—	300	50	15 000
1	10	略	购入	900	60	54 000	—	—	—	1 200	57.5	69 000
1	11	—	发出	—	—	—	800	57.5	46 000	400	57.5	23 000

续表

2004年		凭证编号	摘要	收入			发出			结存		
月	日			数量（千克）	单价(元/千克)	金额（元）	数量（千克）	单价(元/千克)	金额（元）	数量（千克）	单价(元/千克)	金额（元）
1	18	—	购入	600	70	42 000	—	—	—	1 000	65	65 000
1	20	—	发出	—	—	—	800	65	52 000	200	65	13 000
1	23	—	购入	200	80	16 000	—	—	—	400	72.5	29 000
1	31	—	本月合计	1 700	—	112 000	1 600	—	98 000	400	72.5	29 000

10日，第一批收料后的平均单价＝（15 000＋54 000）÷（300＋900）＝57.5（元/千克）。

18日，第二批收料后的平均单价＝（23 000＋42 000）÷（400＋600）＝65（元/千克）。

23日，第三批收料后的平均单价＝（13 000＋16 000）÷（200＋200）＝72.5（元/千克）。

本月发出材料成本合计＝46 000＋52 000＝98 000（元）。

期末库存材料成本＝400×72.5＝29 000（元）。

采用这种计价方法，可以均衡材料核算工作，有利于材料的日常管理，而且计算出的平均单价比较客观。但在材料收入批数较多的情况下，核算工作量较大。

（四）后进先出法

后进先出法是以最后购入的材料最先发出为假定前提，每次发出材料的单价，要按库存材料中最后购进的那批材料的实际单价计价。采用这种方法要求分清所购每批材料的数量和单价，发出材料时除逐笔登记发出数量外，还要登记数额，并结出结存材料的数额。仍以前述甲材料资料为例，采用后出先进方法计算发出材料和期末库存材料成本，见表8—12。

表8—12 甲材料明细帐

2004年		凭证编号	摘要	收入			发出			结存		
月	日			数量（千克）	单价(元/千克)	金额（元）	数量（千克）	单价(元/千克)	金额（元）	数量（千克）	单价(元/千克)	金额（元）
1	1	—	期初结存	—	—	—	—	—	—	300	50	15 000
1	10	略	购入	900	60	54 000	—	—	—	1 200	57.5	69 000
1	11	—	发出	—	—	—	800	57.5	46 000	400	57.5	23 000
1	18	—	购入	600	70	42 000	—	—	—	1 000	65	65 000
1	20	—	发出	—	—	—	800	65	52 000	200	65	13 000
1	23	—	购入	200	80	16 000	—	—	—	400	72.5	29 000
1	31	—	本月合计	1 700	—	112 000	1 600	—	98 000	400	72.5	29 000

用后出先进法计算出来的发出材料的成本比较接近现行成本，因为在物价持续上涨时期，后购进的材料成本一般高于先购进的材料成本。因此采用后进先出法就意味着将较高的原材料费用计入了当期成本，从而使当期高估成本，低估利润，这种做法符合稳健性原

则。不过这种方法计价工作量较大，且资产负债表上反映的存货价值不能代表真实的财务状况。

三、材料收发的控制

因为多数企业的包装材料成本，在包装成本中都占较大比重，所以在管理上必须严加控制。既要防止企业在材料上占压资金，也要保证库存材料满足包装生产上的需要。为此在材料收发业务中必须按照规定填制材料收发凭证，办理材料入库出库手续，这是搞好材料成本核算的基础工作。

（一）材料收入的凭证

企业材料收入来源，有外购、自制、回收废料以及车间余料返回和委托加工材料收入等。材料由外部运输单位或企业运输部门运到企业材料仓库时，仓库应根据发货票所列的品种、规格数量进行核算、验收。验收以后，应该填制“收料单”。

为了便于收料单的分类、汇总，一张收料单一般只能填列二种材料，对于同一供应单位、同一品种在同一日内分批到达的材料，可以先分批进行备忘登记，日末汇总填制一张收料单。

当自制完工的材料及收回的车间余料和废料交库时，应该填制材料交库单，并在单中填明“自制完工”或“废料收回”字样。仓库验收材料以后，应在交库单中填写实收数量，并由交料人员在单中签章，以明确责任。

车间或部门余料返回仓库，应该填制退料单，退料单的格式与材料交库单基本相同。对于已领未用，但下月需要继续耗用的材料，为了避免本月末交库下月初又领用的烦琐手续，可以办理“假返料”手续，既填制本月退料单，同时也填制下月领料单，材料实物并不移动。这样不仅简化了领料手续，而且可以保证正确计算各月的包装成本。

（二）材料发出的凭证

为加强领用材料的控制，节约材料消耗，同时为正确核算包装成本和材料费用提供依据。仓库发出材料时，应由领料单位填制领料凭证，领料凭证一般有以下几种。

1. 领料单

领料单是一次使用有效的凭证，每领一次料填写一份，适用于没有消耗定额或不经常领用的材料，由领料车间根据计划填写。在实际工作中，领料单一般一式四联，一联留领料单位，一联留仓库，两联送交会计部门，作为登记总账和计算成本的依据。

2. 领料登记表

领料登记表是一种多次使用的累计领发料凭证，适用于车间和班组需要经常领用、价值较低的消耗性材料。可每月按一单一料开设，一般一式三联，平时存放在仓库，领料时，由领料人在登记表上签收。月终汇总后，一联留存仓库，一联交领料单位，可以大大减少日常领料凭证的填制手续，而且便于月末材料耗用的汇总工作。

3. 限额领料单

限额领料单是一种对所指定的材料在规定限额内多次使用的领发料凭证，适用于经常领用有消耗定额的材料。限额领料单是由生产计划部门或供应部门根据生产计划和材料消耗定额等有关资料核定并编制的。单中事先填明领料单位、材料用途、领料限额等。限额领料单一式两联，一联送交仓库据以发料，一联交领料部门据以领料。

采用限额领料单，应严格规定发料，对于不按批准数量超额领料或变更规定材料的领料，仓库有权拒绝发料。如果由于增加产量需要增加限额时，必须经过有关部门审核，办理追加手续；如果由于浪费或其他原因需要超过限额领料时，应另填领料单，说明理由，经批准后据以领料。对于变更规定材料，领用代用材料时，还应经技术部门审批后，才能向仓库领料。

实行限额领料制度，可以有效控制材料的消耗，有利于节约材料，降低包装的材料费用，并可简化领料手续，减少领料凭证，便于核算。总之，企业应根据各种材料收发业务的特点，分别采用不同的材料收发凭证，做到既加强材料收发的管理、控制，又减少凭证数量，简化核算手续。

四、包装机械费用的计算

包装机械费用主要是指包装机械的维修费和折旧费。

折旧是指包装机械因在使用过程中的损耗，而定期逐渐转移到包装成本中的那一部分价值，影响折旧的主要因素有包装机械的原值、折旧期限、净残值和计提折旧的起止时间。计提折旧的主要方法有平均年限法、工作量法和加速折旧法等，企业一旦选择某种折旧方法，则不得随意改变。包装机械的维修费是包装机械发生部分损坏进行修理时支出的费用，可以分为中小修理和大修理。中小修理的费用直接计入当期包装成本，大修理的费用由于其支出额较大，可分期计入包装成本。具体计算与装卸搬运机械费用的计算基本相同。

五、包装技术费用计算

包装技术费用包括包装技术设计费用和包装技术实施费用。

（一）包装技术设计费用

包装技术设计费用是指设计人员在包装技术的设计过程中，所发生的与设计包装技术有关的一切费用，主要包括设计人员的工资、设计过程中领用的材料或产品以及各种现金支出。

1. 设计人员的工资

设计人员的工资包括设计人员的标准工资、奖金、津贴和补贴、加班加点工资及特殊情况下支付的工资。设计人员的工资，应根据其考勤记录和个人工资标准计算，其计算公式如下：

应付月工资＝月标准工资＋各种补贴＋加班加点工资＋各种奖金－事假或旷工日数×平均日工资－病假日数×平均日工资×病假应扣工资百分比

其中，平均日工资（又称日工资率）计算公式如下：

平均日工资＝月标准工资÷30天

2. 设计中领用材料或产品

设计人员在设计过程中，可能需要经过反复试验，为试验领用的材料，其成本与企业当期领用的材料（包装材料）成本相同；为试验领用的产品，其成本与企业计算的产品成本核算相同。

3. 与设计有关的各种费用支出

与设计有关的各种费用支出应以实际支出额为准。

（二）包装技术实施费用

包装技术实施费用包括实施包装技术所需的内包装材料费和一些辅助包装费用。

1. 内包装材料费

企业在实施防振、防潮、防锈、防霉等技术时，常需要一些起减振、防振、防潮、防虫等作用的内包装材料，常见的有如充气塑料、塑料泡沫、干燥剂、防潮纸等，这些内包装材料的成本为实际发生的成本。为简化计算，也可用计划成本进行计算，期末再将计划成本调整为实际成本。

2. 其他费用

包装技术的其他费用是指为了实施包装技术而发生的，不属于内包装材料费的其他一些费用，如清洗水费、控制温度的电费、水费。可根据实际耗用的数量和水电部门规定的水电单价计算。

六、包装人工费用

同装卸搬运人工费用一样，包装人工费用的计算，必须有准确的原始记录资料，包括工资卡、考勤记录、工时记录、工作量记录等原始凭证，企业的会计部门根据劳动合同的规定和企业规定的工资标准、工资形式、奖励津贴等制度，按照考勤记录、工时记录、产量记录等资料，计算每个包装工人及其他有关人员的工资。具体计算与装卸搬运人工费用的计算相同，支付给所有包装工人及其他有关人员的工资总额即为包装人工费用。

任务三　掌握包装成本的分析方法

一、包装成本分析的定义

在进行包装成本分析时，一般按构成包装成本的各个项目，即按包装材料费用、包装人工费用、包装机械费用、包装技术费用分别进行分析。因为每个项目的标准成本都是由标准用量和标准价格决定的，所以每个成本项目的差异，也可以归结为价格脱离标准造成的价格差异和用量脱离标准造成的数量差异，可用计算公式表示为：

成本差异＝实际成本－标准成本

＝价格差异＋用量差异

其中价格差异和用量差异的计算公式分别为：

价格差异＝实际用量×（实际单价－标准单价）

用量差异＝标准单价×（实际用量－标准用量）

二、包装材料成本差异的分析

包装材料实际成本与标准成本之间的差额，即包装材料成本差异。形成这个差异的原因有两个：一是价格脱离标准、二是用量脱离标准。前者按实际用量计算，称为价格差异；后者按标准价格计算，称为数量差异。

材料价格差异＝实际用量×（实际单价－标准单价）

材料用量差异＝（实际用量－标准用量）×标准单价

例：凯特公司本月生产 N 包装物 400 件，耗用某种材料 3 500 千克，材料实际单元价为 0.50 元/千克；直接材料的单位产品用量标准为 6.2 千克，每千克材料的标准价格为 0.40 元。试分析其直接材料价格差异与用量差异。

解：直接材料成本差异＝实际成本－标准成本

＝3 500×0.5－400×6.2×0.4

＝1 750－992

＝758（元）。

其中：直接材料价格差异＝3 500×（0.50－0.40）＝350（元）。

直接材料用量差异＝（3500－400×6.2）×0.40＝408（元）。

材料价格差异一般是在采购过程中形成的，应由采购部门负责。造成材料实际价格游离标准价格的原因很多，如供应厂家价格变动、未按经济批量进货、未能用时订货而造成紧急订货、采购时舍近求远使运费和途耗增加、不必要的加速运输方式、违反合同被罚等。对材料价格差异，有关部门需要进行具体分析和认真调查，以便明确最终原因和责任的归属。

材料数量差异是材料在耗用过程中，形成的反映包装部门成本控制的业绩，一般应由包装部门负责。材料用量差异形成的具体原因很多。如果工人操作技术高，则节省材料；若操作技术低或操作疏忽，则可能造成废品和废料，从而导致材料的浪费；机器或工具不适用，也会造成用料增加。但有时多用材料并非是包装部门责任，如购入材料质量低劣、规格不符，也会造成使用材料的数量超过标准。因此材料用量差异原因也应作具体调查研究。

三、包装人工成本差异的分析

包装人工成本差异，是指包装人工实际成本与标准成本之间的差额。可分为“价差”和“量差”两部分。价差是指实际工资率脱离标准工资率而形成的人工成本差异，其差额按实际工时计算确定，又称工资率差异；量差是指实际使用工时，脱离标准工时而造成的人工成本差异，其差异额是按标准工资率计算确定的金额，又称人工效率差异。即：

工资率差异＝实际工时×（实际工资率－标准工资率）

人工效率差异＝（实际工时－标准工时）×标准工资率

例：本月包装N产品400件，实际使用工时1 000小时，支付工资6 000元；包装单位产品的人工标准成本是12元/件，每件产品的标准工时为2.4小时，即标准工资率为5元/小时。试分析其工资率差异与人工效率差异。

解：直接人工差异＝实际人工成本－标准人工成本

＝6 000元－400件×12元/件

＝1 200（元）。

其中：工资率差异＝1 000×（6 000/1 000－5）

＝1 000×（6－5）

＝1 000（元）。

人工效率差异＝（1 000－960）×5

＝40×5

＝200（元）。

造成工资率差异的原因主要有工资的调整、出勤率的变化、加班和使用临时工等，原因复杂而且难以控制。直接人工效率差异的形成原因，包括工作环境不良、工人经验不足、新上岗工人增多、包装设备的完好程度、作业计划安排周密程度、动力供应情况等。工人效率差异的责任主要由包装部门负责，但也可能有一部分应由其他部门负责。例如，因材料质量不好而影响生产效率，从而生产的人工效率差异，则应由供应部门负责。

四、包装机械费用成本差异的分析

包装机械费用成本差异，是指实际包装机械费用与标准包装机械费用之间的差额。

包装机械费用在企业中属于固定费用，经企业选定固定资产折旧方法后计算确定，一般无特殊原因不再变动，与企业包装业务量多少无直接关系。固定费用与变动费用不同，差异分析时不考虑包装量的变化。包装机械费用成本差异可分为耗费差异和能量差异。

（一）耗费差异

耗费差异是指包装机械费用的实际发生金额与预算金额之间的差异。其计算公式为：

耗费差异＝包装机械费用实际发生数－包装机械费用预算

（二）能量差异

能量差异是指包装机械费用预算与包装机械费用标准成本的差额。或者说，是实际包装量的标准工时与包装能量的差额用标准分配率计算的金额。反映未能充分使用现有包装能量而造成的损失。计算公式如下：

能量差异＝包装机械费用预算数－包装机械费用标准成本

＝固定费用标准分配率×生产能量－固定费用标准分配率×实际产量标准工时

＝（生产能量－实际产量标准工时）×固定费用标准分配率

例： 本月包装N产品400件，发生机械费用1 600元，实际工时1 000小时；企业包装能力为500件，即1200小时，每件产品包装机械费用标准成本2.4元/件，每件产品标准工时为2.4小时，即标准分配率为1元/小时。试分析其包装机械费用成本差异。

解： 包装机械费用成本差异＝实际包装机械费用－标准包装机械费用

＝1600－400×2.4

＝640（元）。

其中：耗费差异＝1 600－1 200×1＝400（元）

能量差异＝1 200×1－400×2.4×1＝240（元）。

任务四　掌握包装成本优化控制

一、包装成本控制

（一）包装材料的标准成本

包装材料的标准成本是指各种材料标准用量与标准价格的乘积。

1. 标准用量

标准用量是指在现有生产技术条件下，生产单位包装产品或包装单位产品所需用的材料数量。包括构成产品实体的材料、生产中必要的损耗和不可避免的废品损失所耗用的材料。标准需用量应以技术分析为基础合理地进行确定。

2. 标准价格

标准价格是指采购部门按供应单位的价格及相关因素所确定的各种材料的单价。包括买价和运杂费等。包装材料的标准成本可按下列公式确定：

包装材料标准成本＝材料的标准价格×单位产品的标准用量

例： 某包装物需耗用A、B两种材料，其包装材料的包装成本计算见表8—13。

表8—13　A、B材料的包装成本计算

项目	A材料	B材料
预计基本用量（千克/件）	20	10
预计损耗（千克/件）	0.5	0.5
标准用量（千克/件）	20.5	10.5
预计购买单价（元/千克）	6	9
预计采购费用（元/千克）	1.5	2.5
预计正常损耗（元/千克）	0.5	0.5
标准价格（元/千克）	8	12
各种材料标准成本（元/件）	164	126
单位包装物标准成本（元/件）	290	

（二）包装人工费用的标准成本

包装人工费用的标准成本是指包装单位产品所需的标准工时乘以标准工资率。

标准工时是指在现有技术条件下，包装单位产品所必须消耗的时间，包括直接包装所用工时、必要的间歇和停工时间等。另外，还要考虑机器设备的故障及劳动组织工作等因素。

标准工资率是指按单位产品或单位标准工时支付的直接人工的工资，一般按现行的工资制度规定的工资水平计算确定。如果采用计件工资制，就是单位产品应支付的计件工资额；如果采用计时工资，就是单位标准工时应分配的工资额，其计算公式如下。

小时标准工资率＝预计支付直接人工标准工资总额÷标准总工时

"标准总工时"是指企业现有的生产技术条件下能够完成的最大包装能力，通常用直接人工工时数和机器小时数表示。人工标准工资由劳动部门制定。

根据以上两个标准，可以按下列公式计算确定直接人工标准成本。

直接人工标准成本＝单位产品标准工时×小时标准工资率

例：某包装车间人工费标准，见表 8—14。

表 8—14　　包装车间人工费标准

项目	成本
直接包装工时（小时/件）	4
间歇工时（小时/件）	0.4
停工工时（小时/件）	0.6
标准工时（小时/件）	5
包装工人人数（人）	40
每人每月标准工时（小时）	160
每月标准工时（小时）	6 400
每月生产包装工人工资总额（元）	32 000
小时标准工资率（元/小时）	5
包装人工标准成本（元/件）	25

（三）包装机械费的标准成本

包装机械费的标准成本是指包装单位产品所需的标准工时乘以标准分配率。

标准工时可采用包装人工工时，标准分配率是根据事先制定的包装机械预算费用计算确定的。其计算公式为

机械费用标准分配率＝包装机械费用预算额÷包装人工标准总工时

包装机械标准成本＝包装单位产品人工工时×机械费用标准分配率

例：某包装机械费用项目，见表 8—15。

表 8—15　　包装机械费用成本项目表

标准	成本
折旧费（元）	3 000
维修费（元）	800
包装人工工时（小时）	5 000

续前表

标准	成本
机械费用分配率（元/小时）	0.76
直接人工工时标准（小时）	1.5
包装机械成本标准（元）	1.14

（四）包装技术费用的标准成本

包装技术费用既有变动费用，也有固定费用。

1. 变动费用的标准成本

变动费用的用量标准常采用人工工时标准，它在制定人工成本标准时已经确定，其价格标准是每工时变动费用标准分配率，根据变动费用预算除以人工总工时求得。

变动费用标准分配率＝变动费用预算÷人工总工时

确定了用量标准和价格标准后，两者相乘积为变动费用标准成本

变动费用成本标准＝人工的标准工时×变动费用标准分配率

2. 固定费用的标准成本

固定费用的标准成本计算同变动费用标准成本计算基本相同，先计算确定固定费用的单位工时标准分配率，然后根据预计的直接人工标准工时，求得单位产品的固定费用标准成本。固定费用单位工时的标准分配率可按下列公式计算：

固定费用标准分配率＝固定费用预算总额÷人工标准总工时

单位产品固定费用标准成本＝单位产品人工的标准工时×固定费用标准分配率

二、包装费用的管理

包装费用的高低直接影响着物流企业的经济效益，因而物流企业应加强对包装费用的管理。具体可以从以下几方面入手。

（一）合理选择包装材料，降低包装费用

在保证产品质量不降低的情况下，可以采用代用材料，如用国产材料代替进口材料，用价格低廉的材料代替价格昂贵的材料。

（二）发展包装机械化，降低包装费用

采用机械化包装，可以确保包装质量，提高包装作业效率，促进包装规格化，提高物流连续作业水平，降低包装劳动强度，改善包装工作条件，还可以减少物流过程费用。

（三）实现包装标准化

实现包装标准化，可以保证包装质量，并使包装的外部尺寸与运输工具、装卸机械相配合，不仅方便物流过程的各项作业，同时也降低了物流过程的费用。

（四）包装物的回收和旧包装利用

我国生产企业每年产生的旧包装数量惊人，回收利用潜力巨大。企业回收利用旧包装能解决企业的部分急需，降低生产成本，还能及时解决产品的包装问题，保证产品物流活动的顺利进行。另外我国资源有限，不可再生资源使用紧张。包装材料对资源的消耗数量较大，企业如能回收利用旧包装，能为国家节省大量的资源。

知识链接

价值工程法在降低包装成本中的应用

价值工程（Value Engineering，VE）又称为价值分析（Value Analysis，VA），是一门降低成本、提高经济效益的新兴管理技术与方法。所谓价值工程，指的是通过集体智慧和有组织的活动对选定的研究对象的产品或服务进行功能分析，使目标以最低的总成本（寿命周期成本），可靠地实现产品或服务的必要功能，从而提高其产品或服务的附加值。此价值指的是反映费用支出与获得之间的比例，用数字比例式表达如下：

价值＝功能/成本

提高价值的基本途径有5种：（1）提高功能，降低成本，大幅度提高价值；（2）功能不变，降低成本，提高价值；（3）功能有所提高，成本不变，提高价值；（4）功能略有下降，成本大幅度降低，提高价值；（5）提高功能，适当提高成本，大幅度提高功能，从而提高价值。

价值工程法的要点并不是集中编制一套方案，而是提出制订多套代用方案的思路。在此过程中，主要考虑以下三个问题。

1. 有其他方案同样能实现这个功能吗?
2. 替代方案成本是多少?
3. 替代方案实现必要的功能可靠吗?

对包装而言，价值工程法的出发点是在包装功能不变的前提下，从品质、使用、耐用性、外观等方面考虑降低包装成本的可能性。即通过评价包装材料、工艺等的效果，减少不必要的开支，以达到效果与费用双优的目的。

下面举例来阐述价值工程法的应用。

例：某出口商对小型电机的包装，原来外包装使用瓦楞纸，内包装用塑料袋，缓冲材料用硬化蕉渣压制板，其包装材料成本（%）如下：

硬化蕉渣压制板	47	瓦楞纸	33
平面板	10	捆扎带	8
塑料袋	1	缝合针	1
合计		100	

解析：显然，硬化蕉渣压制板和瓦楞纸的成本比重较大，应该是改进的第一目标。通过价值分析，该公司依次采用了六个改进方案：

(1) 改变瓦楞纸的材料质量。

(2) 改变上部和下部的硬化压制板，以发泡聚苯乙烯代替。

(3) 改变上部硬化压制板，代之以增强平面板，使其兼有硬化板的构造。

(4) 改变上部硬化压制板，采用与产品外形相符合的冲孔瓦楞纸板。

(5) 废止增强平板的使用。

(6) 以瓦楞纸带取代贴糊方法。

针对上述六个方案，通过实验的结果表明，采用 (1)、(2)、(5)、(6) 这四个方案，包装材料费可降低15%。

问题：

按照价值工程法的原理，提升包装的功能降低包装的成本时应着重考虑哪些方面的因素？

思考与练习

1. 什么是包装成本？请简述包装成本的构成。
2. 请按包装的功能和层次将包装进行分类。
3. 试列举可应用于乳品行业的几种包装材料，它们在实际应用中各有什么优劣？
4. 请说明包装机械和包装技术的发展对包装成本将会产生什么影响？
5. 用哪些方法可以计算发出材料的成本？
6. 请阐述包装成本中价格差异与数量差异的衡量方法。

项目技能训练

根据企业性质，分析企业包装材料的会计处理方式的异同。

项目九　装卸搬运成本管理

项目说明

装卸搬运虽然不能创造产品的形质效用，但它实现了生产各阶段和流通各环节的转换，是发生次数最频繁的活动，装卸搬运的成本在物流总成本中所占的比例也很高。因此，如何既满足企业需求，又实现成本的降低，是摆在物流管理者面前的重要课题。为了更好对装卸搬运作业的成本进行管理，首先应该对装卸搬运作业成本的构成有一个清醒的认识，掌握成本核算方法，在此基础上对装卸搬运作业进行优化控制。

项目目标

√ 了解装卸搬运的基础知识和成本构成；
√ 掌握装卸搬运成本的计算方法和优化策略。

项目案例

托盘对降低装卸成本的作用不容忽视

根据摩根·斯坦利对中国物流现状的调查，目前“蚂蚁搬家式”的中国物流运作模式，极易造成货物失窃、丢失、损毁、计数差错和延迟交货，严重制约了中国物流产业的发展和物流成本的降低。货物在生产商、分销商和客户之间流通的过程中，始终以托盘作为货物的装卸、搬运、物料处理、运输、存储和保管单元，实现物流托盘化作业，采取机械化的运作模式是我国解决这些问题的有效手段。

物流托盘化能够大大降低装卸搬运成本。目前发达国家的物流托盘化作业水平相当高，美国80%的商品贸易由托盘运载，欧盟商品贸易由托盘运载的比例超过80%，日本已经达到77%，而在我国还不到10%。美国是一个已经广泛使用托盘的国家，当前拥有托盘19亿到20亿只。据美国交通部的统计，2004年美国的物流成本结构指数为6.23，即美国物流在交通运输上每花6.23美元，只需要在装卸搬运上花1美元；而我国物流在交通运输上每花2.37元，就必须在装卸搬运环节上花费1元钱，我国的装卸搬运成本是美国的2.6倍，可见托盘在物流领域的作用与贡献。也正是因为如此，托盘被称为20世纪物流领域两大关键性创新之一。

尽管我国目前也拥有1亿多只托盘，而且托盘的数量每年都以2 000万只的速度在增长，但由于我国尚未建立所有货主共同使用的托盘共享系统，所以我国拥有的托盘绝大多数是“死”托盘，只能在企业内部使用，仅限于将货物以托盘为单元在货架上存取和生产线（车间）之间搬运，一旦货物出厂以后在货主之间交割，原货主就不得不收回自己的托盘。而且当前我国托盘规格包罗万象，托盘来源五法八门，托盘质量千差万别，导致以交换的方式促进托盘在货主之间流通也存在困难。因此，托盘在货主之间不能流通的情况下，货物在交割环节上必须倒换托盘，或者根本不用托盘来操作，托盘的装卸搬运效果根本无法显现。

因此，当前我国政府应该借鉴澳大利亚、日本、韩国的经验，着手建设我国物流产业的公共服务平台——托盘共享系统，促进托盘生产商、批发商、零售商和客户之间流通循环，改变我国物流的运作模式，提高物流效率，降低物流成本。2006年6月8日由中国、日本和韩国三国发起的“亚洲托盘系统联盟”在日本东京正式成立，标志着我国的托盘联营即将进入实质性的建设阶段。

问题：

对我国在当前物流业推广托盘有什么建议？

任务一　掌握装卸搬运成本的构成和核算

任务说明

装卸搬运作业的成本在核算时需要先确定计算项目，分机械成本和人力成本。成本的核算方法分为计件和计时。

一、装卸搬运成本的基础知识

所谓装卸（Loading and Unloading）是指在同一场所或地域范围内（如车站、工厂、仓库内部等），对“物”的存放、支承状态进行改变的活动，其结果是物品的垂直位移；所谓搬运（Handling/Carrying）是指对“物”的空间位置进行改变的活动，其结果是物品的水平位移。搬运的“运”和运输的“运”的不同之处在于：搬运是指在同一地域范围之内发生的活动，而运输则是指在较大的地域范围内发生的，从一地到另一地，两者之间没有明确的界限，只是量变与质变的关系。在物流活动中，装卸和搬运往往是密不可分的，两者的活动内容都是一样的，是伴随在一起发生的，只是领域不同而已。因此，在物流科学中并不过分强调两者的差别，通常合称为“装卸搬运”。

总之，装卸搬运就是指在同一地域范围内进行的，以改变物品的存放状态和空间位置为主要内容的活动。具体来说包括装上、卸下、移送、拣选、分类、堆垛、入库、储库等活动。在很多场合里，人们单称“装卸”或者单称“搬运”，指的就是“装卸搬运”，包含了“装卸搬运”的完整含义。

（一）装卸搬运作业的内容

一般来讲，装卸搬运作业主要有以下几个方面的活动，如表9—1。

表 9—1　　装卸搬运作业的内容

项目	内容
装卸	将货物装上运输工具（汽车、火车、飞机、船舶等）或由运输工具卸下的活动
搬运	指物品在较短距离内的移动活动
堆垛、拆垛	堆垛是指把物品从预先放置的场所移送到运输工具或仓库内的指定位置，再按要求的位置和形状放置物品的作业活动。拆垛是与堆垛作用相反的活动
分拣	分拣指把物品按品种、出入库先后顺序进行分类整理，再分别放到规定位置的作业活动
理货	按客户要求或下一道作业的要求将货物按品种、发货对象整理分类

（二）装卸搬运作业的类型

物流过程中的装卸搬运作业形式有很多种，按照不同的标准可以进行不同的分类，如表 9—2。

表 9—2　　装卸搬运作业的类型

标准	内容
按作业场所分类	车间装卸搬运 站台装卸搬运 港口装卸搬运 铁路装卸搬运 仓库装卸搬运
按作业对象分类	单件作业 集装作业 散装作业
按作业特点分类	堆垛拆垛作业 分拣配货作业 装货卸货作业 搬运移送作业
按作业方式分类	吊装吊卸作业 滚装滚卸作业 叉上叉下作业 移上移下作业 散装散卸作业

（三）装卸搬运的作用

无论是在生产领域还是流通领域（生产领域的装卸搬运通常被称为“物料搬运”；流通领域常将装卸搬运这一整体活动称作“货物装卸”），装卸搬运都是影响物流速度和物流费用的重要因素，在物流系统中发挥着重要的作用。

1. 连接作用——实现生产各阶段和流通各环节的转换

运输产生空间效用，保管产生时间效用，装卸搬运活动本身不产生明确的价值，但这并不能说明装卸搬运在物流过程中没有价值。

物流系统先后各个环节或同一环节的不同活动之间，都必须进行装卸搬运作业。运输、储存、包装等都要有装卸搬运作业配合才能进行，待运出的物品要装上车才能运走，到达目的地后，要卸下车才能入库等。由此可见，装卸搬运是物料的不同运动（包括相对静止）阶段之间相互转换的桥梁，正是因为有了装卸搬运活动才能把货物运动的各阶段连接成连续的“流”，才使得物流名副其实。

2. 影响物流活动的效率

在物流的整个过程中，运输和仓储由于其能创造产品的时间效用和空间效用而被认为是物流的中心活动，装卸搬运活动连接物流的各个活动，是不断出现和反复进行的，它发生的次数高于其他各项物流活动，花费的时间也很长，装卸搬运活动是否合理往往成为决定物流速度的关键。

3. 装卸搬运是最容易造成货物损失的环节

在物流的各项活动中，装卸搬运是直接接触货物最多的一项活动，而且活动发生的频率也高，容易造成货物的破损、散失和损耗。水泥、煤炭等这些散货特别容易在装卸时造成损失，还有一些易碎的玻璃、器皿容器等也经常是在装卸搬运时发生破损。

二、掌握装卸搬运成本的构成

装卸搬运成本是指货物在装卸搬运过程中所支出费用的总和。在装卸搬运活动中，参与最多的是机械和人力设备，与之相对应的装卸搬运成本也就由机械成本和人力成本构成。

（一）机械成本

1. 机械投资额

（1）设备投资费。

设备投资费是指购买机械时所花费的原始费用，即购机费。

（2）机械折旧费。

机械折旧费指按照装卸搬运机械的使用年限而计提的折旧费用。

（3）其他费用。

其他费用包括附属设备费和购买设备时所花费的一些杂费。附属设备费指和所购买机械设备相配合的附属设备的费用；杂费则指购买、运输设备时所花费的一些运输、通信费用和人员培训费用等。

2. 运营费用

指在某一装卸搬运机械作业现场一年内运营的总支出。

（1）燃料和动力费用。

燃料和动力费指装卸搬运机械在作业过程中所耗用的一切燃料、电力和动力费用的总和。这部分费用的大小直接和机械设备的功率以及使用时间有关系。

（2）轮胎费。

轮胎费指装卸搬运机械（起重机、搬运车、输送机、叉车、吊车等）所领用外胎、内胎、垫带及其翻新和修补费用。

（3）租赁费。

指企业租用装卸搬运机械或装卸搬运设备进行装卸搬运活动，按规定支付的租金。

（4）维修保养费。

维修保养费指为了确保工作安全，延长机器使用年限，需要对装卸搬运机械和装卸搬运工具进行必要的维修和保养，这些在不同的修理过程中发生的费用即设备维修保养费。

（5）其他费用。

其他费用指在装卸搬运活动进行的过程中所发生的除上述费用外的费用，包括事故赔偿费、管理费等。

（二）人力成本

人力成本包括工资费、劳动保护费以及其他费用。

工资费指按合同规定支付给在装卸搬运活动中所服务的装卸搬运工人、装卸搬运机械操作员的劳动报酬（计时工资、计件工资、加班工资和一些岗位津贴、福利费等）。

劳动保护费指从事装卸搬运作业所使用的必须劳动保护用品、防暑、保暖等的支出，以及劳动保险费等。

其他费用指在作业过程中除上述费用以外发生的费用，如管理费用、事故损失费用等。

装卸搬运活动中主要参与的是人力和机械设备，人力成本指在作业过程中用于支付劳动的费用。人力成本在整个物流成本中所占比重的大小取决于装卸搬运工作的自动化程度。自动化程度越高，则机械成本就越高，人力成本越低；自动化程度低，则人力成本高，机械成本低。对于那些全部依靠人工来进行装卸搬运作业的企业来说，人力成本就构成了该企业全部装卸搬运费用的总和。

三、装卸搬运成本的核算

在核算装卸搬运成本时，计算对象的确定应视具体情况而定。如果本企业装卸搬运作业以机械装卸作业为主、人工作业为辅，可不单独计算人工装卸搬运成本；如果本企业装卸搬运作业以人工作业为主、机械装卸作业为辅，可不单独计算机械装卸搬运作业。当然为计算结果精确度考虑，企业在很多情况下也可以将两者分别计算。

装卸搬运活动的计算单位有装卸自然吨和装卸操作吨。一装卸自然吨是指一吨货物不论经过几个操作过程，均以一吨计算。一装卸操作吨是指在一个完整的操作过程中，一吨货物不论装卸、搬运几次，均以一吨计算。

（一）装卸搬运机械成本的核算

1. 燃料和动力费用

燃料和动力费用是指装卸机械在运行和操作过程中所耗用的燃料、动力和电力等的费用。电力费用可以根据核算期间的交费单直接计入装卸搬运成本，燃料费用则根据月底领用燃料的记录单来计算实际消耗数量和金额。

2. 轮胎费

轮胎费应该按计算期间的实际领用数和发生数计入成本。

3. 租赁费

按合同的规定将企业租用外单位装卸搬运机械或装卸搬运设备进行装卸搬运活动所支付的租金计入成本。

4. 维修保养费

维修保养费指在计算期间装卸搬运机械和装卸搬运工具进行维修和小修时发生的一切工料费和修理费。其中装卸搬运机械和装卸搬运工具进行维修和小修时发生的工料费直接计入装卸搬运成本即可；不过如果对装卸搬运机械和装卸搬运工具进行大修理，费用很高，可按预定的预提方法（如按月计提）计算，并计入装卸成本。

5. 其他费用

（1）折旧费。

装卸搬运机械按规定方法计提折旧费。可直接计入财务会计可直接引入财务会计的相应装卸搬运机械设备的折旧费计入装卸搬运成本。

（2）事故损失费。

事故损失费指在装卸作业过程中所发生的货物的损坏、机器的损坏、人身伤亡等事故所发生的损失，包括应计入本期装卸搬运成本的在装卸搬运作业过程中由于工作不慎造成的货物破损、装卸搬运机械在工作中损坏所必须支付的修理费用等。

（3）工具和劳动保护费。

装卸搬运作业过程中耗用的随车工具（附属设备）、工作过程中使用的劳动保护用品、防暑、防寒、保暖以及劳保案例发生的各种费用，这类费用在领用时按实际数一次计入装卸搬运成本。

（二）装卸搬运人力成本的核算

1. 工资及职工福利费

工资及职工福利费指按规定支付给装卸搬运工人、装卸搬运机械司机的计时工资、计件工资以及按工资总额计提的职工福利费，根据“工资分配汇总表”和“职工福利费计算表”的有关数字，直接计入装卸成本。

（1）个人计件工资的计算。

在实行计件工资制的企业，应付工人的计件工资等于职工装卸搬运的货物数量乘以计件单价。如果同时从事多种作业，计算时需要按照各种作业各不相同的计件单价逐一计算相加。但是如果在作业中发生了货损货差，并且是工人工作不慎造成的，就不支付工人工资。

计件工资计算公式如下：

应付计件工资＝∑（某种作业装卸搬运货物的数量×该种货物装卸搬运的单价）

例1：工人张三所在的物流公司对装卸搬运工作实行计件工资，在某天他共装卸A产品50件，计件单价0.5元。装卸B产品160件，计件单价0.3元，则张三当日的工资为：

解：50×0.5＋160×0.3＝73（元）。

除以上方法外，还可以采用另外一种方法计算工人的计件工资，即将本月内装卸搬运完成的各种产品折合为定额工时数，乘以小时工资率。

计算公式如下：

完成定额工时数＝∑（某产品装卸搬运的数量×该产品装卸搬运单位工时定额）

应得的计件工资＝完成定额工时数×小时工资率

例 2： 某物流公司装卸搬运工人赵强 3 月份装卸搬运 A 产品 700 件，每件定额工时 10min；装卸搬运 B 产品 900 件，每件定额工时 8min，该工人小时工资率为 4.50 元，应得计件工资计算如下：

解： 完成定额工时数＝∑（某产品装卸搬运的数量×该产品装卸搬运单位工时定额）

＝700×10＋900×8＝14 200（分）＝237（小时）

应得的计件工资＝完成定额工时数×小时工资率＝237×4.5＝1 066.5（元）。

（2）班组集体计件工资的计算。

有的物流企业内部是实行班组集体计件工资，即在班组内按各人的贡献大小进行分配，通常是每人的标准工资和实际的工作时间（日数或工时数）的综合比例进行分配。其计算公式为：

班组内工资分配率＝班组集体计件工资额÷（∑每人日（或小时）工资率×出勤日数（或工时数））

某工人应得计件工资＝该工人日工资率（或小时工资率）×出勤日数（或工时数）×班组内工资分配率

例 3： 某小组工人集体装卸货物，其中 A 产品 1 000 件，计件单价 1.45 元钱；B 产品 600 件，计件单价 1.2 元；C 产品 400 件，计件单价 2.70 元。该小组有三名工人，出勤情况以及每人应得计件工资如表 9—3 所示。

解：

表 9—3　出勤情况及每人应得计件工资

姓名	工资标准	小时工资率	出勤工时	小组工资分配率	应得计件工资
李	897	5.30	150		914.25
张	1 097	6.48	180		1 341.36
王	906	5.35	160		984.4
合计				1.15	

注： 小时工资率＝月标准工资÷（21.17×8）

班组集体计件工资额＝1 000×1.45＋600×1.20＋400×2.70＝3 250（元）

班组内工资分配率＝3 250÷（795＋1 166.4＋856）＝1.15

应得计件工资＝1.15×出勤工时×小时工资率

任务二　掌握装卸搬运成本优化控制

任务说明

装卸搬运成本优化就是指为实现装卸搬运的合理化，降低装卸搬运成本，提高装卸搬运效率，对装卸搬运的作业过程进行规划和控制的过程。

任务案例

顶峰公司的货物分拣系统

顶峰（Zenith）电子公司位于亨茨维尔市，在传统的工作流程中，一般是使用纸制书面文件来记录货物数据，包括货物名称、批号、存储位置等信息，等到货物提取时再根据书面的提货通知单，查找记录的货物数据，人工搜索、搬运货物来完成货物的提取。导致装卸搬运成本在物流总成本中所占的比例一直居高不下，也严重影响了物流速度。随着竞争的加剧，人们对物流的流动速度要求越来越高，传统的装卸搬运系统已经远远不能满足现代化物流管理的需要，顶峰电子公司决定对公司的装卸搬运流程进行改进。

专家通过分析发现，要控制装卸搬运成本，首先需要对货物的分拣系统进行优化。今天，一个先进的货物分拣系统，对于系统集成商、仓储业、运输业、后勤管理业等都是至关重要的。因为这意味着比竞争对手更快的物流速度，更快地满足顾客的需求，其潜在的回报是惊人的。建立一个先进的货物分拣系统，结合有效的吞吐量，不但可以节省数十、数百、甚至数千万元的成本，而且可以大大提高工作效率，显著降低工人的劳动强度。使用这样的货物分拣系统，具有许多好处：第一，完全摒弃了使用书面文件完成货物分拣的传统方法，采用高效、准确的电子数据的形式，提高效率，节省劳动力；第二，不但可以快速完成简单定货的存储提取，而且可以方便地根据货物的尺寸、提货的速度要求、装卸要求等实现复杂货物的存储与提取；第三，分拣工人只需简单的操作就可以实现货物的自动进库、出库、包装、装卸等作业，降低了工人的劳动强度，提高了效率；第四，结合必要的仓库管理条件，可以真正实现仓库的现代化管理，充分实现仓库空间的合进利用，显著提高企业的物流速度，为企业创造、保持市场竞争优势创造条件。

顶峰（Zenith）电子公司位于亨茨维尔市的160 000平的仓库，采用自动识别系技术改进货物分拣系统，从出货到装船，全部实现了自动化操作，显著改善了该公司的物流管理。这套系统在基于Unix的I-IP9 000上运行美国ORACLE公司的数据库。服务器由4个900MHz的NorandRF工作站组成，它连接各个基本区域，每个区域支持20个带有扫描器的手持式无线射频终端。订单从配送中心的商务系统（在另一HP9000上运行的）下载到仓储管理系统（Warehouse Management System，WMS），管理系统的服务器根据订单大小、装船日期等信息对订单进行分类，实施根据订单分拣与零星两种分拣策略，并且指导分拣者选择最佳分拣路线。

一、根据订单分拣货物

如果订单定货数量比较大，可以根据订单，一个人一次提取大量定货。货物分拣者从他或她的无线射频终端进入服务器，选择订单上各种货物，系统会通过射频终端直接向货物分拣者发送货物位置信息，指导分拣者选择最优路径。货物分拣者在分拣前扫描货柜箱上的条形码标签，如果与订单相符，直接分拣；完成货物选择后，所有选择的货物经由传送设备运到打包地点。扫描货物目的地条码，对分拣出来的货物进行包装前检查，然后打印包装清单；完成包装以后，在包装箱外面打印订单号和条码（使用CODE——39条码）。包装箱在UPS航运站称重，扫描条形码订单号，并且把它加入到UPS的跟踪号和重量信息条码中，这些数据，加上目的地数据，构成跟踪记录的一部分上报到UPS。

二、零星分拣货物

小的订单的分拣或者单一路线货物分拣，采用“零星分拣货物”的策略来处理。信号系统直接将订单分组派给货物分拣者，每个分拣人负责3～4个通道之间的区域。货物分拣者在他或她负责的区域内携带取货小车进行货物分拣，取货小车上放置多个货箱，一个货箱盛入一个订单的货物。如果货架上的货物与订单相符，就把货物放进小车上的货箱，并且扫描货箱上条形码序列号。在货物包装站，打印的包装清单即包括货物条码与包括包装箱序列号。

新的货物分拣系统使装船准确率增长到99.9%，详细目录准确率保持在99.9%：货物分拣比率显著提高，以前，货物分拣者平均每小时分拣16次，现在是120次。由于这一系统的启用，劳动力减少到原来的1/3，从事的业务量增加了26%。尽管公司保证48小时内出货，实际上99%的UPS定货在15小时内就能完成，并且在当日发出。

这一系统方案为顶峰电子公司遍及全美的服务区域提供了电视、录像装备，实现远程监控与订货，装船作业在接到订单24～48小时内完成，每日处理订单达到2 000份。显著提高了顶峰公司企业的市场竞争力。

问题：

货物分拣系统从哪些方面降低了装卸搬运成本？

一、装卸搬运活动中的不合理现象——无效装卸

虽然装卸搬运活动本身并不能创造价值，但它不仅衔接着运输、仓储、包装、配送、流通加工等各物流环节，而且是物流各项活动中出现的频率最高的一项作业活动。由于它直接接触货物，同时也是造成货物破损最多的一个环节，所以装卸搬运活动效率的高低直接影响着物流活动的整体效率的高低。因此，提高装卸搬运作业的效率，控制装卸搬运作业的成本是当前的重要任务。

无效装卸指在装卸搬运作业活动中，超出必要的装卸搬运量的多余作业。一般，在装卸操作过程中，无效作业通常反映在以下几个方面。

（一）装卸次数过多

在物流过程中，进行装卸操作时往往需要接触货物，所以装卸环节是货物损坏发生的主要环节。装卸次数过多，货物损坏的机会就越多，必然会导致损失的增加，损失增加必然导致成本的增加。我国铁路运输的始发和到达的装卸作业费大致占运费的20%左右，船运占40%左右。因此，为降低物流费用，装卸是个非常重要的环节。从发生的费用来看，一次装卸的费用相当于几十公里的运输费用，每增加一次装卸，装卸费用会有较大比例的增加。

（二）过大的包装装卸

在装卸过程中，如果包装过大过重，就会在包装上消耗较大的不必要劳动。有时甚至必须把大包装拆开成小包装进行装卸搬运，等作业过程结束后再恢复成原来的包装，这样就浪费掉比较多不必要的劳动和时间。

（三）无效物质的装卸

有一些进入物流过程的没有使用价值或对客户来讲使用价值不对路的各种掺杂物，如煤炭中的煤矸石、石灰中的未烧熟石灰及过烧石灰等，这些无效物质在装卸过程中反复地消耗工人的不必要劳动。

二、装卸搬运成本的优化策略

由于装卸搬运作业仅仅是衔接运输、保管、包装、配送、流通加工等各物流环节的活动，本身并不创造价值，所以应尽量节约时间和费用。在装卸搬运作业合理化方面，可遵循以下几项原则和措施。

（一）尽量不进行装卸

由于装卸搬运作业是物流各项活动中接触货物最多的一个环节。虽然活动本身并不产生价值，但是，如果进行了不适当的装卸搬运作业，就有可能造成货物的破损，或使货物受到污染。因此，尽量减少装卸次数，尽可能地缩短搬运距离，也就减少了装卸搬运作业量，这样不但可以减少装卸搬运成本，而且还能加快物流速度。因为装卸搬运作业不仅要花费人力和物力，增加费用，还会使流通速度放慢。如果多增加一次装卸，费用也就相应地增加，同时还增加了商品污损、破坏、丢失、消耗的机会。因此，装卸作业的经济原则就是“尽量不进行装卸”。

可以采取的措施包括做好车间、库房、铁路专用线、主要通道的布局；提高装卸搬运作业的组织调度水平；配备适应性强的物流设备等。

（二）短距化原则

短距化原则即尽量以最短的距离完成装卸搬运作业。例如生产流水线作业。它把各道工序连接在输送带上，通过输送带的自动运行，使各道工序的作业人员以最短的动作距离实现作业，大大地节约了时间，减少了人的体力消耗，大幅度提高了作业效率。缩短装卸搬运距离，不仅省力、省能，又能使作业快速、高效。

（三）省力化原则

所谓省力化，就是节省动力和人力。装卸搬运使物体发生垂直和水平位移，在装卸作业中应尽可能地消除重力的不利影响，有条件的情况下利用重力进行装卸可减轻劳动强度和能量的消耗。集装化装卸、多式联运、集装箱化运输、托盘一贯制物流等都是减轻劳动强度和能量消耗的有效做法。利用货物本身的重量和落差原理，如滑槽、滑板等工具的利用，减少从下往上的搬运，多采用斜坡式，以减轻负重；水平装卸搬运，如仓库的作业台与卡车车箱处于同一高度，手推车直接进出；卡车后面带尾板升降机，仓库作业月台设装卸货升降装置等。

总之，省力化装卸搬运原则是：能往下则不往上、能直行则不拐弯、能用机械则不用人力、能水平则不要上斜、能滑动则不摩擦、能连续则不间断、能集装则不分散。

（四）提高“物”的装卸搬运的灵活性

在物流过程中，常常需要将暂时存放的物品，再次搬运。从便于经常发生的装卸搬运作业考虑，物品的堆放方法是很重要的，这种便于移动的程度，被称之为“物”的装卸搬运灵活性。

一般我们用灵活性指数来衡量商品的堆存形态，灵活性指数分为五个等级，即：商品杂乱堆放于地面上为0级、商品捆扎后装入箱内为1级、商品装在货盘或垫板上为2级、商品包装好后装在车台上，用起重机吊钩钩住为3级、装在输送带上，一经起动，随时可以作业的状态为4级。

从理论上讲，灵活性指数越高越好，但也必须考虑到实施的代价和可能性。为提高搬运的灵活性，应尽量把货物整理成堆或件放在托盘上或输送带上。但如果货物批量很大，则不可能存放在输送带或托盘上，在提高灵活性的时候还要全面考虑。

（五）顺畅化原则

顺畅化通俗地讲就是指两处以上的装卸作业要配合好。货物装卸搬运的顺畅化是保证作业安全、提高作业效率的重要方面，就是作业场所无障碍、作业不间断、作业通道畅通。进行装卸作业时，为了不使连续的各种作业中途停顿，而能协调地进行，整理其作业流程是很必要的。因此，经常进行“流程分析”，对商品的流动过程进行分析，使经常相关的作业配合在一起，是很必要的。如叉车在仓库中作业，应留有安全作业空间，转弯、后退等动作不应受面积和空间限制；把商品装到汽车或铁路货车上，或把商品送往仓库进行保管时，应当考虑合理取卸，或出库的方便。

所以某一次的装卸作业，某一个装卸动作，有必要考虑下一步的装卸而有计划地进行。要使一系列的装卸作业顺利地进行，作业动作的顺序、作业动作的组合或装卸机械的选择及运用是很重要的。

（六）整体化原则

在装卸搬运成本优化控制的过程中，不能以孤立的眼光来看这个过程，应该把它放在整个物流过程中去，要从运输、储存、保管、包装与装卸的关系来考虑。装卸要适合运输、储存保管的规模，即装卸要起着支持并提高运输、储存保管能力、效率的作用，而不是起阻碍的作用。对于商品的包装来说也是一样的，过去是以装卸为前提进行的包装，要运进许多不必要的包装材料，现在采用集合包装，不仅可以减少包装材料，同时也省去了许多徒劳的运输。

思考与练习

1. 装卸搬运有哪些作业内容？
2. 试述装卸搬运成本的构成。
3. 装卸搬运成本的核算有哪些步骤？
4. 装卸搬运成本的计算方法分几种？如何计算？

5．无效装卸有哪些表现？

6．装卸搬运成本的优化措施有哪些？

项目技能训练

根据企业性质的不同，分析装卸费用在不同企业中的会计处理方式的异同，分析产生异同的原因。

项目十　流通加工成本管理

项目说明

流通加工是流通过程中的加工活动，是为了方便流通、方便运输、方便储存、方便销售、方便用户以及物料的充分利用、综合利用而进行的加工活动。流通加工是通过改变和完善流通对象的原有形态来实现“桥梁和纽带”这一作用的。流通加工的主要作用就是通过优化物流流程，提高物流系统的服务水平，增加顾客满意度。所以熟练掌握流通加工成本对整个物流成本的控制十分重要。

项目目标

√ 了解流通加工的基本概念和成本构成；

√ 熟练掌握流通加工成本的计算和优化方法。

项目案例

阿迪达斯的流通加工

阿迪达斯公司在美国有一家超级市场，设立了组合式鞋店，摆放着的不是做好了的鞋，而是做鞋用的半成品，款式花色多样，有 6 种鞋跟、8 种鞋底，均为塑料制造；鞋面的颜色以黑、白为主，搭带的颜色有 80 种，款式有百余种，顾客进来可任意挑选自己所喜欢的各个部位，交给职员当场进行组合。只要 10 分钟，一双崭新的鞋便唾手可得。来这家鞋店的顾客昼夜络绎不绝，销售金额比邻近的鞋店多达十倍左右。

问题：

流通加工在本案例中起了什么样的作用？

任务一　掌握流通加工的成本构成和核算

任务说明

流通加工连接着生产领域与流通领域，在核算成本时一般从材料费用、设备费用、劳务费用和其他费用这几个方面入手。

一、流通加工的基础知识

流通加工就是指物品从生产地到使用地的过程中，根据需要施加包装、分割、计量、分拣、刷标志、贴标签以及组装等简单作业的总称，是物品从生产领域向消费领域流动的过程中，企业为促进销售、维护产品质量和提高物流效率，对物品进行的加工。

（一）流通加工的特点

流通加工和一般的生产型加工在加工方法、加工组织、生产管理方面并没有显著的区别，但在加工对象、加工程度方面差别较大，其差别主要表现在以下五个方面。

（1）流通加工的对象具有商品的属性，是进入流通过程的商品。生产加工的对象是原材料、零配件及半成品。

（2）流通加工大多是简单加工，主要是解包分包、裁剪分割、组配集合、废物再生利用等，而不是复杂加工。一般来讲，如果必须进行复杂加工才能形成人们所需的商品，那么，这种复杂加工应专设生产加工过程，生产过程理应完成大部分加工活动，流通加工对生产加工则是一种辅助及补充。特别需要指出的是，流通加工绝不是对生产加工的取消或代替。

（3）从价值观点看，生产加工的目的在于创造价值及使用价值，使其能成为人们需要的商品。而流通加工主要是为了方便流通、运输、储存、销售、用户和物资能被充分利用，在不做很大改变的情况下提高其价值。

（4）流通加工的组织者是从事流通工作的人，能密切结合流通的需要进行这种加工活动。从加工单位来看，流通加工由商业或物资流通企业完成，而生产加工则由生产企业完成。

（5）商品生产是为交换和消费而生产的，流通加工的一个重要目的是为了消费（或再生产）所进行的加工，这一点与商品生产有共同之处。但是流通加工有时候也是以自身流通为目的，纯粹是为流通创造条件，这种为流通所进行的加工与直接为消费进行的加工从目的来讲是有区别的，这又是流通加工不同于一般生产的特殊之处。

（二）流通加工的类型

流通加工是流通过程中的加工活动，是为了方便流通、方便运输、方便储存、方便销售、方便用户以及物料的充分利用、综合利用而进行的加工活动。主要有以下几种类型。

（1）为保护产品所进行的流通加工。在物流的过程中为保护产品，防止产品在投入使用前遭受损失，经常要对产品采用一些保护措施，这些加工措施并不能改变产品的外形及性质。一般是采取冷冻、防腐、防虫、防霉、防干裂、防潮、除锈等加工措施。加工对象包括生产资料和生活资料，生活资料即水产品、肉产品等，采取措施是保鲜、冷冻等。如果不采取合适的加工措施，有的生产资料在进入流通流域后有可能会丧失使用价值或影响使用价值的发挥。所以有必要对生产资料进行相应的加工，采取措施有防干裂、防潮以及除锈等。

（2）为提高物流效率、降低物流损失的流通加工。有些产品本身形态不方便进行物流操作，或者在装卸搬运过程中极易发生损坏，必须进行必要的流通加工，比如对一些过大的设备在运输前先进行分拆、气态液化等。

（3）为衔接不同的输送方式，使物流更加合理的流通加工。在干线运输及支线运输的结点设置流通加工环节，可以有效解决大批量、低成本运输和多品种、少批量末端运输之间的衔接问题，在流通加工点与大生产企业间形成大批量、定点运输的渠道，以流通加工点为配送中心组织对多用户的配送。

（4）为弥补生产领域的不足而进行的深加工。在生产领域并不能完全实现商品终极的加工，有很多限制因素。比如，自行车如果出厂前装配加工完毕，那么，在运输过程中就无法实现满载运输，可以采取到消费地区再装配加工的方式；再比如，木材可以在生产地先加工到圆木、板木材，进一步的下料处理等加工措施可以留待流通流域完成。

（三）流通加工的作用

流通加工在流通中，仍然和流通总体一样起着“桥梁和纽带”的作用，只不过它实现这一作用并不是通过“保护流通对象的原有形态”这种方式，而是通过改变和完善流通对象的原有形态来实现“桥梁和纽带”这一作用的。流通加工的主要作用就是通过优化物流流程，提高物流系统的服务水平，提高顾客满意度。

1. 流通加工有效地完善了流通

流通加工从普遍性上来说不能和运输、储存相比，因为它并不是所有物流中必然出现的，而且，流通加工在实现时间和场所两个重要效用方面，也确实无法与运输和储存相比。但这绝不是说流通加工不重要，实际上它起的作用也是不可忽视的，它具有运输、储存等其他功能要素无法达到的作用，起着补充、完善、提高和增强的作用。所以流通加工是提高物流水平、促进流通向现代化发展的不可缺少的环节。

2. 流通加工是物流中的重要利润源

流通加工是一种低投入高产出的加工方式，往往以简单加工解决大问题。例如，内地的许多制成品在深圳进行简单的加工，改变了产品外观功能，仅此一项就使产品售价提高20%以上。根据我国近些年的实践，流通加工单就向流通企业提供利润这一点，其成效并不亚于从运输和储存中挖掘的利润，是物流中的重要利润源之一。

3. 流通加工在国民经济中也是重要的加工形式

在整个国民经济的主旨和运行方面，流通加工是其中一种重要的加工形式，对推动国民经济的发展、完善国民经济的产业结构和生产分工具有一定的意义。

二、流通加工成本的构成

在物流系统中进行流通加工所消耗的物化劳动和活动的货币表现，即为流通加工成本。流通加工成本由以下几方面构成。

（一）流通加工设备费用

流通加工设备因流通加工形式、服务对象的不同而不同。物流中心常见的流通加工设备有数种设备项目，如剪板加工需要的剪板机，木材加工需要电锯，印刷标签条码的喷印机，拆箱需要的拆箱机等。购置这些设备需支出的费用，以流通加工费的形式转移到被加工的产品中去。

（二）流通加工材料费用

产品进入流通领域后，在进行流通加工的过程中根据加工措施的不同，需要消耗不同的材料，如包装材料、辅助材料等，流通加工材料费用就是指这些被消耗的材料的费用。

（三）流通加工劳务费用

流通加工劳务费用指对从事流通加工活动的管理人员、工人以及相关人员的工资、奖金等费用。

（四）流通加工其他费用

除上述费用外，在流通加工的过程中耗用电力、燃料、油料等费用，也是流通加工成本的构成费用。

三、流通加工成本的核算

为简化计算，将物流中心、配送中心甚至仓库提供的各种各样的流通加工服务成本设置为流通加工设备费用、流通加工材料费用、流通加工制造费用三个成本项目。

（一）流通加工直接材料费用的核算

流通加工直接材料费用就是指在对产品进行加工过程中所直接消耗的辅助材料、包装材料的费用。这笔费用主要由直接消耗的材料数量和材料价格两个因素决定。

1. 材料消耗量的计算

为了正确计算在流通加工过程中材料的消耗量，企业应当采用连续记录法，连续并及时地记录材料的消耗量。记录流通加工过程中材料消耗量的原始凭证有“领料单”、“限额领料单”、“领料登记表”等。为保证材料消耗量的准确计算，对在流通加工过程中只领未用的材料还应当在期末填制“退料单”,“退料单”也是记录材料消耗的原始凭证。严格管理材料发出的凭证和手续，是正确计算和确定材料消耗数量的保证。

2. 消耗材料价格的确定

购入的流通加工材料成本包括材料购买价款和入库前发生的各种附带成本（如运输途中的合理损耗、入库前的整理挑选费用等）。即使同一种材料，由于购入时间和地点不同，实际单价也可能不一致，因此在计算时，必须选择恰当的方法来计算消耗材料的价格。

3. 消耗材料费用的归集

消耗材料的费用主要由材料消耗量和消耗材料价格两个因素确定，只要正确确定材料消耗量和价格，就能正确计算出所消耗的直接材料费用。

在计算直接材料费时，材料费用数额是根据全部领料凭证汇总编制“耗用材料汇总表”确定的。凡能分清某一成本计算对象的费用，应单独列出，以便直接计入该加工对象的产品成本计算单中；凡属于几个加工成本对象共同消耗的直接材料费用，应选择适当的方法，分别记入各加工成本计算对象的成本计算单中。

一般分配直接材料费的方法有重量分配法、体积分配法、定额耗用量比例分配法、标准产量分配法、生产工时比例法和机器工时比例法等方法。

（二）流通加工直接人工费用的核算

流通加工直接人工费用指直接参与流通加工活动的工人的工资、补贴、奖金、津贴等以及按工资总额的一定比例（14%）提取的职工福利费等费用的总和。

1. 流通加工直接人工费用的归集

流通加工直接人工费用的计算根据是“工资结算单”，计算时按照人员类别汇总编制“工资结算汇总表”和“职工福利费计算表”，根据当期报表来确定流通加工直接人工费用。

“工资结算汇总表”是进行工资结算和分配的原始依据，它是根据“工资结算单”按人员类别（工资用途）汇总编制的，“工资结算单”应当依据职工工作卡片、考勤记录、工作量记录等工资计算的原始记录编制。

“职工福利费计算表”是依据“工资结算汇总表”确定的各类人员工资总额，按照规定的提取比例经计算后编制的。

2. 流通加工直接人工费用的分配

支付生产工人的工资时，如果是以计件工资的形式发放，此部分成本直接计入加工的对象成本中即可，不再需要进行分配。如果以计时工资的形式发放工资，在只加工一个对象的情况下直接计入该对象成本；如果是多个对象，则需要采取恰当的方法在各个对象之间进行分配。职工福利费的分配方法与工资的分配方法相同。

直接人工费用的分配方法有生产工时分配法、系数分配法等。流通加工生产工时分配法的计算公式如下：

人工工资费用分配率＝（应分配的直接人工费用）÷（各加工对象的加工工时之和）

某加工对象应分配的工资费用＝该加工对象的实际耗用工时×人工工资费用分配率

（三）流通加工制造费用的核算

流通加工制造费用是指为组织和管理流通加工而发生的各项间接费用，主要包括生产加工单位的房屋、建筑物、机器设备的折旧费、修理费，取暖费、水电费、办公费、保险费等。

制造费用属于综合性费用，明细项目比较多，除机器设备等的折旧费和修理费外，制造费用的大部分为一般费用。尽管有些制造费用和加工产品产量的变动有关，大部分制造费用为固定费用，不按照业务量制定定额，只能按会计期间编制制造费用预算，控制制造费用总额。

1. 制造费用的归集

折旧费用是通过定期编制“折旧费用计算汇总表”计算出各生产单位的本期折旧费用以后，再计入流通加工部门制造费用的折旧费用。

修理费用一般直接计入当月的该生产单位的制造费用。在一次性支出的金额较大，修理费用发生不均衡时，则可以采用分期摊销或计划预提的方法来记入制造费用；其他费用一般按会计期间编制制造费用预算，按预算总额进行控制。

2. 制造费用的分配

制造费用是流通加工生产单位为组织和管理流通加工所发生的间接费用，制造费用的受益对象是流通加工单位本期所加工的所有产品。如果加工单位只加工一种产品时，则制造费用直接计入该产品的流通加工成本，不需要再次进行分配；但如果加工单位同时加工多种产品，则制造费用不可直接计入，需要采取恰当的方法在全部产品之间进行制造费用的合理分配。

制造费用的分配方法主要有直接人工工资比例法、系数分配法、计划分配率法、生产工时比例法和机器工时比例法等。

四、流通加工费用在完工产品和期末在产品之间的分配

流通加工过程和生产过程一样，也存在完工产品和在产品。流通加工费用在它们之间的分配方法，与传统生产过程中生产成本在完工产品和在产品之间的分配方法类似。但流通加工成本的计算与产品生产成本计算相比，计算的内容和程序都相应的简单一些。

完工产品和在产品之间费用分配的方法主要包括：在产品按固定成本计价法、不计算在产品成本法、在产品按所耗原材料费用计价法、约当产量比例法、在产品按完工产品成本计算法、在产品按定额成本计价法、定额比例法等。

企业在具体操作过程中，应按照月末在产品数量的多少、各月在产品数量变化的大小、各项费用比重的大小以及定额管理基础好坏等具体条件来决定具体采用哪一种分配方法。

任务二　掌握流通加工成本优化和控制

任务说明

当前流通加工作业在实施过程中还存在很多不合理现象，认识到都存在哪些不合理现象，并在此基础上作出改进是企业的当务之急。

任务案例

戴尔（Dell）公司的成功秘诀

现在，计算机产业的每家企业都以戴尔为楷模。戴尔公司的飞速发展是美国高技术企业经营管理的一个奇迹，被业内视为推动美国个人计算机业发展的一种动力。

戴尔公司的竞争优势主要来自于他的独特经营方式——直销计算机，即顾客通过电话、信件以及 Internet 直接向公司订购计算机，而不经过分销商或代理商的中间渠道。直

销是在公司接到顾客订单后再将计算机部件组装成整机，而不是根据对市场的预测制订生产计划，先批量制成成品，再将产品存放在仓库里等待分销商和顾客的订货。这样不仅节约了库存的开支，也给顾客带来了利益。因为代理商在销售计算机时，一般要加价销售，直销方式则以出厂价销售，能比竞争者以更低的价格销售计算机，从而赢得竞争优势，这也意味着不仅为顾客节约了资金，而且可以按照顾客的具体要求定制计算机，从外部的硬件到内部的软件，完全量身定做。

利用代理商销售的各大计算机公司一般经营程序为：对今后市场进行预测、制订生产计划、制造、测试、检验、封机、装箱、入库、根据计划或要求发往分销商。如果顾客向分销商提出具体的技术规格要求，则又需进行开箱、拆机、更换或拆除某些部件、封机、加装软件、测试、检验、装箱、发货系列程序。而戴尔则在顾客提交订单后保证做到按顾客要求在 36 小时内装车发货。

为了充分实现直销的竞争优势，戴尔坚持让计算机部件供应商把大部分部件存放在离其工厂更近的仓库内。为简化和部件供应商的协调过程，戴尔也尽量减少供应商的数量，专门挑选那些能够满足其部件储存计划要求的合作者。

问题：

1. 戴尔成功的关键究竟在哪里？
2. 戴尔对计算机的组装属于生产加工还是流通加工？

一、不合理的流通加工形式

流通加工是对生产加工的补充，不仅仅是生产过程在流通过程的延续，还是生产本身或生产工艺在流通领域的延续。这种延续带来积极和消极两方面的作用，积极作用是有效地起到补充完善生产加工不足的作用。但是，也必须估计到另一个可能性，即流通加工还有可能对整个过程带来消极效应。各种不合理的流通加工形式都会产生抵消效益的负效应。几种不合理流通加工形式体现在如下几个方面。

（一）流通加工结点设置的不合理

流通加工的结点设置也就是流通加工点的布局，是影响整个流通加工过程是否有效的重要因素。一般而言，为衔接单品种、大批量、低成本运输和为满足客户多样化需求的多品种、少批量末端运输而进行的流通加工，最合理的方式是加工地设置在需求地区，才能实现大批量的干线运输与多品种末端配送的物流优势。

如果将流通加工结点设置在生产地。首先，为满足客户的多样化需求要求，需要进行多品种、小批量产品从产地向需求地的长距离运输，运输成本增加，会出现不合理；其次，在生产地多设置了一个加工环节，同时增加了近距离运输、装卸、储存等一系列的物流活动。所以，在这种情况下，不如由原生产加工单位完成这种加工而无须设置专门的流通加工环节。

一般而言，如果流通加工的作用是为方便物流，则流通加工地点应设在产出地，设置在进入社会物流之前，因为如果设置在社会物流之后，也就是设置在消费地，则不但不能解决物流问题，还在流通中又增加了一个中转环节，因而也是不合理的。

在上个步骤作出正确选择后，也就是说在产地或需求地设置流通加工的选择是正确的，还有流通加工在小地域范围的正确选址问题。如果处理不善，仍然会出现不合理，比如设置在交通不便处、流通加工点与生产企业或用户之间距离较远、流通加工点的投资过高（如受选址的地价影响）、加工点周围的环境条件不良等。

（二）流通加工方式选择不当

根据流通加工的目的不同，流通加工的方式分为流通加工对象、流通加工工艺、流通加工技术、流通加工程度等。流通加工方式确定的基础是生产加工，是与生产加工的合理分工。如果本来应由流通加工完成的作业，却错误地由生产加工完成，就属于是流通加工方式选择的不当；或者本来应由生产加工过程完成的作业，却错误地由流通加工去完成，都会造成不合理。

流通加工是对生产加工过程的延续，起补充完善生产加工不足的作用，而不是对生产加工的代替。所以一般情况下，对一些加工可以由生产过程轻易解决者，或者工艺复杂、技术装备要求较高的作业都不宜再设置流通加工。需要注意的是，对流通加工过程来说，尤其不应该再与生产过程争夺那些技术装备要求较高、效益较高的最终生产环节，更不宜利用某个时期市场的压迫力使生产者变成初级加工或前期加工，而流通企业完成装配或最终形成产品的加工。

（三）流通加工冗余环节增加

对一些过于简单的或对生产及消费者作用都不大的、甚至盲目性的流通加工环节，不仅不能解决生产加工的遗留问题，相反还增加了中间环节，也属于流通加工不合理的重要体现。

（四）流通加工成本过高

流通加工所起的作用中最显著的一点就是较高的产出投入比，这也是它如此有生命力的原因之一，能对生产加工起着有效的补充完善作用。但如果流通加工的成本过高，不能实现以较低投入实现更高使用价值的目的，那么除了一些必须的硬性要求的即使亏损也应进行的加工外，都应看成是不合理的。

二、流通加工的合理化措施

流通加工的合理化就是以实现流通加工的最优配置为目标，不仅做到避免各种不合理，使流通加工有存在的价值，而且做到最优的选择。

为避免出现不合理现象，对是否设置流通加工环节、在什么地点设置、选择什么类型的加工、采用什么样的技术装备等，都需要做出正确抉择。实现流通加工合理化主要考虑以下几方面。

（一）加工和配送相结合

加工和配送相结合有以下优势：首先对配送来说，由于配送之前有加工，可使配送服务水平大大提高；其次对流通加工来说，将流通加工设置在配送点中，一方面可以按配送的需要进行加工，另一方面加工又是配送业务流程中分货、拣货、配货之一环，无须单独设置一个加工的中间环节，使流通加工与中转流通巧妙结合在一起。这是当前对流通加工做合理选择的重要形式，在煤炭、水泥等产品的流通中已表现出较大的优势。

（二）加工和配套相结合

由于配套的主体来自各个生产单位，在一些对配套要求较高的流通中，当完全配套无法全部依靠现有的生产单位时，进行适当流通加工，可以有效促成配套，大大提高流通的"桥梁与纽带"的动能。

（三）加工和合理运输相结合

流通加工能够有效衔接干线运输与支线运输，促进两种运输形式的合理化。在支线运输转干线运输或干线运输转支线运输这些本来就必须停顿的环节，不进行一般的支转干或干转支，而是按干线或支线运输合理的要求进行增设流通加工环节，对产品进行适当加工，从而大大提高运输及运输转载水平。

（四）加工和合理商流相结合

适当的流通加工可以有效地促进销售，使商流合理化，也是流通加工合理化的考虑方向之一。通过流通加工，提高了配送水平，强化了销售。此外，通过组装加工解除用户使用前进行组装、调试的难度，比如现在电脑销售商一般在售出时都提供硬件组装和软件安装的服务，或者通过简单地改变包装加工，形成方便的购买量，都是有效促进商流的例子。

（五）加工和节约相结合

节约能源、设备、人力是流通加工合理化重要的考虑因素，也是目前我国设置流通加工，考虑其合理化的较普遍形式。

对于流通加工是否实现了合理化的最终判断，是看其是否能实现社会和企业本身两个效益的最大化。流通加工企业应该将社会效益摆在首位，只有在以补充完善为己任的前提下才有生存的价值。万万不可只是追求企业的微观效益，甚至与生产企业争利，这就有违背了流通加工的初衷，或者其本身已不属于流通加工范畴了。

三、流通加工成本的优化

在合理的设置了流通加工点，且选择了合理的流通加工方式之后，下一步就是对流通加工成本的优化。优化所涉及的内容十分广泛，既要对流通加工作业进行合理排序，又要对流通加工成本进行分析和优化。

（一）优化流通加工作业排序

流通加工作业排序是指根据加工工艺和负荷的可能性，对在一定期间内分配给各个加

工单位的生产任务进行合理排序，并确定各加工单位作业的作业开始时间和作业结束时间。优化作业排序可以缩短加工周期，节约加工费用，减少延期交货和违约损失，降低流通加工成本。

优化流通加工作业排序的方法有最短加工时间法、最早预定交货期法、最短加工时间法和最早预定交货期综合法等。在进行排序时，要根据客户的需求变化，及时改变作业排序，以取得良好的经济效益。

（二）流通加工成本管理

1. 选择适当的加工方式和加工深度

在进行流通加工方式和加工深度的选择时，应根据服务对象和服务需要，选择适当的加工方式和加工深度，并进行经济核算和可行性研究，将流通加工成本控制在合理范围内。

2. 均衡加工批量和数量

批量越大，数量越多，流通加工成本就越高。在进行流通加工成本管理时，对加工批量和数量进行合理的均衡，能使加工能力得到充分、有效的利用。

3. 全面管理

对流通加工过程的管理也应像生产过程管理一样，需要对流通加工所涉及到的各个环节、劳动力、设备、动力等进行全面的管理。

4. 单独核算

与其他物流活动相比，流通加工活动有自己的特殊性，流通加工的成本和运输成本等存在很大区别。要对流通加工成本进行优化控制，首先要准确记录和核算流通加工费用的使用、支出情况，应对流通加工费用单独管理、单独核算。

5. 制订经济指标

在商品进入流通过程后，再对它进行流通加工只是生产工程的补充和延续，流通加工企业应根据流通加工对象、流通加工方式等的特点，制订反映流通加工的经济指标，以便最大限度地发挥流通加工的经济效益。

思考与练习

1. 流通加工成本都包含哪些方面？
2. 何谓流通加工直接人工费用？如何计算？
3. 何谓流通加工制造费用？如何计算？
4. 流通加工费用如何在完工品和在产品之间分配？
5. 企业在流通加工过程中存在哪些不合理现象？
6. 如何对流通加工成本进行优化？

项目技能训练

调查流通成本中人工费的会计处理方式在不同的企业中有什么不同？

项目十一　物流成本绩效评价

项目说明

物流成本管理绩效评价是物流成本管理的重要内容，它是由一定的人员对企业或者员工在一个物流成本管理周期内所作的有关物流成本管理工作进行评价并给出反馈和改进方案的过程，其最终目的是为了提高物流成本管理的整体绩效。为了建立有效评价物流成本绩效的指标体系，应遵循五个原则，采用指标对比法和因素分析法运用常用的指标体系进行分析。

1. 物流成本绩效评价的含义

绩效评价主要包括界定工作本身的要求评价实际工作绩效和提供反馈两个步骤。物流成本管理绩效评价是物流成本管理的重要内容，它是由一定的人员对企业或者员工在一个物流成本管理周期内所作的有关物流成本管理工作进行评价并给出反馈和改进方案的过程，其最终目的是为了提高物流成本管理的整体绩效。

物流成本绩效评价可以包括对"绩"和"效"两方面的评价，而对物流成本管理进行绩效评价，并不仅仅在于评价物流成本管理水平的高低，更重要的是物流成本管理绩效的评价有利于制订物流成本管理的标准。

2. 物流成本绩效评价应遵循的原则

随着物流成本管理理论的不断发展和物流成本实践的不断深入，为了科学、客观地反映物流成本的运营情况，应该考虑建立与之相适应的物流成本绩效评价方法，并确定相应的绩效评价指标体系。反映物流成本绩效的评价指标有其自身的特点，其内容比现行的企业评价指标更为广泛，它不仅仅代替会计数据，同时还提出一些方法来测定供应链的上游企业是否有能力及时满足下游企业或市场的需求。在实际操作上，为了建立能有效评价物流成本绩效的指标体系，应遵循如下原则。

（1）应突出重点，要对关键绩效指标进行重点分析。

（2）应采用能反映物流成本业务流程的绩效指标体系。

（3）评价指标要能反映整个供应链的运营情况，而不是仅仅反映单个节点企业的运营情况。

（4）应尽可能采用实时分析与评价的方法，要把绩效度量范围扩大到能反映供应链实时运营的信息上去，因为这要比仅做事后分析要有价值的多。

（5）在衡量物流成本绩效时，要采用能反映供应商、制造商及用户之间关系的绩效评价指标，把评价的对象扩大到供应链上的相关企业。

项目目标

√ 了解物流企业绩效评价的含义；
√ 理解物流企业成本绩效评价的原则和方法；
√ 理解物流成本绩效管理常用的指标体系；
√ 掌握平衡计分法的基本分析方法。

项目案例

沃尔沃集团业绩评价

自从 1993 年与雷诺汽车公司的兼并计划被取消，整个沃尔沃集团经历了重大的变革。首先，公司把大量的时间与资源花在了阐明沃尔沃集团各个子公司的远景与战略上。1995 年年初，沃尔沃汽车公司（VCC）提出了新远景："成为世界上最理想、最成功的专业汽车品牌"。基于该远景，公司的每个部门都阐明了详细的战略。通过以行动为基础的商业计划，这些战略在整个公司得以顺利实施。

在阐明战略的过程中，公司的管理层意识到沃尔沃集团的预算和计划体系无法提供可靠的预测。管理控制体系没有正确的估计技术、产品以及成为市场上的有力的竞争者所需要的进程。公司需要一个灵活的管理控制工具，该工具能够模拟现实情况并且能够对商业环境中的变化做出快速的反应。这些因素导致公司开始引入了"新计划过程"。

新计划过程是一种形成报告和控制制度的过程，在该过程中公司一年至少准备 4 次长期和短期预测，同时还要把关注的焦点放在目标和当前的经营计划上。新计划过程不强调预算安排，甚至会传递这样一种信息："不需要预算"。

利用新计划过程，沃尔沃把关注的焦点从细节转向目标。沃尔沃认为决策的制定应该尽可能的靠近客户。这要求有一个能够提供早期预警信号的管理控制体系；一旦现实情况开始偏离预期，应该立即采取积极决策行动来使公司朝着确定的目标调整。

沃尔沃的管理控制是通过测量各个部门的业绩指标来进行的，业绩指标以图形显示在计分卡上。业绩指标是相关的和易于测量的，包含有货币或者非货币的参数。而且，它们在短期和长期中应该与财务业绩或者资本使用之间有直接或者间接的联系。

每一个业绩指标都对应相应的目标。目标设定过程应该开始于对部门理想状况的清晰定义。通常情况下，在业务发展和战略阐明过程中这个步骤已经完成了。下一步是引导部门朝着理想情况发展。业绩指标的关键要素包括：指标要变成可测量的目标；目标应该是有可能实现的、便于理解的、能够分解为次要目标并能够应用于公司不同部门的；应该设定完成每个目标的最后期限，对目标实现的过程能够进行短期或长期的预测。

用这种方法，可以提示沃尔沃公司的管理层注意将要发生的变化，并采取相应的行动策略。在一年当中，绩效的评估是连续不断地对每一个绩效指标都进行经常的预测和控制。

VCC 业绩报告包括 VCC 公司各部门提交的报告。在业绩指标的基础上通过计分卡对每一个部门进行监督（指标事先由 VCC 的质量管理人员确定）。除了计分卡，还要对趋势、差异以及值得关注的事件发表评论，对任何差异都要提出一个行动计划。这种报告不仅要用书面形式加以记录，而且在每月举行的会议上还要对CEO或者CFO进行口头陈述。根据VCC业绩报告，沃尔沃集团的管理层可以了解到许多业绩指标的完成情况，包括利润、客户的满意程度、质量、成本以及营运资本等。

通过不断比较真实业绩与预期业绩，公司总是可以保证有一套行动计划来完成确定的目标。

问题：

1. 沃尔沃集团如何对业绩进行评价的？
2. 业绩评价为集团带来了什么好处？

任务一　掌握物流成本绩效评价的方法和常用的指标体系

一、物流成本绩效评价的方法

物流成本绩效评价采用的技术方法有很多种，它可以采用会计的方法、统计的方法或数学的方法。在实际的物流成本绩效评价工作中，使用最广泛的技术方法主要是指标对比法和因素分析法。

（一）指标对比法

指标对比法又称比较法，这是实际工作中广泛应用的分析方法。它是通过相互关联的物流成本指标的对比来确定数量差异的一种方法。通过对比，揭示矛盾，发现问题，寻找差距，分析原因，为进一步降低物流成本、提高物流成本使用效益指明方向。物流成本指标的对比分析可采取以下几种形式。

1. 实际指标与计划指标对比

进行物流成本绩效评价时，可以将实际成本指标与计划成本指标进行比较，通过对比，说明计划完成的程度，为进一步分析指明方向。

2. 本期实际指标与前期实际指标对比

通过对比，反映物流企业物流成本动态和变化趋势，有助于吸取历史经验，改进物流成本管理。

3. 本期实际指标与同行业先进水平对比

通过对比，可以反映本物流企业与国内外先进水平的差距，以便扬长避短，努力挖掘降低物流成本的潜力，不断提高物流企业的经济效益。

实际上，对比分析仍旧属于定性分析，没有更多地涉及量化的指标。当需要分析的对象所能够搜集到的情报资料仅限于文献或不能够精确量化的时候，对比分析是非常有效的。但如果分析结果是比较精确的，对比分析就没有太大的优势。即便是得到了量化的指标，使用对比分析也不过是对具有可比性的两个指标进行对照比较而已，所以仅仅使用对比分析实际上是降低了对资源的使用程度。通常，可以把对比分析同其他的情报分析方法结合使用。

（二）因素分析法

因素分析法是依据分析指标与其影响因素的关系，从数量上确定各因素对分析指标影响方向和影响程度的一种方法。因素分析法既可以全面分析各因素对某一经济指标的影响，又可以单独分析某个因素对经济指标的影响。

1. 采用因素分析法时注意的问题

（1）注意因素分解的关联性。

（2）因素替代的顺序性。

（3）顺序替代的连环性。即计算每一个因素变动时，都是在前一次计算的基础上进行，并采用连环比较的方法确定因素变化影响结果。

（4）计算结果的假定性。连环替代法计算的各因素变动的影响数，会因替代计算的顺序不同而有差别，即其计算结果只是在某种假定前提下的结果。为此，财务分析人员在具体运用此方法时，应注意力求使这种假定是合乎逻辑的假定，是具有实际经济意义的假定，这样，计算结果的假定性，就不会妨碍分析的有效性。

2. 因素分析的具体计算程序

以物流成本的计划指标为基础，按预定的顺序将各个因素的计划指标一次替换为实际指标，一直替换到全部都是实际指标为止，每次计算结果，与前次计算结果相比，就可以求得某一因素对计划完成情况的影响。下面举例说明指标与因素的关系。

设物流成本指标 N 是由 A、B、C 因素乘积所组成，其计划成本指标与实际成本指标分别表示如下：

计划成本　$N_1=A_1\times B_1\times C_1$

实际成本指标　$N_2=A_2\times B_2\times C_2$

差异额　$G=N_2-N_1$

计算程序是：计划成本指标 $A_1\times B_1\times C_1=N_1$

第一次替换 $A_1\times B_1\times C_1=N_1$　　$N_3-N_1=A$ 变动的影响

第二次替换 $A_1\times B_1\times C_1=N_1$　　$N_4-N_3=B$ 变动的影响

第三次替换 $A_1\times B_1\times C_1=N_1$　　$N_2-N_4=C$ 变动的影响

以上三个因素变动影响的总和为：

$$(N_3-N_1)+(N_4-N_3)+(N_2-N_4)=G$$

从上式可知，三个因素变动的差异之和与前面计算的实际物流成本指标脱离计划成本指标的总差异是相符的，这就确定了各个因素对成本指标升降的影响程度，并可以确定各个因素所占差异比重程度，为物流成本绩效评价提供可靠的依据。

二、物流成本绩效管理常用的指标体系

（一）物流成本率

物流成本率计算公式如下：

$$物流成本率=\frac{物流成本总流}{销售额}\times 100\%$$

物流部门独立成为利润中心之后，物流成本考核更为直接地与产品事业部或销售部门挂钩，考核产品事业部或销售部门所发生的物流成本，公司物流绩效的最直接的衡量指标便是物流成本率。这里的物流成本是完成特定物流活动所发生的真实成本。在企业统计的物流成本是运输成本和配送中心的运营成本，由于没有标准的统计和成本划分，很多隐性的物流成本被划入生产成本和销售成本。科学的物流成本应该是以物流活动为基础的，所有与完成物流功能有关的成本都应该包括在以活动为基础的成本分类中。

（二）单位物流成本率

单位物流成本率计算公式如下：

$$单位物流成本率=\frac{物流成本总额}{企业总成本}\times 100\%$$

这是考察物流成本占总成本比率的一个指标，一般用来衡量企业内部的物流目标是否合理。使用该指标进行分析时是把物流部门作为成本中心来考核的。该指标越大，说明物流成本占企业总支出的比重越大，提示企业应分析原因，找出改进方法。

（三）单位营业费用物流成本率

单位营业费用物流成本率计算公式如下：

$$单位营业费用物流成本率=\frac{物流成本总额}{销售费用+一般管理费用}\times 100\%$$

该指标用来分析企业物流成本占营业费用的比重，这个比重不受制造成本变动的影响，得出的数值比较稳定。一般作为评价企业物流是否合理化的指标。

（四）物流职能成本率

物流职能成本率计算公式如下：

$$物流职能成本率=\frac{物流职能成本}{物流总成本}\times 100\%$$

通过该指标可以确定包装、运输、仓储、装卸、流通加工、配送、物流管理等各物流职能成本占物流总成本的比率，为企业物流成本控制提供依据。使用该指标时，企业应合理划分企业的物流职能，采用切实可行的方法计算出各项物流职能的成本，为提高物流过程的管理水平创造条件。

（五）产值物流成本率

产值物流成本率计算公式如下：

$$产值物流成本率=\frac{物流成本}{企业总产值}\times 100\%$$

该指标用来分析企业创造单位产值所需支出的物流成本，是一定时期生产一定数量产品过程中物流成本占总产值的比率，反映了物流过程耗费的经济效果。企业投入产出率越高，物流成本耗费越低，该指标的值就越低，

（六）物流成本利润率

物流成本利润率计算公式如下：

$$物流成本利润率=\frac{利润总额}{物流成本}\times 100\%$$

该指标用来分析一定时期生产和销售一定数量产品所发生的物流成本与所获得的利润总额的比率。通过分析，可以表明在物流活动中耗费一定量的资金所获得的经济利益的能力。该指标高，说明产品市场竞争能力强，产品成本水平低，赢利能力强。

任务二　掌握物流成本综合的绩效评价——平衡计分法

任务说明

平衡计分法是一种新型的绩效管理方法，它打破了传统的只注重财务指标的业绩管理方法。我们一般从四个角度审视自身业绩；即学习与成长、业务流程、顾客、财务。通过这四个方面可以较全面地获得企业物流成本的业绩信息。

任务案例

可口可乐公司平衡计分法的应用

可口可乐公司以前在瑞典的业务是通过许可协议由瑞典最具优势的啤酒公司普里普斯公司代理的。该许可协议在 1996 到期终止后，可口可乐公司已经在瑞典市场上建立了新的生产与分销渠道。1997 年春季，新公司承担了销售责任，并从 1998 年年初开始全面负责生产任务。

可口可乐瑞典饮料公司（CCBS）在其不断发展的公司中推广平衡计分卡的概念。若干年来，可口可乐公司的其他子公司也已经在做这项工作了，但是，总公司并没有要求所有的子公司都用这种方式来进行报告和管理控制。

CCBS 主要从财务层面、客户和消费者层面、内部经营流程层面以及组织学习与成长四个方面来测量其战略行动。

作为推广平衡计分卡概念的第一步，CCBS 的高层管理人员开了 3 天会议。把公司的综合业务计划作为讨论的基础。在此期间，每一位管理人员都要履行下面的步骤：

（1）定义远景。

（2）设定长期目标（大致的时间范围为 3 年）。

（3）描述当前的形势。

（4）描述将要采取的战略计划。

（5）为不同的体系和测量程序定义参数。

在构造公司的平衡计分卡时，高层管理人员已经设法强调了保持各方面平衡的重要性。为了达到该目的，CCBS 使用的是一种循序渐进的过程。第一步是阐明与战略计划相关的财务措施，然后以这些措施为基础，设定财务目标并且确定为实现这些目标而应当采取的适当行动；第二步，在客户和消费者方面也重复该过程，在此阶段，初步的问题是

"如果我们打算完成我们的财务目标，我们的客户必须怎样看待我们?"；第三步，CCBS明确了向客户和消费者转移价值所必须的内部过程。然后 CCBS 的管理层审视自己是否具备足够的创新精神、是否愿意为了让公司以一种合适的方式发展而变革。经过这些过程，CCBS 能够确保各个方面达到了平衡，确保所有的参数和行动都会导致向同一个方向变化。

目前，CCBS 已经把平衡计分卡的概念分解到员工个人层面上了。在 CCBS 看来，只依靠那些个人能够影响到的计量因素来评估个人业绩。这样做的目的是，通过测量与员工个人的具体职责相关联的一系列确定目标来考察他的业绩。根据员工在几个指标上的得分而建立奖金制度。

CCBS 强调平衡计分卡不是一成不变的，每年都要不断地进行检查和修正。按照 CCBS 的说法，在推广平衡计分卡概念过程中最大的挑战是，既要寻找各层面的不同测量方法之间的平衡，又要确保能够获得所有将该概念推广下去所需要的信息系统。

问题：

1. 可口可乐公司是如何应用平衡计分法的?
2. 取得了哪些成效?

一、平衡计分法的基本理论

平衡计分法是绩效管理中的一种新思路，适用于对部门的团队考核。在 20 世纪 90 年代初由哈佛商学院的罗伯特·卡普兰（Robert Kaplan）和诺朗诺顿研究所所长、美国复兴全球战略集团创始人兼总裁戴维·诺顿（David Norton）发展出的一种全新的组织绩效管理方法。在此后几年里，卡普兰和诺顿通过为他们的客户实施 BSC 并从实施过程中吸取经验，使 BSC 得以不断发展和进步。

平衡计分卡方法打破了传统的只注重财务指标的业绩管理方法。平衡计分卡认为，传统的财务会计模式只能衡量过去发生的事情（落后的结果因素），但无法评估组织前瞻性的投资（领先的驱动因素）。在工业时代，注重财务指标的管理方法还是有效的。但在信息社会里，传统的业绩管理方法并不全面，组织必须通过在客户、供应商、员工、组织流程、技术和革新等方面的投资，获得持续发展的动力。正是基于这样的认识，平衡计分卡方法认为，组织应从学习与成长、业务流程、顾客、财务这四个角度来审视自身的业绩。

二、平衡计分法的意义

（一）可以从战略角度评价物流成本管理的绩效

无论是学术界还是产业界，越来越多的人已逐渐认识到物流更具有战略性，是企业发展的战略而不是一项具体操作性任务。平衡计分卡主要是通过物流成本管理的关键成功因素和关键绩效指标相结合来设置绩效评价体系，并且通过财务、客户、内部经营过程、学习与成长四方面指标之间相互作用的因果关系链来表现物流成本管理和控制的轨迹，从而实现绩效评价与绩效改进以及战略实施与战略修正的目的。

（二）可以从物流活动过程而非结果评价物流成本管理的绩效

在物流成本管理中作为管理对象的物流活动本身，物流成本只是作为一种管理手段而存在的。这是因为一方面，物流成本能够真实地反映物流活动的实态；另一方面；物流成本又是评价所有物流活动的尺度。因此，物流成本管理不仅仅是结果，还应该是过程。平衡计分卡的另一本质特征是既注重对经营目标完成程度的管理又注重对经营目标实现过程的管理。

（三）可以更全面地评价物流成本管理的绩效

企业物流管理肩负着“降低物流成本”和“提高服务水平”两大任务。平衡计分卡在吸取原有绩效管理系统优点的基础上又增加了客户、内部经营过程及学习与成长等非财务指标来补充财务指标以弥补其不足。

（四）可以避免物流成本管理的短期效益，追求物流成本管理的长期效益

三、平衡计分法的应用

依照平衡计分卡的框架，通过以下四个方面的要素指标对物流成本绩效进行评价。

（一）财务要素评价指标

平衡计分法保留了财务测评，因为财务目标是企业的终极目标，企业战略及所有为实施战略的努力行动都是为了最后满意的财务成果。应用平衡计分法必须鼓励经营单位把他们的财务目标融合到公司战略中去。财务指标作为企业的终极目标是所有其他三方面非财务指标的聚焦，每一个非财务指标的选择必须融合进一种达到提升财务业绩的因果关系中去。由于物流的主要财务目标涉及赢利、股东价值实现和增长，平衡计分法相应地将其财务要素指标简单表示为以下几种。

1. 现金净流量

现金净流量是现金流量表中的一个指标，是指一定时期内，现金及现金等价物的流入（收入）减去流出（支出）的余额（净收入或净支出），反映了企业本期内净增加或净减少的现金及现金等价物数额。

2. 人均利润增加额

对物流成本进行管理的目的是为了增加利润。该指标反映在同等条件下对物流成本进行专门管理后利润的人均增加额。

人均利润＝利润增加总额/物流人员数

3. 单位营业额物流成本率

反映实现单位营业额应该投入的物流费用额。该指标越高说明付出同样的物流成本获得的收入越高。

单位销售额物流成本率＝物流成本/ 营业额

4. 单位产品物流成本

由于该指标不受产品价格和交易条件变化的影响，因此可以广泛应用。

单位产品物流成本＝物流成本总额/产品数量

（二）顾客要素评价指标

这里的顾客既指企业物流对外服务的对象又包括企业物流对内服务的对象。其中外部资源即客户，为企业带来了物流服务产品的市场，这也是企业战略性成长的需求基础。而客户层面业绩的评价，就是对企业赖以生存的外部资源开发和利用的业绩进行衡量。这种评价主要考虑两个方面，一是意识客户对物流服务满意度的评价，二是企业的经营行为对客户开发的数量和质量的评价。主要分为以下几种。

1. 顾客满意度

顾客满意度反映顾客对企业物流服务的满意程度，通过提高该指标可以保留原有顾客并吸引新的顾客。该指标信息的获得是通过设计问卷，进行问卷调查得来的。

2. 顾客人均物流营销费用

物流营销费用包括企业在物流服务方面投入的广告费、宣传费以及吸引顾客的促销费用。

顾客人均物流营销费用＝广告宣传费/累计顾客总人数

3. 顾客忠诚度

顾客忠诚度是以一定时间内多次参与企业物流服务的总顾客数来衡量。

4. 市场占有率

市场占有率是一个企业的销售量（或销售额）在市场同类产品中所占的比重。直接反映企业所提供的商品和劳务对消费者和用户的满意程度，表明企业的商品在市场上所处的地位。市场份额越高，表明企业经营、竞争能力越强。

5. 客户获利能力

客户获利能力的指标能揭示哪些客户是不获利的。例如，新赢得的客户很可能是不获利的，因为，企业为获得一个新的客户必须进行大量的促销活动，这笔活动经费应当从销售大量产品与服务的盈余中扣除。获利能力的生命周期成为决定是保留还是放弃目前不获利的基础。

（三）内部业务要素评价指标

企业物流的内部业绩来自企业的核心竞争力，即如何保持持久的市场领先地位，较高的市场占有率的关键技术与策略、营销方针等。企业应当清楚自己具有哪些优势，才能反映出行业的特色。因此，需要结合物流特点和客户需求共同确定。具体评价指标如下。

1. 作业绩效

作业绩效主要评价作业的速度、一致性、灵活性和故障与恢复方面的性能。常用完成订货周期速度、按时配送率、次数退货更换时间等来衡量。

2. 服务质量

服务质量主要反映了物流管理人员服务质量的好坏。可用按时交货率、对配送延迟的提前通知、延期订货发生次数等进行衡量。

3. 服务贯标率

服务贯标率指内部业务遵守 ISO 9000 的程度。该指标的确定根据定期的贯标检查结果来决定检查的范围是企业所有物流成本管理方面的业务程序。

4. 管理环境改进

管理环境改进主要包括管理的创新、规章制度的完善和服务程序的优化三方面。该指标通过企业的物流人员定期进行评价。

5. 硬件配置

硬件配置主要考核网络化使用的情况，可用使用网络化物流管理的客户数除以所有客户数来衡量，数值越大，代表网络化程度越高、硬件配置指标完成得越好。

6. 软件配置

软件配置主要用来评价优秀人员完成常规任务的时间、质量、专业教育程度等。常用雇员完成规定任务的时间、雇员完成规定任务的差错率、接受过专业物流教育的雇员数占雇员总数的比例来衡量。

（四）学习和成长方面指标的评价

不断的创新学习和成长会不断地为客户提供更多价值含量高的产品和服务，减少运营成本，提高企业物流的经营效率，扩大市场，找到新增附加值的机会，从而增加股东价值。评价值指标如下。

1. 员工的能力

员工能力的评价指标包括员工满意程度、员工保持率、员工工作效率、员工培训次数、员工知识水平等。主要用来评价员工工作能力的提高程度，从而激发员工的主观能动性和创造力。如员工培训次数可用人均物流成本培训时间衡量。人均物流成本培训时间反映了企业对物流人员进行物流成本管理方面培训投入的多少和对员工学习的重视程度。

人均物流成本培训时间＝（每次培训时数×参加的人数）/物流人员总人数

2. 激励、授权与协作

激励、授权与协作的评价指标主要包括员工所提建议的数量、所采纳建议的数量、物流成本管理核心人员的离职率、个人和部门之间的协作程度等。物流成本管理核心人员的离职率反映了物流成本管理核心员工的稳定性程度。该指标越低，表示员工越稳定。

物流成本管理核心人员的离职率＝物流成本管理核心人员的离职人数÷（年初物流成本管理员工人数＋年末物流成本管理员工人数）/2

3. 企业的信息能力

企业的信息能力主要包括信息覆盖率、信息系统反应的时间、接触信息系统的途径、当前可能取得的信息与期望所需要的信息的比例等。

四、使用平衡计分法应注意的问题

与传统绩效评价方法相比，平衡计分法有其进步之处，但在使用时也要注意以下几个方面的问题。

（一）具备相应的管理基础

平衡计分卡是与西方先进的管理水平联系在一起的。而我国企业从 20 世纪 90 年代开始实施现代企业制度，到现在也只有一二十年时间，企业普遍存在基础管理水平薄弱的缺点，管理水平还有待进一步提高。所以，国内企业在实施平衡计分卡时，首先要做的是完善企业的管理体系，做好基础管理工作，待企业的管理水平上升到一定的层次后，再引入平衡计分卡。

（二）平衡计分卡不是单纯的绩效管理工具

平衡计分卡发展的初期阶段，的确是一种绩效管理的工具。但是，随着研究和实践的深入，平衡计分卡已经成为一种战略管理的工具。一些公司对平衡计分卡四个方面的考核指标进行了量化，但这四个方面考核指标的得来并没有依据企业的战略与远景，这是公司实施平衡计分卡失败的根本原因，而国外一些成功实施平衡计分卡的公司，都是先从公司的使命远景出发，通过分析，确定企业应该采取的战略，然后利用平衡计分卡，找出战略实施的关键成功因素，从四个方面来确定关键的绩效指标，然后再将这些指标逐步分解到每一个部门、每一位员工。

（三）需要高层管理人员的有力推动

一些公司将平衡计分卡交给人力资源部或者计划管理部来做，就会造成这些部门从本部门的职能出发，单纯为了考核而设置指标。在实施的过程中，由于员工对考核方案及考核结果运用的不理解，很容易产生抵触情绪，抱怨和阻碍就会不断出现。所以，单纯依靠行政力量来推行平衡计分卡是行不通的，高层管理人员的参与和推动是平衡计分卡成功实施的重要保证。

（四）需要员工的主动参与

很多企业在构建平衡计分卡的过程中，忽略了对使用平衡计分卡的员工提供具体的培训，结果会造成员工的不理解和抵触，最终导致实施失败。要想成功地实施平衡计分卡，首先就要确保每一位员工了解公司的战略，并能在实际的工作中贯彻执行。

（五）围绕战略来整合组织

一些公司由两个部门负责监督业务单位的绩效，一方面由公司的发展部负责制定战略；另一方面由财务部保存历史记录，编制预算和评估短期绩效。高层管理者制订出五年和十年计划，财务部制订一年预算方案，并进行短期预测，两个群体之间不存在任何联系。即使制定了平衡计分卡，也没有将二者有机地结合起来。而实际上，平衡计分卡正是在二者之间架起的一座“桥梁”。财务指标是在由财务部执行的传统职能的基础上建立起来的，其他三个维度的指标则使长期战略目标具有了可评估性。战略开发和财务控制的强有力结合，为管理者提供了有效的业绩衡量工具和战略执行工具。除了战略与财务的融合，平衡计分卡的目标还应以战略目标为依托，整合所有业务，使整个内部流程通畅；同时使所有员工基于业务流程参与到战略目标的实现中来。

思考与练习

1. 什么是物流成本绩效评价?
2. 物流企业绩效评价应遵循什么原则?
3. 物流成本绩效评价的方法有哪些?
4. 物流成本绩效评价常用的指标有哪些? 分别如何评价?
5. 平衡计分法如何应用?

项目技能训练

结合本地物流发展实际，调查不同性质的企业都采取了哪些绩效分析方法，并分析它们的优缺点。

参考文献

1. 傅桂林．物流成本管理．北京：中国物资出版社，2004
2. 朱伟生，张洪革．物流成本管理．北京：机械工业出版社，2003
3. 李伊松，易华．物流成本管理．北京机械工业出版社，2005
4. 易华．物流成本管理．北京：北京交通大学出版社，2005
5. 现代物流管理课题组编．物流成本管理［M］．广州：广东经济出版社，2007
6. 曾益坤．物流成本管理．北京：知识产权出版社，2006
7. 杜学森．物流成本管理实务．北京：中国劳动社会保障出版社，2006
8. 黄中鼎．现代物流管理．上海：复旦大学出版社，2007
9. 朱意秋．物流管理学．济南：山东人民出版社，2006
10. 倪凤琴．物流成本管理．北京：电子工业出版社，2005
11. 喻小贤．物流运输管理．北京：高等教育出版社，2005
12. 黄世秀，李述荣．配送中心运作与管理．重庆：重庆大学出版社，2006
13. 钱之网．配送管理实务．北京：中国时代经济出版社，2007
14. 阎平，彭卫华．物流成本管理．北京：中国商业出版社，2007
15. 刘华．现代物流管理与实务．北京：清华大学出版社，2004
16. 张远昌．仓储管理与库存控制．北京：中国纺织出版社，2004
17. 丁立言．张铎．仓储规划与技术，北京：清华大学出版社，2002
18. 孙秋高．仓储管理实务．上海：同济大学出版社，2007
19. 何开伦．物流成本管理．湖北：武汉工业大学出版社，2007
20. 韩永生．包装管理、标准与法规．北京：化学工业出版社，2003
21. 现代物流管理课题组．保管与装卸管理．广州：广东经济出版社，2004
22. 崔介何．企业物流．北京：中国物资出版社，2002
23. 翁心刚．物流管理基础．北京：中国物资出版社，2002
24. 何明珂．物流系统论．北京：中国审计出版社，2001
25. 牛鱼龙．中国物流百强案例．重庆：重庆大学出版社，2007
26. 宋华．物流成本与供应链绩效管理．北京：人民邮电出版社，2007
27. 王自勤．现代物流管理（第二版）．北京：电子工业出版社，2007
28. 邓凤祥．现代物流成本管理．北京：经济管理出版社，2003
29. 包装机械网，http：//www. bzjxw. com/
30. 包装教育网，http：//www. packedu. net/

图书在版编目（CIP）数据

物流成本管理/其日格夫，段春媚主编．—北京：中国人民大学出版社，2011.12
21世纪高职高专规划教材．物流管理系列
ISBN 978-7-300-14904-2

Ⅰ.①物… Ⅱ.①其…②段… Ⅲ.①物流-成本管理-高等职业教育-教材 Ⅳ.①F253.7

中国版本图书馆CIP数据核字（2011）第258058号

21世纪高职高专规划教材·物流管理系列
物流成本管理
主　编　其日格夫　段春媚

出版发行	中国人民大学出版社		
社　　址	北京中关村大街31号	邮政编码	100080
电　　话	010－62511242（总编室）		010－62511398（质管部）
	010－82501766（邮购部）		010－62514148（门市部）
	010－62515195（发行公司）		010－62515275（盗版举报）
网　　址	http://www.crup.com.cn		
	http://www.ttrnet.com(人大教研网)		
经　　销	新华书店		
印　　刷	北京七色印务有限公司		
规　　格	185 mm×260 mm　16开本	版　　次	2011年12月第1版
印　　张	13.5	印　　次	2015年12月第4次印刷
字　　数	316 000	定　　价	26.00元

教师信息反馈表

为了更好地为您服务，提高教学质量，中国人民大学出版社愿意为您提供全面的教学支持，期望与您建立更广泛的合作关系。请您填好下表后以电子邮件或信件的形式反馈给我们。

您使用过或正在使用的我社教材名称		版次	
您希望获得哪些相关教学资料			
您对本书的建议(可附页)			
您的姓名			
您所在的学校、院系			
您所讲授课程名称			
学生人数			
您的联系地址			
邮政编码		联系电话	
电子邮件(必填)			
您是否为人大社教研网会员	□ 是　会员卡号:______ □ 不是,现在申请		
您在相关专业是否有主编或参编教材意向	□ 是　　　□ 否 □ 不一定		
您所希望参编或主编的教材的基本情况(包括内容、框架结构、特色等,可附页)			

我们的联系方式:北京市海淀区中关村大街 31 号

中国人民大学出版社教育分社

邮政编码:100872

电话:010—62515912

网址:http://www.crup.com.cn/jiaoyu/

E-mail:jyfs_2007@126.com